예수님과 함께 가는 열려진 길

민경설 지음

쿰란출판사

들어가는 말

주님과 함께 가는
"열려진 길"을 열면서

　1972년에 일본 열도를 발칵 뒤집어 놓은 사건이 있었습니다. 일본의 군인 '요코이 쇼이치'라는 사람이 28년간 괌의 밀림에서 숨어 살다가 사냥꾼에 의하여 발견된 것입니다. 그는 2차 대전 대동아 전쟁에 참여했던 군인이었습니다. 지금은 미국령인 괌에서 전투를 하다가 미군에게 패배하여 많은 일본군들이 죽거나 미군의 포로가 되었습니다. 미국은 항복하는 사람은 용서하고 자유를 준다고 대대적으로 전단지를 뿌렸지만 요이코 쇼이치는 그것을 미국의 속임수라고 믿고 그 열악한 정글 숲에서 버티며 장장 28년간을 짐승처럼 살아왔다는 것입니다. 그 당시 항복을 했던 사람들은 자유를 찾아 일본에서 잘 살고 있었지만 그만 혼자 속아서 그렇게 어렵게 살았던 것입니다. 일본은 그를 환대했지만 그 후에도 그는 정상적인 삶을 살지 못하고 불행하게 세상을 끝냈다고 합니다. 참 안타까운 일입니다.

　그렇습니다. 인간은 이처럼 삶의 길을 한 번 잘못 들면 영원히 실패할 수 있습니다. 그러므로 인간은 자기가 가는 길은 무조건 옳다고 주장을 할 것이 아니라 자기 길을 물어 보아야 하고 스스로 뒤돌아보는 지혜가 필요합니다. 성경은 우리 삶에 대한 길에 대하여 이렇게 교훈을 합니다.

"어떤 길은 사람이 보기에 바르나 필경은 사망의 길이니라"(잠 16:25).

이와 같이 우리가 길을 잘 걷는 것 같지만 사실은 우리의 길을 알지 못하고 걷고 있다는 것입니다.

"여호와여 내가 알거니와 사람의 길이 자신에게 있지 아니하니 걸음을 지도함이 걷는 자에게 있지 아니하니이다"(렘 10:23).

그러므로 믿음의 사람들은 우리의 길을 열어 가시고 인도하시는 하나님 앞에 겸손해야 하고 그분께 물어야 합니다.

"사람이 마음으로 자기의 길을 계획할지라도 그의 걸음을 인도하시는 이는 여호와시니라"(잠 16:9).

서울에서 광진교회를 섬기면서 대전에 있는 대전신학대학교 총장으로 섬길 때가 있었습니다. 후학을 바르게 하나님의 종으로 가르치겠다는 선의는 좋았지만 물리적으로 쉬운 일이 아니었습니다. 서울에서 새벽기도를 마치고 광명역에서 KTX 열차를 타고 대전역에서 내려서 또 대학까지 자동차를 타고 출근하여 하루 종일 교수로서 강의와 총장 업무를 4년간 했습니다. 대학 발전을 위하여 나름대로 최선을 다해 섬겼습니다.

어느 날 너무 힘들어서 피곤한 몸으로 차 속에서 하나님께 기도를 했습니다. "제가 가는 길이 잘 가고 있는 것입니까?" 응답이 오지를 않았습니다. 조금은 혼란스러웠습니다. 그 시간에 자동차에서 어느 기독교 방송을 들었습니다. 그때 마침 기독교 방송에서 칼럼을 방송하는 시간이었는데 그 방송 칼럼의 제목이 "길에게 길을 묻는다"였습니다. 그때 아차 했습니다. "길이신 주님께 길을 묻고 길이신 주님과 함께 하면 되지" 하는 주님의 음성이 스쳐갔습니다.

> "예수께서 이르시되 내가 곧 길이요 진리요 생명이니 나로 말미암지 않고는 아버지께로 올 자가 없느니라"(요 14:6).

그때 큰 깨달음이 왔습니다. 아! 내가 힘들었던 이유를 알게 된 것입니다. 아무리 신학대학 총장의 일이 중요하고 하나님의 일이라 하지만 주님과 함께 하지 않으면 길을 잃을 수 있다는 사실을 말입니다. 그때 깨달음을 주신 주님께 감사의 눈물로 기도를 한 적이 있습니다. 그때부터 아무리 중요하고 대단한 일 같아도 주님이 함께 하지 않으면 길이 막히고 힘이 든다는 사실을 절실히 알게 되었습니다. 그러나 아무리 힘이 들어도 주님과 함께만 한다면 "열려진 길"이라는 것을 말입니다.

기도의 성자로 불렸던 조지 뮐러(George Muller)는 "사방이 막혔다 해도 하늘 길만 열려 있다면 길은 있다"는 유명한 말을 했습니다. 하늘의 길은 어떻게 열립니까? 그것은 간단합니다. 길이시고 하늘의 왕이신 주님과 함께 하면 하늘 길이 열리고 세상에서도 길은 열려지는 것입니다.

사랑하는 여러분! 현재 당신이 가는 길이 힘이 듭니까? 그리고 당신이 가는 길이 앞이 보이지 않습니까? 이제 당신의 가는 길을 멈추고 길이신 주님을 바라보십시오. 그리고 그분과 함께 길을 가십시오. 당신의 길은 이미 주님이 다 만들어 놓은 "열려진 길"로 인도될 것입니다.

이 책은 평소에 부족한 종이 주님과 함께 걸어오면서 전했던 말씀 〈열려진 길〉로 발간되었던 소책자의 설교 모음집입니다. 이 책을 읽다 보면 당신은 이미 주님과 함께 열려진 길로 들어서 있음을 알게 될 것입니다. 이처럼 아름답게 책을 편집하고 엮어주신 미래목회연구원 직원 여러분과 쿰란출판사 여러분에게 감사를 드립니다.

2019년 2월 1일
松岩 민경설 목사

목차

들어가는 말
02

제1부
성도의 이정표

더 큰 축복의 통로(창 12:1-3; 롬 4:17-18)	12
이것을 이겨야 한다(딤후 1:6-8)	19
절망 속에 핀 꽃(막 5:25-34)	26
성도의 이정표(행 14:19-28)	33
기도 외에는 이런 종류가 나가지 않는다 (막 9:14-29)	40
성도들아 노래하라(습 3:14-20)	46
생각을 지켜야 한다(빌 4:6-8)	53
온전하신 뜻을 구하라(롬 12:1-2)	60
위로의 하나님(고후 1:3-6)	67
주님이 이 땅에 오신 이유(막 1:36-39)	74
풍랑 속에서의 사랑(막 6:45-52)	81

내가 하나님을 위해 무언가 하는 것이 신앙이 아니라
병들고 상한 심령을 그대로 가지고
하나님께 나아가서 오직 그분만 의지하면서 살겠다는 고백과
그렇게 살기 위해서 싸우는 것이 신앙입니다.
우리가 할 일은 그분 안에서 이미 이루어 놓으신
승리와 행복을 향해 가면 되는 것입니다.

제2부
365일
날마다 주님과 함께

365일 날마다 주님과 함께(히 13:5-9)	90
나는 죽고 예수로 사는 사람들(갈 2:19-20)	99
나도 변할 수 있다(고후 5:16-17; 행 2:36-38)	108
인생의 주인을 찾아라(롬 10:9-13)	116
주님이 있는 인생을 삽시다(요 1:14-18)	124
예수 부활의 위대함(요 11:20-25)	129
부활의 주님과 함께하는 성도(고후 4:7-10, 6:7-10)	137
부활의 주님, 은혜의 주님(고전 15:3-11)	145
부활의 주님, 신분 변화(행 26:9-18)	153
부활의 주님과 함께 인생 승리(빌 3:10-14)	161

제3부
온전케 하시는 주님을 바라보라

십자가의 도, 하나님의 능력

Ⅰ. 십자가의 도(道), 죄를 깨닫는 능력
　　(행 2:32-38)　　　　　　　　　　　　170
Ⅱ. 십자가의 능력, 하나님의 사랑(요 8:1-11)　174
Ⅲ. 십자가의 능력, 축복의 확신(눅 15:11-24)　177
Ⅳ. 십자가의 도, 부활의 능력(고전 15:12-19)　181
Ⅴ. 십자가의 도, 나는 죽고 예수로 사는 삶
　　(롬 6:4-11; 갈 2:20-21)　　　　　　　184
Ⅵ. 십자가의 도, 새 생명의 삶
　　(고후 5:14-17; 요 15:4-7)　　　　　　188

온전케 하시는 주님을 바라보라

Ⅰ. 믿음이 바뀌어야 삽니다(히 12:1-3)　　193
Ⅱ. 주님 안에 거해야 합니다(요 15:4-5; 골 2:6-8)　197
Ⅲ. 은밀한 세계를 유지해야 합니다(마 6:5-8)　200
Ⅳ. 쉬지 말고 기도하는 삶을 살아야 합니다
　　(살전 5:16-18; 롬 8:26-27)　　　　　204
Ⅴ. 마음과 생각을 지켜야 합니다(잠 4:20-27)　209
Ⅵ. 주님을 바라보면 풍랑도 이깁니다(마 14:22-33)　213

제4부
하늘에 속한 자가 되게 하소서

은혜의 세계를 누리는 삶(롬 5:1-5)	**220**
은혜의 세계를 열어라(고전 15:3-11)	**229**
하나님의 가장 큰 사랑(요 3:16-21)	**237**
하늘을 체험한 자들(행 7:54-60)	**245**
고난이라는 선물(창 50:15-21)	**252**
세상에서 가장 큰 사랑(요 3:16-17)	**259**
신앙의 정석(수 5:13-15)	**266**
인생의 짐이 무겁거든 주님께 오라(마 11:28-30)	**272**

제5부
영광의 소망, 내 안에 사시는 주님을 보라

나중이 잘되는 삶(갈 6:6-10)	**282**
복된 순례자(히 11:13-16; 고후 4:16-18)	**289**
영광의 소망, 내 안에 사시는 주님을 보라 (골 1:24-29)	**296**
세상 끝 날까지 배워야 할 진리 (딤후 4:6-8; 고전 13:11-13)	**304**
불확실한 시대에서 승리하는 삶(요 20:19-23)	**311**
성도의 시험 이렇게 이기라(마 4:1-11)	**318**
운명을 바꾸는 만남(눅 5:1-11)	**327**
일상의 삶에서 기적을 체험하라(요 2:1-11)	**335**
진정한 행복의 원리(마 5:1-12)	**343**

제1부
성도의 이정표

더 큰 축복의 통로
(창 12:1-3; 롬 4:17-18)

이스라엘에는 두 개의 바다가 있습니다. 하나는 우리가 잘 아는 갈릴리 바다이고, 또 하나는 사해 바다입니다. 두 바다는 연결되어 있으나 대조적이고 상징적입니다. 갈릴리 바다는 푸르고 물고기가 풍성하며 마실 수 있는 유일한 담수의 바다입니다. 이 바다는 이스라엘의 생명줄과 같은 바다입니다. 반면 사해 바다는 수면이 해수면보다 378미터 낮아서, 물의 요동이 없고 늘 고여 있는 바다입니다. 세계에서 가장 낮은 지역이기에 물이 한 번 흘러 들어오면 흘러 나가지 않는 죽은 바다입니다. 그곳에는 생물들이 살 수 없습니다. 그냥 소금만 쌓여 있는 죽음의 바다입니다.

두 바다를 통해 우리는 중요한 인생의 축복의 원리를 배우게 됩니다. 갈릴리 바다처럼 물이 흘러 들어와서 흘러 나감으로 물이 썩지 않고 새로운 물이 계속 유입되는 것입니다. 즉 축복의 통로가 되어야 한다는 것입니다. 한 번 들어오면 절대로 다시 흐르지 않겠다는 것은 죽은 사해 바다와 같은 것입니다.

"주라 그리하면 너희에게 줄 것이니 곧 후히 되어 누르고 흔들어 넘치도록 하여 너희에게 안겨 주리라 너희가 헤아리는 그 헤아림으로 너희도 헤아림을 도로 받을 것이니라"(눅 6:38).

본문에 등장하는 믿음의 조상이자 축복의 근원인 아브라함의 신앙을 통하여 축복의 통로가 되는 방법을 생각해 보겠습니다.

"여호와께서 아브람에게 이르시되 너는 너의 고향과 친척과 아버지의 집을 떠나 내가 네게 보여줄 땅으로 가라 내가 너로 큰 민족을 이루고 네게 복을 주어 네 이름을 창대하게 하리니 너는 복이 될지라 너를 축복하는 자에게는 내가 복을 내리고 너를 저주하는 자에게는 내가 저주하리니 땅의 모든 족속이 너로 말미암아 복을 얻을 것이라 하신지라"(창 12:1-3).

첫 번째, 아브라함의 신앙은 삶의 근원을 바꾸는 신앙입니다

"여호와께서 아브람에게 이르시되 너는 너의 고향과 친척과 아버지의 집을 떠나 내가 네게 보여줄 땅으로 가라"(창 12:1).

당시 베두인들은 철저한 씨족사회로 아버지의 집을 떠난다는 것은 거의 죽음을 각오하는 결단이 필요한 일이었습니다. 하나님이 지시하는 미지의 땅으로 가라는 것은 오늘로 말하면 십자가 신앙입니다. 삶의 근원을 바꾸어 오직 하나님의 은혜로 사는 길을 택하라는 것입니다. 이 길만이 축복의 근원이 됩니다. 사도 바울은 다메섹 도상에서 부활의 주님을 만난 후 삶의 근원이 하나님의 은혜인 삶으로 바뀌게 됩니다.

> "그러나 나도 육체를 신뢰할 만하며 만일 누구든지 다른 이가 육체를 신뢰할 것이 있는 줄로 생각하면 나는 더욱 그러하리니"(빌 3:4).

> "그러나 무엇이든지 내게 유익하던 것을 내가 그리스도를 위하여 다 해로 여길 뿐더러 또한 모든 것을 해로 여김은 내 주 그리스도 예수를 아는 지식이 가장 고상하기 때문이라 내가 그를 위하여 모든 것을 잃어버리고 배설물로 여김은 그리스도를 얻고 그 안에서 발견되려 함이니…"(빌 3:7-9).

바울은 육신적 장점을 오히려 해로 여기고 나중에는 배설물로 여기게 됩니다. 자신이 주님 안에서 발견되기를 바라고 있습니다. 삶의 근원이 완전히 달라진 것입니다.

두 번째, 아브라함의 신앙은 믿음으로 하나님을 대리해 살아가는 신앙입니다

> "기록된 바 내가 너를 많은 민족의 조상으로 세웠다 하심과 같으니 그가 믿은 바 하나님은 죽은 자를 살리시며 없는 것을 있는 것으로 부르시는 이시니라 아브라함이 바랄 수 없는 중에 바라고 믿었으니 이는 네 후손이 이 같으리라 하신 말씀대로 많은 민족의 조상이 되게 하려 하심이라"(롬 4:17-18).

본문을 보면 아브라함은 하나님의 은혜로 믿음의 조상이 됩니다. 그는 하나님을 죽은 자를 살리시는 하나님, 없는 것을 있는 것으로 부르시는 하나님으로 믿었습니다. 즉 바랄 수 없는 것을 바라는 믿음으로 믿음의 조상이 된 것입니다. 바랄 수 없는 중에서도 믿음으로 살았다는 것은 어떤 상황에서도 하나님 대리의 삶을 살았다는 것입니다.

성전 미문에 나면서부터 앉은뱅이로 40년간 살아온 사람이 있습니다. 이 사람이 일어나서 걷는다는 것은 정말 바랄 수가 없는 상황입니다. 그런데 베드로는 "은과 금은 없지만 내게 있는 것 네게 주노니 나사렛 예수의 이름으로 걸으라"라고 선포한 것입니다.

"베드로가 이르되 은과 금은 내게 없거니와 내게 있는 이것을 네게 주노니 나사렛 예수 그리스도의 이름으로 일어나 걸으라 하고 오른손을 잡아 일으키니 발과 발목이 곧 힘을 얻고"(행 3:6-7).

앉은뱅이를 잡아 준 손은 주님의 손을 대신 잡아 준 것입니다. 이것이 믿음의 삶이고, 축복의 통로가 되는 믿음입니다. 이런 믿음은 기적을 일으킵니다. 베드로는 앉은뱅이에게 축복의 통로가 되었고, 베드로는 주님의 수제자로서 큰 사명을 감당하는 복을 받은 것입니다.

마리아를 통해 예수님이 처녀의 몸에서 태어난다는 것은 바랄 수 없는 중에 바란 것입니다. 그러므로 마리아는 믿음으로 하나님의 삶을 대리하여 살게 된 것입니다. 마리아는 주님을 잉태하고 축복의 통로가 되어 세상에서 가장 복 받은 여인이 된 것입니다.

"마리아가 이르되 주의 여종이오니 말씀대로 내게 이루어지이다 하매 천사가 떠나가니라"(눅 1:38).

세 번째, 아브라함의 신앙은 거룩한 손실로 축복의 씨가 된 신앙입니다

"내가 너로 큰 민족을 이루고 네게 복을 주어 네 이름을 창대하게 하리니 너는 복이 될지라 너를 축복하는 자에게는 내가 복을 내리고 너를 저주하는 자에게는 내가 저주하리니 땅의 모든 족속이 너로 말미암아 복을 얻을 것이라 하신지라"(창 12:2-3).

복의 씨가 되어 생명이 되려면 반드시 거룩한 손실이 있어야 합니다. 썩어야 새 생명이 나오는 것입니다.

"내가 진실로 진실로 너희에게 이르노니 한 알의 밀이 땅에 떨어져 죽지 아니하면 한 알 그대로 있고 죽으면 많은 열매를 맺느니라 자기의 생명을 사랑하는 자는 잃어버릴 것이요 이 세상에서 자기의 생명을 미워하는 자는 영생하도록 보전하리라"(요 12:24-25).

주님께서 밀알이 되어 썩어질 때 우리 모두가 새 생명을 얻었듯이 거룩한 손실이 있는 삶을 살아갈 때 축복의 통로가 되는 것입니다. 자기만을 위해 살아가는 사람은 다 잃어버리게 됩니다. 이를 현대사가 증명하고 있습니다.

얼마 전에 비참하게 죽은 리비아의 독재자 카다피 대통령의 삶을 보면 알 수 있습니다. 백성들은 굶어 죽어가고 있는데 대통령 자신은 황금 소파, 황금 침대, 황금 목욕탕, 황금 권총 등 호화로운 생활을 하였지만 그는 결국 하수구에서 비참한 죽음을 맞이하였습니다. 그는 세상적인 축복은 받았지만 거룩한 손실이 없는 삶을 살았던 것입니다. 이러한 축복은 썩은 축복입니다. 마지막은 분명한 심판이 있고, 다 망하게 됩니다.

반면 테레사 수녀는 평생을 인도의 콜카타(캘커타) 지역에서 가난과 질병으로 죽어가는 사람들에게 거룩한 손실이 있는 인생으로 축복의 통로가 되는 삶을 살았습니다. 성 프랜시스도 평생 걸인과 함께 살면서 복음을 전하는 거룩한 손실이 있는 인생을 살아 축복의 통로로 성자의 반열에 서게 된 것입니다.

철새 중에 펠리컨이라는 새는 혹 부리가 있어 여름에는 물고기를 잡아 혹 부리에 저장한다고 합니다. 그리고 추운 겨울에 먹이를 구하지 못하게 되면 새끼들에게 입을 벌려 혹 부리를 내민다고 합니다. 새끼들은 어미 새의 혹 부리 속에 있는 고기를 쪼아 먹으며 겨울을 나는데, 가끔 고기가 다 떨어지게 되면 새끼들에게 혹을 내주어 먹게 하고 어미 새는 눈물을 흘리며 죽어간다는 것입니다. 미물의 짐승도 자기 새끼를 살리기 위하여 거룩한 손실의 삶을 사는데 하나님의 축복으로 사는 성도는 마땅히 거룩한 손실로 축복의 통로가 되어야 합니다.

사랑하는 여러분! 어차피 우리의 육신적인 삶은 다 손실되고 맙니다. 돈, 시간, 청춘, 재주, 능력, 건강, 다 손실됩니다. 나중에는 목숨까지 다 빼앗기게 됩니다. 빼앗기기 전에 하나님을 위한 손실이 되기를 바랍니다. 더 큰 축복의 통로로 영원한 축복의 사람이 되시기 바랍니다.

하나님이 다 하십니다

우리를 저주하는 것도 축복하는 것도 하나님의 궁극적 목적이 아닙니다. 하나님의 관심은 우리의 존재 이유입니다. 당신이 하려고 애쓰는 의지와 힘을 빼십시오. 결국 피곤하고 지칠 뿐입니다. 하나님이 행하시는 일들을 믿고 따르는 연습을 하십시오. 그럴 때 신앙생활에 진정한 기쁨과 행복이 찾아옵니다.

우리는 갈렙처럼 "이 산지를 내게 주소서"라고 해야 합니다. 그것은 복음의 불모지에 들어가 어둠의 권세를 쫓아내고 그리스도의 통치가 그 땅에 임하게 하는 복된 결단입니다.

우리의 의지와 능력으로는 가나안의 삶을 살아갈 수 없습니다. 그러나 우리의 어떠함과 상관없이 하나님은 약속하신 대로 우리 인생을 이끌어 가십니다. 단지 우리가 할 일은 하나님의 전적인 인도를 믿고 즐거이 따라가는 것뿐입니다.

이것을 이겨야 한다
(딤후 1:6-8)

　미국의 상담 전문 칼럼니스트인 앤 랜더스는 매달 만 통 가까운 편지를 받는다고 합니다. 그중 가장 많은 내용이 바로 두려움에 대한 내용이라고 합니다. 건강, 재정, 사랑하는 사람을 잃을까 하는 두려움 등 그는 "현대인은 지식이 많고 강한 듯하지만 삶에 대한 걱정과 두려움은 더 커졌다"고 말하고 있습니다. 인간이 두려움에 붙잡히게 되면 통째로 삶의 기쁨을 잃어버리고 활력을 잃는다고 합니다. 그로 인해 현대인들은 각종 질병에 시달리게 되는 것입니다.

　캐롤라인 리프 박사가 쓴 책 중에서 《누가 내 뇌의 스위치를 껐는가?》(Who switched off my brain?)라는 책이 있는데, 그 책에서 인간의 두려움은 1,400가지 이상의 육체적 화학적 반응을 일으키고, 30가지 이상의 호르몬과 신경전달물질을 분비시키며, 모든 스트레스의 근원이 된다고 합니다. 두려움이 스트레스를 일으키면 독한 화학물질이 가득 차서 온몸이 쇠약해지고 질병을 일으킨다고 주장하고 있습니다.

우리의 삶 속에 오는 두려움은 영적, 육적으로 많은 장애를 일으키고 병들게 하는 것입니다. 그래서 우리는 영적, 육적으로 승리의 삶을 살려면 두려움을 극복하고 이겨내야 합니다.

두려움은 믿음의 싸움입니다. 이 싸움에서 이겨야 우리는 온전한 신앙생활을 할 수 있습니다. 영적으로 보면 두려움은 사탄에게 속은 잘못된 믿음을 가진 것입니다. 그래서 두려워하면 사탄이 역사하는 것입니다.

"내가 두려워하는 그것이 내게 임하고 내가 무서워하는 그것이 내 몸에 미쳤구나"(욥 3:25).

이 말씀의 의미는 평소에 욥이 두려워하는 마음을 가지고 있었다는 것입니다. 욥기에 대한 해석을 여러 각도에서 할 수 있으나 한편으로 생각하면 평소에 두려워하는 마음을 이기지 못하여 결국 그런 일이 생겼다는 것입니다.

본문은 사도 바울이 자기가 사랑하는 아들 같은 디모데에게 두려움을 이기는 길에 대해 말씀하고 있습니다. 본문을 통해 두려움을 극복하는 방법에 대해 생각해 보겠습니다.

첫 번째, 두려움을 이기려면 하나님께서 주시는 능력을 체험해야 합니다

"그러므로 내가 나의 안수함으로 네 속에 있는 하나님의 은사를 다시 불일 듯하게 하기 위하여 너로 생각하게 하노니 하나님이 우리에게 주신 것은 두려워하는 마음이 아니요 오직 능력과 사랑과 절제하는 마음이니"(딤후 1:6-7).

디모데는 선천적으로 유약한 몸과 정신을 가진 사람입니다. 몸이 약한데다 나이도 어리고 이단의 공격이 심한 상태에서 결정적으로 자신의 멘토인 사도 바울이 복음을 전하다가 옥에 갇힌 것입니다. 그래서 그는 두려운 마음을 가지고 있었습니다. 사도 바울은 그런 디모데에게 '네가 안수 받을 때 이미 네 속에 하나님의 은사를 주셨는데 그것을 믿음으로 받아들이고 두려움을 이겨야 한다'는 것입니다. 디모데가 받은 성령의 은사에는 이미 두려움을 이길 수 있는 부활의 능력이 있다는 것입니다.

세상이 주는 사탄의 능력은 성도를 죽이는 두려움입니다. 그러나 성령이 주시는 능력은 죽음에서 부활하신 주님의 능력입니다. 그래서 우리가 성령을 체험하게 되면 세상의 어떤 두려움에서도 승리할 수 있는 것입니다. 두려움은 인간의 힘이 아닌 하나님의 능력만을 의지할 때 이길 수 있습니다.

"내게 능력 주시는 자 안에서 내가 모든 것을 할 수 있느니라"(빌 4:13).

두 번째, 두려움을 이기려면 하나님의 사랑의 힘을 덧입어야 합니다

"하나님이 우리에게 주신 것은 두려워하는 마음이 아니요 오직 능력과 사랑과 절제하는 마음이니"(딤후 1:7).

우리에게 오는 두려움을 이기려면 하나님의 사랑의 마음을 소유해야 합니다. 하나님의 사랑의 마음은 아가페 사랑으로, 무조건 내어주는 마음입니다. 그런 사람의 마음속에는 두려움이 없습니다. 그러나 인간에게는 그런 사랑의 마음이 없습니다. 자기의 것을 지키고 남의 것을 받으려 하는 마음이 있기에 두려움이 있는 것입니다.

예수님은 십자가에서 죽으면서 조금도 두려움을 갖지 않으셨습니다. 그래서 자신을 못 박아 죽이는 자를 용서하는 기도를 하신 것입니다. 다 내어주는 아가페 사랑이기 때문입니다.

"이에 예수께서 이르시되 아버지 저들을 사하여 주옵소서 자기들이 하는 것을 알지 못함이니이다 하시더라"(눅 23:34).

우리가 남에게 줄 줄 모르고 다 내 것으로 하기 때문에 두려움이 있습니다. 그러나 다 내어줄 때는 두려움이 없습니다. 내어주는 사랑은 두렵지 않습니다.

"사랑 안에 두려움이 없고 온전한 사랑이 두려움을 내쫓나니 두려움에는 형벌이 있음이라 두려워하는 자는 사랑 안에서 온전히 이루지 못하였느니라"(요일 4:18).

스데반이 유대인의 돌에 맞아 죽어가면서 천사의 얼굴을 할 수 있었던 것은 그 마음에 하나님의 사랑이 충만했기 때문입니다.

세 번째, 두려움을 이기려면 절제하는 마음을 가져야 합니다

"하나님이 우리에게 주신 것은 두려워하는 마음이 아니요 오직 능력과 사랑과 절제하는 마음이니"(딤후 1:7).

'절제'는 헬라어로 '소포로니 스모스'라는 말입니다. 이는 '소포로

니죠'라는 말에서 나온 말로서 '마음을 다스리는 것', '자기 컨트롤 (self control), 자기 통제'라는 뜻을 갖고 있습니다. 이 말은 우리가 사는 세상은 늘 두려움이 상존하는 곳이라는 것입니다. 우리가 이 땅에 살아가는 동안 두려움을 만나지 않을 수 없습니다. 새로운 일을 하든, 새로운 직장에 들어가든, 새로운 사람을 만나게 될 때 두려움을 느끼게 됩니다.

우리가 깨달아야 할 것은 두려움을 느끼는 것이 죄가 아니라 두려움에 붙잡히는 것이 문제가 된다는 것입니다. 두려움에 붙잡히지 않으려면 우리의 마음을 절제해야 합니다. 마음을 절제한다는 것은 우리의 마음의 문을 하늘로 두라는 것입니다. 이렇게 할 때 우리 마음속에 두려움이 침투하지 못하는 것입니다.

> "그러므로 너희가 그리스도와 함께 다시 살리심을 받았으면 위의 것을 찾으라 거기는 그리스도께서 하나님 우편에 앉아 계시느니라 위의 것을 생각하고 땅의 것을 생각하지 말라 이는 너희가 죽었고 너희 생명이 그리스도와 함께 하나님 안에 감추어졌음이라"(골 3:1-3).

우리의 마음을 하늘로 두는 것이 바로 두려움 속에 살면서도 두려움을 극복하고 이기는 방법입니다. 아무리 두려움이 있어도 내 마음 속에 두려움이 들어오지 못하면 승리하는 것입니다. 마음의 문을 허술하게 세상으로 열어 놓으면 온갖 쓰레기가 다 들어오니 두려움과 더러움, 음란, 타락의 죄가 들어와 결국 죄를 짓고 타락하여 두려움의 노예가 되는 것입니다.

구체적으로 우리의 마음을 하늘로 두는 길은 바로 기도하는 것입니다. 기도할 때 우리의 마음이 세상에서 하늘로 열리게 됩니다. 그럴 때 담대함과 은혜와 사랑의 마음이 들어오게 됩니다. 사도 바울이 매를 맞고 빌립보 감옥에 갇혀 죽게 되었지만 두려워하지 않고 기도와 찬양을 하였기에 간수를 구원하게 된 것입니다. 바울의 마음이 하늘로 향한 것입니다.

"한밤중에 바울과 실라가 기도하고 하나님을 찬송하매 죄수들이 듣더라 이에 갑자기 큰 지진이 나서 옥 터가 움직이고 문이 곧 다 열리며 모든 사람의 매인 것이 다 벗어진지라"(행 16:25-26).

다니엘이 사자 굴에서 담대할 수 있었던 것은 기도함으로 마음을 하늘로 열어 절제할 수 있었기 때문입니다.

"다니엘이 이 조서에 왕의 도장이 찍힌 것을 알고도 자기 집에 돌아가서는 윗방에 올라가 예루살렘으로 향한 창문을 열고 전에 하던 대로 하루 세 번씩 무릎을 꿇고 기도하며 그의 하나님께 감사하였더라"(단 6:10).

사랑하는 여러분! 기도로 마음의 문을 하늘로 열어 두려움을 이기고 승리하시기를 주님의 이름으로 축원합니다.

약속하신 소망의 아침을 기다리십시오

칠흑같이 어두운 인생의 문제에 부딪혀 있다면
그것은 하나님이 겸손한 자세와 회개의 기회를
갖게 해주시는 시간입니다.
엎드려 기다릴 때 하나님은 반드시
소망의 아침을 주십니다.

이것을 이겨야 한다 (딤후 1:6-8)

절망 속에 핀 꽃
(막 5:25-34)

헬렌 켈러 여사(1880-1968)의 이야기는 언제 들어도 감동적입니다. 그녀는 어려서 열병을 앓아 3중 장애를 얻게 되었습니다. 하나님의 은혜로 믿음이 좋은 설리번 선생님을 만나 예수님을 믿게 되었습니다. 그리고 미국의 명문인 래드클리프 대학을 졸업하여 장애인 최초로 학사 학위를 받게 됩니다. 전 세계 장애인들의 희망의 빛이 된 것입니다. 그녀의 생애는 캄캄한 절망 속에 핀 아름다운 꽃과 같은 삶이었습니다. 우리가 아무리 어렵고 힘든 절망적인 상황이라도 하나님을 믿는 바른 믿음만 갖고 있다면 어떤 상황 속에서도 소망의 꿈을 이룰 수가 있습니다.

본문에 나오는 여인은 12년 동안 혈루병에 걸려 가정과 사회에서 격리되고, 내적으로 건강이 악화일로로 치닫는 절망의 삶을 살고 있었습니다. 세상에서 어떤 희망이나 기대를 가질 수 없는 상황인 것입니다.

"열두 해를 혈루증으로 앓아 온 한 여자가 있어 많은 의사에게 많은 괴로움을 받았고 가진 것도 다 허비하였으되 아무 효험이 없고 도리어 더 중하여졌던 차에"(막 5:25-26).

그런 절망의 순간에 여인은 주님을 만남으로 오히려 구원의 축복을 받게 된 것입니다. 본문을 통해 이 여인의 어떤 믿음이 축복의 꽃을 피웠는지 생각해 보겠습니다.

첫 번째, 이 여인은 절망 속에 주님의 소문을 들은 것입니다

"많은 의사에게 많은 괴로움을 받았고 가진 것도 다 허비하였으되 아무 효험이 없고 도리어 더 중하여졌던 차에 예수의 소문을 듣고 무리 가운데 끼어 뒤로 와서 그의 옷에 손을 대니"(막 5:26-27).

여기에 중요한 영적 원리가 있습니다. 그것은 우리의 환경이 절망적이라고 해서 우리의 인생도 절망은 아니라는 것입니다. 절망의 순간일지라도 하나님 은혜의 문이 열리면 오히려 구원의 꽃이 필 수 있다는 것입니다. 이 여인의 삶은 절망적이며 꿈이 없는 인생이었습니다. 그런데 이 여인에게 예수님에 대한 소문이 들린 것입니다. 이것이 축복입니다. 세상적인 절망은 삶을 포기하고 좌절하여 결국에는 죽음에까지 이르게 할 수 있습니다.

이 여인도 그 환경은 절대 절망이었지만 하나님의 은혜로 자기부정에 이르게 되어, 예수님에 대한 소문이 들리고 구원에 이르게 된 것입니다. 이것이 축복입니다. 믿음은 들음으로 생기는 것이기 때문입니다.

"그러므로 믿음은 들음에서 나며 들음은 그리스도의 말씀으로 말미암았느니라"(롬 10:17).

사랑하는 여러분! 아무리 어두운 절망의 상황이라도 말씀이 들리면 삽니다. 말씀은 믿음을 만들고, 그 믿음이 절망을 뚫고 구원의 꽃을 피우는 것입니다.

두 번째, 이 여인에게는 절망적 상황에서도 예수님의 절대적 능력을 믿는 믿음이 있었습니다

"이는 내가 그의 옷에만 손을 대어도 구원을 받으리라 생각함일러라"(막 5:28).

이 여인의 믿음은 주님의 은혜를 절대적으로 믿는 믿음입니다. 세상과 타협하거나 부분적으로 믿지 않았습니다. 오직 주님이 역사하시면 된다는 믿음이었습니다. 그래서 주님의 옷자락에 손만 대어도 자기의 병이 낫겠다는 확신이 있었던 것입니다. 이것이 축복입니다.

우리가 주님을 믿어도 역사가 일어나지 않는 것은 주님을 절대적으로 믿지 않고 인간적으로 해석하고 인본적으로 믿기 때문입니다. 그러나 이 여인은 주님은 하나님의 아들로서 죽은 자를 살리시고 없는 것도 있게 하시는 분으로, 그분의 옷자락만 만져도 낫겠다는 믿음이 있었던 것입니다. 복된 믿음입니다.

반대로 주님이 자기 고향에 방문하여 복음을 전하고 병을 고치는 데도 사람들이 주님을 믿지 않습니다. 주님을 주님으로 보지 않고 요셉의 아들로만 보는 것입니다. 이때 주님이 안타까워하십니다.

> "예수께서 그들에게 이르시되 선지자가 자기 고향과 자기 친척과 자기 집 외에서는 존경을 받지 못함이 없느니라 하시며 거기서는 아무 권능도 행하실 수 없어 다만 소수의 병자에게 안수하여 고치실 뿐이었고 그들이 믿지 않음을 이상히 여기셨더라 이에 모든 촌에 두루 다니시며 가르치시더라"(막 6:4-6).

주님에 대한 절대적인 믿음이 없으면 육신적으로 친해도 기적은 일어나지 않습니다. 그러나 아무리 절망적인 순간이라도 주님을 절대적으로 믿는 믿음을 가지면 반드시 소망의 꽃, 구원의 열매가 맺히는 것입니다.

다니엘의 세 친구인 사드락, 메삭, 아벳느고는 느부갓네살 왕의 금 신상에 절하지 않으면 뜨거운 불 속으로 던져질 위험에 처했습니다. 그러나 그들은 절망적인 그 상황 속에서도 하나님에 대한 절대 신앙을 갖고 있었습니다.

> "사드락과 메삭과 아벳느고가 왕에게 대답하여 이르되 느부갓네살이여 우리가 이 일에 대하여 왕에게 대답할 필요가 없나이다 왕이여 우리가 섬기는 하나님이 계시다면 우리를 맹렬히 타는 풀무불 가운데에서 능히 건져내시겠고 왕의 손에서도 건져내시리이다 그렇게 하지 아니하실지라도 왕이여 우리가 왕의 신들을 섬기지도 아니하고 왕이 세우신 금 신상에게 절하지도 아니할 줄을 아옵소서"(단 3:16-18).

그들은 불 속에서 주님의 보호로 머리카락 하나 상하지 않고 살아나 느부갓네살 왕의 신임을 받아 바벨론 지방에서 더 높은 지위에 오르게 됩니다.

세 번째, 이 여인의 믿음은 행함의 결단이 있는 신앙이었습니다

"많은 의사에게 많은 괴로움을 받았고 가진 것도 다 허비하였으되 아무 효험이 없고 도리어 더 중하여졌던 차에 예수의 소문을 듣고 무리 가운데 끼어 뒤로 와서 그의 옷에 손을 대니"(막 5:26-27).

그 당시 혈루병은 부정한 병으로 집이나 사회에서 격리되어 사람들에게 나타날 수 없는 병이었습니다. 그런데 이 여인은 과감하게 자신의 신앙을 결단함으로 군중들 속에 끼어 주님의 옷을 뒤에서 만집니다. 이 여인의 믿음이 복된 것입니다. 아무리 잘 믿는다 해도 행함이 없는 믿음은 죽은 믿음입니다. 믿고 행할 때 믿음의 역사가 일어나는 것입니다.

"네가 보거니와 믿음이 그의 행함과 함께 일하고 행함으로 믿음이 온전하게 되었느니라"(약 2:22).

아무리 어렵고 힘들어도 믿고 행할 때 구원의 역사가 일어나게 됩니다.

가나 혼인잔치에서 포도주가 떨어졌을 때 마리아가 하인들에게 이렇게 말합니다. "무슨 말씀을 하시든지 그대로 하라." 이 말이 기적을 이루게 됩니다. 그래서 처음보다 나중이 더 좋은 잔치가 되는 것입니다.

에스더에게 위기가 왔습니다. 자기 백성이 하만의 모략으로 다 죽게 되었습니다. 그런데 왕에게 나아가면 자신이 죽을 수 있습니다. 그때 모르드개의 말을 듣고 결단을 합니다.

"당신은 가서 수산에 있는 유다인을 다 모으고 나를 위하여 금식하되 밤낮 삼일을 먹지도 말고 마시지도 마소서 나도 나의 시녀와 더불어 이렇게 금식한 후에 규례를 어기고 왕에게 나아가리니 죽으면 죽으리이다 하니라"(에 4:16).

에스더가 순종하자 기적이 일어납니다. 자기 민족을 구하고 자신은 왕후의 자리에 오르게 됩니다. 이것이 절망 속에서 구원의 꽃을 피운 것입니다.

사랑하는 여러분! 이런 믿음을 가지면 우리도 얼마든지 절망 속에서 구원의 꽃을 피울 수가 있습니다. 열두 해 혈루증을 앓던 여인은 절대 절망 속에서 믿음의 문을 열어서 결국 혈루의 근원을 끊어내는 축복을 받았습니다.

"이에 그의 혈루 근원이 곧 마르매 병이 나은 줄을 몸에 깨달으니라"(막 5:29).

저주의 끈을 끊어낸 것입니다. 그리고 구원의 복을 받았습니다.

"예수께서 이르시되 딸아 네 믿음이 너를 구원하였으니 평안히 가라 네 병에서 놓여 건강할지어다"(막 5:34).

사랑하는 여러분! 복된 믿음만 있다면 어떤 어려운 절망 속에서도 구원의 꽃은 피어납니다. 이런 복을 받으시길 바랍니다.

인간은 실수와 고난을 통해 성장합니다. 내 인생의 고난을 복으로 깨닫는 순간 모든 것이 열리기 시작합니다. 하나님이 가나안 땅의 삶의 원리를 그렇게 정하셨기 때문입니다. 우리는 고난을 통해 다듬어지고 성장하게 됩니다.

성도의 이정표
(행 14:19-28)

　제주도가 세계 7대 자연경관에 선정되고 내외국인 방문객 숫자가 많이 늘었다고 합니다. 참으로 잘된 일입니다. 더구나 올레길이 개발된 후 많은 사람들이 그 길을 걷기 위해 찾는다고 합니다. 올레길은 제주도 섬 주변을 19개의 코스로 만들어 한 바퀴씩 돌도록 되어 있습니다. 제주도의 아름다운 풍광을 한눈에 볼 수 있기에 길을 걷는 이들로 하여금 참으로 좋은 시간을 갖게 합니다.

　저도 올레길을 걸으며 여러 가지 생각을 정리하고 때로는 주님과 교제하기도 했습니다. 그런데 참으로 흥미로운 것은 자칫 길을 잃기 쉬운 그곳에 감색과 파란색 리본을 매달아 길을 잃지 않고 찾아갈 수 있도록 한 것입니다. 리본만 따라가면 정확한 목표 지점에 닿을 수 있도록 되어 있습니다.
　성도들이 이 세상을 살아가는데 우리의 길을 인도하는 이런 이정표가 있다면 우리의 목표인 천국에 잘 찾아갈 수 있을 것이란 생각을 하였습니다.

"예수께서 이르시되 내가 곧 길이요 진리요 생명이니 나로 말미암지 않고는 아버지께로 올 자가 없느니라"(요 14:6).

우리의 길은 오직 주님이십니다. 우리가 주님만 좇아가면 우리 하나님 아버지의 집인 천국에 들어갈 수 있는 것입니다. 그런데 우리가 이 세상을 살아가면서 영원한 길이신 주님을 찾아가는 것이 그리 쉽지만은 않습니다. 우리 주변에는 우리를 유혹하는 것들이 너무 많기 때문입니다. 그러므로 우리는 주님을 찾아가는 이정표를 놓치지 말아야 합니다.

본문은 사도 바울의 1차 전도여행 때 루스드라 지방에서 있었던 이야기를 소개하고 있습니다. 루스드라 지방에서 앉은뱅이를 말씀으로 고치자 루스드라 사람들이 크게 환영을 하고 하나님을 믿는 기적이 일어납니다. 그런데 그것을 시기해 안디옥, 이고니온에서 유대인들이 몰려와 바울 일행을 모함하고 바울을 돌로 쳐서 바울이 다 죽게 되었습니다. 하지만 바울은 하나님의 은혜로 다시 몸을 추슬러 더베와 루스드라 지방으로 돌아가서 천국의 도를 가르치며 믿음을 굳게 합니다.

"제자들의 마음을 굳게 하여 이 믿음에 머물러 있으라 권하고 또 우리가 하나님의 나라에 들어가려면 많은 환난을 겪어야 할 것이라 하고 각 교회에서 장로들을 택하여 금식기도 하며 그들이 믿는 주께 그들을 위탁하고"(행 14:22-23).

본문의 사도 바울을 통해 핍박 속에서도 천국의 길, 주님을 찾아가는 이정표가 무엇인지 생각해 보겠습니다.

첫 번째, 성도의 이정표는 믿음입니다

성도가 천국을 찾아가는 이정표는 믿음입니다. 믿음은 인간이 갖고 싶어서 갖게 되는 것이 아니라 하나님의 은혜로 주어지는 것입니다. 우리가 어떤 상황에서도 믿음을 잃지 않고 살면 주님을 찾아가게 되는 것입니다.

> "제자들의 마음을 굳게 하여 이 믿음에 머물러 있으라 권하고 또 우리가 하나님의 나라에 들어가려면 많은 환난을 겪어야 할 것이라 하고"(행 14:22).

> "그들이 이르러 교회를 모아 하나님이 함께 행하신 모든 일과 이방인들에게 믿음의 문을 여신 것을 보고하고 제자들과 함께 오래 있으니라"(행 14:27-28).

우리에게 천국을 찾아가는 이정표로 믿음을 주신 것입니다. 그래서 우리가 어렵고 힘들어도 믿음에 굳게 서서 나아가면 반드시 주님을 찾아 천국에 이를 수 있는 것입니다.

천국을 찾아가는 성도의 이정표인 믿음은 주님이 성령으로 함께하신다는 임마누엘의 믿음입니다. 이 믿음만 있으면 어떤 어려운 상황 속에서도 천국을 찾아갈 수 있는 것입니다.

이스라엘 백성이 출애굽하여 가나안으로 가기 위해 광야로 나옵니다. 끝없는 사막 벌판에서 가나안의 길로 가는 중에 낮에는 구름기둥으로, 밤에는 불기둥으로 인도하신 것입니다. 이 구름 기둥과 불기둥이 하나님이 함께하신다는 임마누엘의 표시입니다. 이것을 따라가면 되는 것입니다. 이것이 바로 성도의 이정표입니다.

두 번째, 성도의 이정표는 말씀입니다

"말씀을 버가에서 전하고 앗달리아로 내려가서 거기서 배 타고 안디옥에 이르니 이곳은 두 사도가 이룬 그 일을 위하여 전에 하나님의 은혜에 부탁하던 곳이라"(행 14:25-26).

본문에서 사도 바울 일행이 전도를 통해 천국으로 이끄는 방법은 어느 곳에 가든지 하나님의 말씀을 전하는 것입니다. 천국을 찾아가는 길은 말씀의 이정표가 있어야 합니다. 말씀이 있는 곳에 주님이 역사하시고, 주님이 역사하시는 곳에 말씀이 흥왕하여 구원이 일어나는 것입니다. 말씀이 있으면 천국으로 가는 이정표가 있는 것입니다.

예수님이 오병이어의 기적을 일으키시자 많은 사람들이 주님을 따랐습니다. 그런데 주님이 어려운 말씀을 하시자 다 주님을 떠나갔습니다. 그때 주님이 제자들에게 너희도 떠나겠느냐고 물으십니다. 그러자 베드로가 유명한 말을 합니다.

"시몬 베드로가 대답하되 주여 영생의 말씀이 주께 있사오니 우리가 누구에게로 가오리이까"(요 6:68).

베드로가 위대한 주님의 수제자가 된 것은 베드로에게 영생의 말씀인 천국으로 가는 말씀이 있었기 때문입니다. 말씀이 천국의 이정표라는 말은 말씀이 믿어지고, 말씀이 생각나고, 말씀이 깨달아지고, 말씀으로 힘을 얻는 자가 되어야 한다는 것입니다.

"살리는 것은 영이니 육은 무익하니라 내가 너희에게 이른 말은 영이요 생명이라"(요 6:63).

세 번째, 성도의 이정표는 환난(고난)입니다

본문을 보면 천국에 이르는 사람들의 표식이 환난이라는 것입니다.

"제자들의 마음을 굳게 하여 이 믿음에 머물러 있으라 권하고 또 우리가 하나님의 나라에 들어가려면 많은 환난을 겪어야 할 것이라 하고"(행 14:22).

성도가 하나님 나라에 이르려면 많은 환난을 겪어야 한다고 합니다. 환난을 좋아하는 사람은 아무도 없을 것입니다. 대부분이 편하고 쉽고 안락하게 살기를 원합니다. 고난에는 두 종류가 있습니다. 자신이 잘못해서 오는 고난이 있고, 천국에 이르기 위한 고난이 있습니다. 본문에서 말하는 고난은 천국에 이르기 위한 고난입니다. 축복 받기 위한 고난인 것입니다.

고난이 있어야 천국에 이를 수 있다는 것은 세상에 우리를 천국에 이르지 못하도록 방해하는 사탄의 세력이 존재한다는 것입니다. 그러나 고난 속에는 하나님의 더 깊은 뜻이 있습니다. 그것은 죄악으로 타락한 자아가 고난을 통해 죽는 것입니다. 타락한 우리의 자아를 처리하는 것이 바로 십자가 고난이라는 것입니다.

"또 무리에게 이르시되 아무든지 나를 따라오려거든 자기를 부인하고 날마다 제 십자가를 지고 나를 따를 것이니라"(눅 9:23).

우리가 사랑하지 못하는 것은 아직 타락한 자아가 살아 있기 때문입니다. 그래서 하나님은 이 땅에서 고난을 통해 자아를 내려놓고 천국으로 들어오기 바라시는 것입니다. 그래서 사도 바울은 고난을 통해 자아를 내려놓고 주님을 만나는 것을 오히려 기뻐한 것입니다.

"그러므로 내가 그리스도를 위하여 약한 것들과 능욕과 궁핍과 박해와 곤고를 기뻐하노니 이는 내가 약한 그때에 강함이라"(고후 12:10).

성경 다음가는 고전으로 알려진 《천로역정》을 쓴 존 번연 목사님은 복음을 전하다가 12년이라는 긴 세월의 옥고를 치렀습니다. 그는 그때 감옥에서 주옥같은 《천로역정》을 쓴 것입니다. 그는 나중에 "내가 이 책을 쓸 수 있었던 것은 감옥에서 주님이 주시는 평안으로 천국 문을 열어 주셨기 때문이다"라고 했습니다. 십자가의 고난이 바로 천국의 이정표입니다.

사랑하는 여러분! 주님을 믿는데 고난이 있다면 기뻐해야 합니다. 이때 주의 성령이 당신의 머리에 계시고, 그것이 당신을 천국으로 인도하는 이정표가 될 것입니다.

사람은 하나님을 섬길 수 없고, 하나님은 그것을 요구하지 않으십니다. 하나님이 우리에게 원하시는 것은 길 잃은 영혼들을 향해서 개척하는 삶을 사는 것입니다. 즉 하나님께서 주신 복을 나누고 베푸는 삶입니다.

기도 외에는
이런 종류가 나가지 않는다
(막 9:14-29)

　2011년 대구에서 열렸던 세계 육상 선수권 대회에서 우리나라는 아쉽게도 메달을 하나도 획득하지 못했지만 우리는 그 대회에서 있었던 감동적인 이야기를 오래도록 기억합니다. 그것은 남아공 선수인 피스토리우스 선수의 이야기입니다. 이 선수는 두 다리가 없는 장애인으로서 의족으로 1,600미터 릴레이 경주에서 2분 59초 87로 은메달을 땄습니다. 그가 시상식에 올랐을 때 관객들은 열화와 같은 박수를 보냈습니다. 정상인들이 겨루는 스피드 경주에서 의족을 한 장애인이 은메달을 땄다는 것은 대단한 영광인 것입니다. 장애는 결코 부끄러운 것도, 인생에 실패를 주는 것도 아닙니다. 문제는 장애를 어떻게 극복하느냐에 달린 것입니다.

　　"나에게 이르시기를 내 은혜가 네게 족하도다 이는 내 능력이 약한 데서 온전하여짐이라 하신지라 그러므로 도리어 크게 기뻐함으로 나의 여러 약한 것들에 대하여 자랑하리니 이는 그리스도의 능력이 내게 머물게 하려 함이라 그러므로 내가 그리스도를 위하여 약한 것들과 능욕과 궁핍과 박해와 곤고를 기뻐하노니 이는 내가 약한 그때에 강함이라"(고후 12:9-10).

본문을 보면 귀신으로 인해 간질병을 앓고 있는 아들 때문에 어렵게 사는 아버지의 이야기가 나옵니다. 그는 아들을 제자들에게 데리고 와서 병을 고쳐 달라고 합니다. 그런데 제자들은 아들의 병을 고치지 못합니다. 제자들이 예수님께 왜 자신들은 귀신을 쫓아내지 못했느냐고 묻습니다. 그러자 주님께서 말씀하십니다.

"집에 들어가시매 제자들이 조용히 묻자오되 우리는 어찌하여 능히 그 귀신을 쫓아내지 못하였나이까 이르시되 기도 외에 다른 것으로는 이런 종류가 나갈 수 없느니라 하시니라"(막 9:28-29).

기도 외에는 이런 종류가 나갈 수 없다는 것입니다. 다시 말하면 기도해서 주님의 은혜를 받지 않으면 우리의 장애가 되는 약점을 몰아낼 수가 없다는 것입니다.

본문을 통해 주님의 은혜로 어떻게 우리의 약점을 극복하게 되는지 생각해 보겠습니다.

첫 번째, 모든 인간은 스스로 고칠 수 없는 약점을 갖고 있다는 것을 알아야 합니다

첫 인간 아담은 창조주 하나님께 불순종의 죄를 지어 타락하므로 에덴동산에서 쫓겨납니다. 인간은 하나님의 피조물로서 반드시 하나님만 의존하며 살아야 하는 존재인데 사탄의 속임으로 선악과를 따 먹고 불순종의 죄를 지었던 것입니다.

"너희가 그것을 먹는 날에는 너희 눈이 밝아져 하나님과 같이 되어 선악을 알 줄 하나님이 아심이니라 여자가 그 나무를 본즉 먹음직도 하고 보암직도 하고 지혜롭게 할 만큼 탐스럽기도 한 나무인지라 여자가 그 열매를 따 먹고 자기와 함께 있는 남편에게도 주매 그도 먹은지라"(창 3:5-6).

인간이 스스로 살 수 있다는 착각으로 하나님을 거역하여 선악과를 따 먹을 때 사탄에게 죄라는 속성을 물려받은 것입니다. 이것이 바로 인간의 치명적인 약점입니다. 이때 인간의 영적 생명이 죽은 것입니다. 죄로 인해 하나님과 단절된 것입니다.

"죄의 삯은 사망이요 하나님의 은사는 그리스도 예수 우리 주 안에 있는 영생이니라"(롬 6:23).

열왕기하 5장을 보면 아람 나라 군대 장관인 나아만 장군 이야기가 나옵니다. 그는 나라를 구한 영웅과 같은 존재입니다. 그러나 그도 어찌 할 수 없는 약점이 있는 것입니다.

"아람 왕의 군대 장관 나아만은 그의 주인 앞에서 크고 존귀한 자니 이는 여호와께서 전에 그에게 아람을 구원하게 하셨음이라 그는 큰 용사이나 나병환자더라"(왕하 5:1).

그는 당시 아람 나라의 군대 장관으로 큰 용사였으나 문둥병에 걸린 것입니다. 이 병은 당시에는 불치병이었습니다. 돈으로도 안 되고 오직 하나님의 은혜로만 고칠 수 있는 병이었습니다. 그는 하나님의 은혜로 엘리사에게 가서 요단 강에 일곱 번 목욕하라는 처방을 받고 순종함으로 병을 고치게 됩니다.

"나아만이 이에 내려가서 하나님의 사람의 말대로 요단 강에 일곱 번 몸을 잠그니 그의 살이 어린아이의 살같이 회복되어 깨끗하게 되었더라"(왕하 5:14).

여기서 요단 강은 주님의 보혈을 의미합니다. 우리는 죄라는 약점이 있기 때문에 주님을 믿어야 구원을 받게 됩니다. 인간은 누구나 스스로 고치지 못하는 죄라는 약점이 있다는 것을 깨닫는 것이 중요합니다. 거기서부터 치유가 일어납니다. 그래서 겸손히 주님께 나와야 합니다. 하나님의 도움을 받아 약점이 치유되면 승리하게 됩니다.

두 번째, 인간에게는 사탄의 독인 치명적인 약점이 있습니다

앞에서 소개한 남아공의 장애인 육상선수인 피스토리우스는 피나는 노력으로 1,600미터 계주에서 은메달을 땄으니 자신의 장애를 극복한 것입니다. 그러나 눈에 보이는 장애는 극복할 수 있지만 보이지 않는 장애는 스스로 노력해서 고칠 수 없다는 약점이 있습니다. 오늘 본문에 나오는 간질병은 쉽게 낫는 병이 아닙니다. 여기에 사탄의 독이 있습니다. 이것은 인간의 노력으로는 고칠 수 없습니다.

"무리 중의 하나가 대답하되 선생님 말 못하게 귀신 들린 내 아들을 선생님께 데려왔나이다 귀신이 어디서든지 그를 잡으면 거꾸러져 거품을 흘리며 이를 갈며 그리고 파리해지는지라 내가 선생님의 제자들에게 내쫓아 달라 하였으나 그들이 능히 하지 못하더이다"(막 9:17-18).

예수님의 제자들도 안 된다는 것입니다. 이것은 인간의 힘으로는 안 되는 것입니다. 현대인들은 귀신이나 사탄, 마귀의 역사를 믿지 않습니다. 그러나 사탄의 역사라는 것을 믿지 않는다면 절대로 자신의 치명적인 약점을 고칠 수 없습니다.

"믿는 자들에게는 이런 표적이 따르리니 곧 그들이 내 이름으로 귀신을 쫓아내며 새 방언을 말하며"(막 16:17).

이와 같이 치명적인 사탄의 독이 있는 약점도 주님을 만나면 승리하게 됩니다.

세 번째, 사탄이 역사하는 약점은 기도 외에는 쫓아낼 길이 없는 것입니다

"예수께서 그 손을 잡아 일으키시니 이에 일어서니라 집에 들어가시매 제자들이 조용히 묻자오되 우리는 어찌하여 능히 그 귀신을 쫓아내지 못하였나이까 이르시되 기도 외에 다른 것으로는 이런 종류가 나갈 수 없느니라 하시니라"(막 9:27-29).

제자들은 과거에 귀신을 쫓아낸 경험이 있습니다. 그런데 그것이 자신의 능력으로 된 줄 알았던 것입니다. 하나님의 능력은 자격증이 아닙니다. 지금 하나님과 관계가 연결되어 있을 때 역사가 일어나며, 어둠이 쫓겨 가는 것입니다. 기도는 하나님과 관계를 연결하는 것입니다. 아무리 강한 전압과 전력을 가지고 있어도 스위치가 연결되어야 빛이 들어오는 것처럼 사탄은 하나님과 연결이 될 때만 쫓겨 나갑니다.

사도 바울이 빌립보 성에서 만난, 귀신 들려 점을 치던 여인도 바울이 귀신을 내쫓아 주니 온전하여져서 바울을 도와 빌립보 교회를 세우는 데 큰 역할을 감당한 것입니다.

사랑하는 여러분! 이처럼 기도하여 사탄의 독인 귀신을 쫓아내면 누구든 약점을 극복하고 위대한 삶을 살게 되는 것입니다. 기도 외에는 이런 종류가 나가지 않습니다.

내가 하나님을 위해 무언가 하는 것이 신앙이 아니라 병들고 상한 심령을 그대로 가지고 하나님께 나아가서 오직 그분만 의지하면서 살겠다는 고백과 그렇게 살기 위해서 싸우는 것이 신앙입니다. 우리가 할 일은 그분 안에서 이미 이루어 놓으신 승리와 행복을 향해 가면 되는 것입니다.

성도들아 노래하라
(습 3:14-20)

　미국 조지아 주의 사바나 항구에는 사바나의 여인으로 인정된 플로렌스 마터스라는 여인의 동상이 세워져 있습니다. 이 동상은 푸른 바다를 바라보면서 치마를 흔들며 노래를 부르고 있는 모습을 하고 있습니다. 이 동상에 전해지는 사연은 플로렌스 마터스라는 여인의 사랑의 이야기입니다. 이 여인은 등대지기인 오빠와 단둘이 살면서 사바나 항구에 드나드는 배들의 안전을 지켜 주는 일을 하였습니다. 그러던 중 그곳에 들어온 어떤 남자 선원과 사랑에 빠졌습니다. 결혼을 약속하고 떠난 선원을 기다리던 시간이 어느덧 44년이 흘렀습니다.
　그때 시(市)에서 그녀에게 사바나의 여인이란 칭호를 주었고, 그녀는 생을 마감할 때까지 그 남자를 기다리며 살았습니다. 사바나 항구에서는 그 여인의 동상을 만들어서 그 애틋한 사랑의 이야기를 전하고 있다고 합니다.

　지금도 조지아 주 사바나 항구에 가면 비가 오나 눈이 오나 폭풍이 부나 그 항구를 드나드는 배는 치마를 흔들면서 환하게 웃으면서 노래를 부르는 이 플로렌스의 가슴 찡한 환영을 받는다고 합니다. 사랑은 참 아름답고 위대한 것 같습니다.

눈이 오고 바람이 불고 파도가 치더라도 플로렌스보다 더 변함없이 우리를 사랑하시는 분이 있습니다. 그분은 바로 우리 하나님이십니다.

"사랑하지 아니하는 자는 하나님을 알지 못하나니 이는 하나님은 사랑이심이라"(요일 4:8).

"너의 하나님 여호와가 너의 가운데에 계시니 그는 구원을 베푸실 전능자이시라 그가 너로 말미암아 기쁨을 이기지 못하시며 너를 잠잠히 사랑하시며 너로 말미암아 즐거이 부르며 기뻐하시리라 하리라"(습 3:17).

본문의 '너를 잠잠히 사랑하신다'는 말은 어떤 상황에도 상관없이 영원히 사랑하신다는 말씀입니다. 본문의 배경에 나오는 스바냐 선지자는 유대의 므낫세 왕 시대에 태어난 사람입니다. 므낫세는 히스기야 왕의 아들로서 가장 악한 왕으로 폭정을 합니다. 그리고 므낫세가 BC 641년에 죽고 그의 아들 아몬이 왕이 되었으나 그도 악한 왕으로 2년 후인 BC 639년에 암살당합니다. 그 후 요시야 왕이 여덟 살에 등극을 합니다. 그때 선지자로 스바냐가 나섭니다.

요시야 왕은 선왕이었지만 백성들은 이미 폭정으로 인해 희망을 잃고 하나님이 자기들을 버리셨다고 생각합니다. 그런데 스바냐 선지자는 하나님은 변함없이 우리를 사랑하신다고 외치고 있습니다. 조건 없이 우리를 사랑하시는 하나님을 노래하라는 것입니다.

"시온의 딸아 노래할지어다 이스라엘아 기쁘게 부를지어다 예루살렘 딸아 전심으로 기뻐하며 즐거워할지어다"(습 3:14).

우리의 신앙이 어려운 것은 하나님의 사랑이 나의 잘못으로 인해 변할 것이라는 착각 때문입니다. 그런 오해가 우리의 삶을 어렵게 하고 부정적으로 살게 하는 것입니다.

돌아온 탕자 이야기는 이것을 잘 나타내 주고 있습니다. 그가 아버지를 떠나 허랑방탕한 삶을 살다가 유산을 다 탕진하고 돼지가 먹는 쥐엄 열매도 먹지 못해 죽게 되었습니다. 그가 회개하여 집으로 돌아오면서 이런 고백을 합니다.

"내가 일어나 아버지께 가서 이르기를 아버지 내가 하늘과 아버지께 죄를 지었사오니 지금부터는 아버지의 아들이라 일컬음을 감당하지 못하겠나이다 나를 품꾼의 하나로 보소서 하리라 하고"(눅 15:18-19).

아들이라 일컬음을 감당하지 못하겠으니 품꾼의 하나로 보라는 것입니다. 즉 이 말은 자신이 잘못한 일이 있기 때문에 아버지가 예전처럼 자신을 대하지 않을 것이라 생각하는 것입니다. 그러나 그의 아버지는 그가 잘못했음에도 예전과 똑같이 대하는 것을 볼 수 있습니다. 이런 아버지의 마음을 안다면 아들은 아버지를 찬양해야 합니다. 우리도 하나님을 찬양하고 노래해야 합니다. 하나님의 사랑은 변하지 않습니다.

"여호와는 선하시니 그의 인자하심이 영원하고 그의 성실하심이 대대에 이르리로다"(시 100:5).

본문을 중심으로 성도들이 기쁘게 노래하고 찬양해야 할 이유를 생각해 보겠습니다.

첫 번째, 성도들의 삶 속에 계시며 구원하시는 하나님을 찬양하고 노래해야 합니다

"여호와가 네 형벌을 제거하였고 네 원수를 쫓아냈으며 이스라엘 왕 여호와가 네 가운데 계시니 네가 다시는 화를 당할까 두려워하지 아니할 것이라"(습 3:15).

"너의 하나님 여호와가 너의 가운데에 계시니 그는 구원을 베푸실 전능자이시라"(습 3:17).

우리가 아무리 힘든 상황이 되었다 할지라도 하나님은 우리와 함께하심을 믿고 하나님을 찬양해야 합니다. 사도 바울은 빌립보 지역에서 선교하면서 귀신을 쫓아냈다는 죄로 매를 많이 맞고 감옥에 갇히게 됩니다. 그러나 그곳에는 바울만 있었던 것이 아니라 하나님도 그곳에 함께 계셨던 것입니다. 그가 기도하니 하나님은 그를 구원하시고 전도의 문을 열어 위대한 선교의 역사를 이루게 하십니다. 또 바울은 죄인이 아닌 죄인으로 로마로 호송되던 중 유라굴로 광풍으로 14일간 배 안에서 고통을 당합니다. 그러나 광풍 속에 주님이 함께 계셔 그들을 구원하십니다.

"내가 속한 바 곧 내가 섬기는 하나님의 사자가 어제 밤에 내 곁에 서서 말하되 바울아 두려워하지 말라 네가 가이사 앞에 서야 하겠고 또 하나님께서 너와 함께 항해하는 자를 다 네게 주셨다 하였으니 그러므로 여러분이여 안심하라 나는 내게 말씀하신 그대로 되리라고 하나님을 믿노라"(행 27:23-25).

사탄은 쉬지 않고 우리를 속입니다. "너희 하나님이 어디에 있느냐? 너의 구원이 어디에 있느냐?" 그러나 그 말에 속으면 안 됩니다. 하나님은 우리와 함께 계십니다. 오히려 어렵고 힘들수록 하나님을 찬양하십시오. 우리가 임마누엘의 하나님만 믿는다면 언제, 어떤 상황 속에서도 승리하게 됩니다.

두 번째, 항상 우리를 기뻐하시고 사랑하시는 하나님을 찬양하고 노래해야 합니다

"너의 하나님 여호와가 너의 가운데에 계시니 그는 구원을 베푸실 전능자이시라 그가 너로 말미암아 기쁨을 이기지 못하시며 너를 잠잠히 사랑하시며 너로 말미암아 즐거이 부르며 기뻐하시리라 하리라"(습 3:17).

우주에 살고 있는 모든 피조물들은 사랑을 받고 삽니다. 미물인 짐승, 식물까지도 사랑을 받으면 잘 자란다고 합니다. 어떤 사람이 꽃씨를 뿌리고 꽃들을 주님의 열두 제자의 이름으로 불렀다고 합니다. 그러면서 베드로, 요한, 야고보 등은 칭찬하고, 가룟 유다 이름을 가진 꽃에게는 나쁜 꽃이라고 했더니 결국 다른 꽃들은 다 아름답게 피었는데 가룟 유다 꽃만 시들시들 말라 죽었다고 합니다. 사랑이 참으로 귀하다는 것을 알게 합니다.

본문을 보면 하나님이 우리를 얼마나 사랑하시는지, 우리를 보고 기쁨을 이기지 못한다고 말씀하고 있습니다. 하나님은 우리의 여건과 형편에 관계없이 우리를 잠잠히 사랑하신다고 합니다. 또 우리를 즐거이 부르시며 기뻐하신다는 것입니다.

"그날에 사람이 예루살렘에 이르기를 두려워하지 말라 시온아 네 손을 늘어뜨리지 말라"(습 3:16).

세 번째, 우리의 나중을 축복하시는 하나님을 찬양해야 합니다

"그때에 내가 너를 괴롭게 하는 자를 다 벌하고 저는 자를 구원하며 쫓겨난 자를 모으며 온 세상에서 수욕 받는 자에게 칭찬과 명성을 얻게 하리라 내가 그때에 너희를 이끌고 그때에 너희를 모을지라 내가 너희 목전에서 너희의 사로잡힘을 돌이킬 때에 너희에게 천하 만민 가운데서 명성과 칭찬을 얻게 하리라 여호와의 말이니라"(습 3:19-20).

지금은 우리가 어렵고 힘들지만 나중에 칭찬과 명성을 얻게 하신다고 말씀하고 계십니다. 하나님을 진정으로 믿는 사람은 나중이 잘되고 칭찬과 복을 받게 하신다는 것입니다.

종살이, 노예살이 했던 요셉이 모함을 받고 감옥에 갔지만 그는 하나님을 노래하는 사람입니다. 그러니 나중이 잘되고 칭찬과 명성을 얻게 됩니다. 노예가 국무총리가 됩니다.

"당신들은 나를 해하려 하였으나 하나님은 그것을 선으로 바꾸사 오늘과 같이 많은 백성의 생명을 구원하게 하시려 하셨나니"(창 50:20).

부자와 나사로의 이야기입니다. 부자는 하나님 없이 이 땅에서 잘 살았지만 결국 그는 불타는 지옥으로 갑니다. 그러나 거지 나사로는 비록 이 땅에서 어렵게 살았지만 하나님의 위로를 받고 천사에 받들려 천국에 갑니다. 나중이 잘되는 복을 받은 것입니다. 그러므로 성도는 하나님을 찬양하고 노래해야 합니다.

사랑하는 성도 여러분! 하나님의 사랑은 변함이 없습니다. 우리가 잘못한 일이 있어도 하나님은 영원토록 변함이 없는 분이십니다. 어려울수록 그분을 노래하고 찬양하십시오. 그러면 날마다 구원의 역사를 이루게 되고, 나중이 잘되는 축복을 받게 됩니다.

사탄은 쉬지 않고 우리를 속입니다. "너희 하나님이 어디에 있느냐? 너의 구원이 어디에 있느냐?" 그러나 그 말에 속으면 안 됩니다. 하나님은 우리와 함께 계십니다. 오히려 어렵고 힘들수록 하나님을 찬양하십시오. 우리가 임마누엘의 하나님만 믿는다면 언제, 어떤 상황 속에서도 승리하게 됩니다.

생각을
지켜야 한다
(빌 4:6-8)

　기독교의 역사 속에서 바울 이후 최고의 사상가요 위대한 신학자로 알려진 사람으로 히포의 감독을 했던 카르타고의 성 어거스틴(354-430)을 들 수가 있습니다. 그의 아버지 파트리우스는 이교도였고 정숙하지 못한 사람이었으나 그의 어머니 모니카는 독실한 신앙인이었습니다. 어거스틴은 어릴 때부터 명석한 두뇌를 가졌으나 아버지의 영향을 받은 탓에 영적, 육적인 삶이 바람직하지 못했습니다. 젊은 시절 술, 쾌락에 빠져 윤리적으로 아주 타락한 삶을 살았습니다. 그리고 영적으로 이단인 마니교에 빠졌습니다. 그럼에도 어거스틴이 후에 위대한 하나님의 사람이 된 것은 어머니 모니카의 기도 덕분이었습니다. 어머니 모니카는 어거스틴의 현재의 모습을 본 것이 아니라 미래의 모습을 바라보며 기도했던 것입니다.
　아무리 어렵고 힘든 상황, 도저히 믿기 어려운 상황 속에서도 끝까지 이처럼 복된 믿음과 복된 생각을 갖고 사는 것이 승리의 비결입니다.

회당장이 주님께 나아와 자신의 딸을 고쳐 달라고 합니다. 그런데 집으로 가는 도중 딸이 죽었으니 주님을 모시고 올 필요가 없다는 연락이 옵니다. 이때 주님께서 말씀하십니다.

"예수께서 그 하는 말을 곁에서 들으시고 회당장에게 이르시되 두려워하지 말고 믿기만 하라 하시고…들어가서 그들에게 이르시되 너희가 어찌하여 떠들며 우느냐 이 아이가 죽은 것이 아니라 잔다 하시니"(막 5:36, 39).

주위에 있던 사람들이 죽은 아이를 잔다고 하니 비웃습니다. 그러나 주님은 믿음이 없는 사람들을 다 내보내고 회당장 딸의 손을 잡고 "달리다굼"(일어나라) 하시니 그 딸이 일어납니다. 여기에 중요한 영적 의미가 있습니다. 기적은 하나님의 믿음과 하나님의 생각이 있는 자에게만 일어난다는 것입니다.

본문을 중심으로 복된 하나님의 생각이 어떻게 기적을 이루는지 생각해 보겠습니다.

첫 번째, 환경이 어려울수록 염려에 생각을 빼앗기지 않도록 기도해야 합니다

"아무것도 염려하지 말고 다만 모든 일에 기도와 간구로, 너희 구할 것을 감사함으로 하나님께 아뢰라"(빌 4:6).

우리의 믿음은 생각이 가장 중요합니다. 여기서 중요한 것은 우리 속에 어떤 생각이 떠오른다고 해서 그것이 다 내 생각은 아니라는 것입니다. 어둠의 세력이 주는 생각일 수도 있습니다. 그래서 환경을 통해 떠오른 생각대로 행동하면 실패할 수 있습니다.

가룟 유다가 은 30에 예수를 팔아 버립니다. 그리고 자책감 때문에 자살하여 영원히 낭패를 당합니다. 성경은 이런 생각은 가룟 유다가 만들어 낸 것이 아니라 마귀가 그에게 주었다고 말하고 있습니다.

"마귀가 벌써 시몬의 아들 가룟 유다의 마음에 예수를 팔려는 생각을 넣었더라"(요 13:2).

우리는 악한 세력이 우리에게 악한 생각을 집어넣지 못하도록 기도해야 합니다. 우리가 깨달아야 할 중요한 영적 진리는 사탄이 주는 가장 치명적인 생각이 바로 염려라는 것입니다. 염려, 근심, 걱정이 바로 마귀가 주는 것이며, 모든 범죄의 뿌리가 되는 것입니다. 염려는 일차적으로 인간의 마음을 나누어 선한 일을 하지 못하고 범죄하게 만듭니다. 그래서 성경은 염려하지 말라고 말씀하신 것입니다.

"너희 중에 누가 염려함으로 그 키를 한 자라도 더할 수 있겠느냐"(마 6:27).

성도가 염려하는 근본의 뿌리는 믿음의 부재입니다. 염려가 크면 클수록 믿음이 없는 것입니다. 우리가 구원을 받았다면 우리 삶의 주인은 주님이십니다. 우리가 염려한다는 것은 주님이 주인임을 믿지 않고 모든 일의 주인이 나 자신이라는 믿음의 부재에서 일어나는 것입니다. 모든 일을 내가 해야 하고 내가 책임진다는 마음에서 염려가 싹트는 것입니다. 인간은 절대로 주인이 될 수 없습니다. 불신자는 사탄이 주인이고 구원받은 신자는 주님이 주인이신 것입니다.

그래서 성령은 아무것도 염려하지 말고 기도와 간구로 감사함으로 하나님께 아뢰라는 것입니다. 블레셋의 대장군 골리앗과의 싸움에서 다른 병사들은 다 겁을 먹고 있었지만 다윗은 기도함으로 염려와 두려움을 이기고 철저히 하나님이 주시는 생각, 믿음으로 골리앗을 물리친 것입니다. 기도로 마귀 생각, 염려, 근심을 물리쳐야 합니다.

> "다윗이 블레셋 사람에게 이르되 너는 칼과 창과 단창으로 내게 나아오거니와 나는 만군의 여호와의 이름 곧 네가 모욕하는 이스라엘 군대의 하나님의 이름으로 네게 나아가노라"(삼상 17:45).

두 번째, 어떤 환경에서도 하나님의 평강이 내 생각을 지키게 해야 합니다

> "그리하면 모든 지각에 뛰어난 하나님의 평강이 그리스도 예수 안에서 너희 마음과 생각을 지키시리라"(빌 4:7).

우리에게 어려운 환경이 다가오면 기도해야 합니다. 그러면 지각에 뛰어난 하나님의 생각을 주신다는 것입니다. 그런 믿음으로 나아갈 때 승리의 삶이 오는 것입니다. 생각은 믿음의 근원이기 때문입니다.

사도 바울이 빌립보 감옥에 갇혔을 때 그는 차꼬에 채워져 엄청난 고난을 당했습니다. 그가 기도와 찬미를 하니 지진이 일어나 옥문이 열리고 죄수들의 쇠사슬이 풀립니다. 이때 바울은 도망하지 않고 하나님의 때를 기다립니다.

"간수가 자다가 깨어 옥문들이 열린 것을 보고 죄수들이 도망한 줄 생각하고 칼을 빼어 자결하려 하거늘 바울이 크게 소리 질러 이르되 네 몸을 상하지 말라 우리가 다 여기 있노라 하니"(행 16:27-28).

이것은 인간의 생각이 아니라 하나님의 생각입니다. 하나님이 주시는 평강입니다. 이것을 바라본 간수가 감동을 받아 구원의 길을 묻습니다.

"주 예수를 믿으라 그리하면 너와 네 집이 구원을 받으리라 하고"(행 16:31).

간수의 집안이 구원을 받고, 그곳에서 성공적인 선교의 길이 열리게 됩니다. 만일 바울이 인간적인 생각으로 도망을 갔다면 자신의 목숨은 건질 수 있었겠지만 간수는 자결했을 것이고, 빌립보 교회의 성공적인 선교의 역사는 일어나지 않았을 것입니다.

우리가 기도로 염려를 물리치면 하나님의 평강이 우리의 마음에 임하는 것입니다. 우리가 하나님의 생각을 소유하고 하나님의 믿음으로 살아가면 기적의 삶을 살게 되는 것입니다.

세 번째, 아무리 환경이 어려워도 복된 생각을 계속 소유해야 합니다

"끝으로 형제들아 무엇에든지 참되며 무엇에든지 경건하며 무엇에든지 옳으며 무엇에든지 정결하며 무엇에든지 사랑받을 만하며 무엇에든지 칭찬받을 만하며 무슨 덕이 있든지 무슨 기림이 있든지 이것들을 생각하라"(빌 4:8).

이 말은 우리에게 주어진 어떤 상황에서도 그 환경을 생각으로 물리치고 복된 생각을 소유하면 믿음대로 된다는 것입니다.

요셉은 형들의 미움을 받았고, 목숨의 위협까지 느꼈습니다. 그리고 미디안 상인에게 팔렸습니다. 그러나 요셉은 환경을 바라보지 않고 긍정적인 생각을 한 것입니다. 그 속에 하나님의 뜻이 있다고 믿은 것입니다.

"당신들이 나를 이곳에 팔았다고 해서 근심하지 마소서 한탄하지 마소서 하나님이 생명을 구원하시려고 나를 당신들보다 먼저 보내셨나이다 이 땅에 이 년 동안 흉년이 들었으나 아직 오 년은 밭갈이도 못하고 추수도 못할지라 하나님이 큰 구원으로 당신들의 생명을 보존하고 당신들의 후손을 세상에 두시려고 나를 당신들보다 먼저 보내셨나니"(창 45:5-7).

그는 하나님의 생각으로 환경을 바라보았습니다. 그의 복된 생각은 복된 믿음을 갖게 하였고, 나중에 승리하여 복을 받은 것입니다.

"당신들은 나를 해하려 하였으나 하나님은 그것을 선으로 바꾸사 오늘과 같이 많은 백성의 생명을 구원하게 하시려 하셨나니"(창 50:20).

환경이 아무리 어렵고 힘들어도 하나님의 생각으로 우리의 생각을 지키면 그 믿음의 생각대로 복된 역사가 이루어지는 것입니다. 보이는 환경대로 되는 것이 아니라 우리의 생각대로 됩니다. 그러므로 복된 생각을 계속 지키는 것이 중요합니다.

인간의 종은 그의 주인을 위해 일을 합니다. 그러나 하나님은 그분의 종을 통해서 일하십니다. 하나님의 종이 해야 할 일은 하나님의 빚으심을 받는 것, 그리고 주님의 손에 남아 있는 것입니다.

하나님이 그의 종을 통해 일하시면 그 종은 하나님이 하실 수 있는 모든 것을 할 수 있습니다. 우리가 할 일은 순종입니다.

온전하신
뜻을 구하라
(롬 12:1-2)

하나님은 피조물인 인간에게 영원을 살게 하면서 우리 앞날의 시종을 알지 못하게 하셨습니다. 그래서 우리는 우리의 앞일을 알 수 없는 것입니다. 이것이 인간의 진정한 고민입니다. 미래에 대한 불안감, 미래의 불확실성이 우리를 두렵게 하고 힘들게 하는 것입니다.

> "하나님이 모든 것을 지으시되 때를 따라 아름답게 하셨고 또 사람들에게는 영원을 사모하는 마음을 주셨느니라 그러나 하나님이 하시는 일의 시종을 사람으로 측량할 수 없게 하셨도다"(전 3:11).

여기에 중요한 영적 진리가 있습니다. 인간이 살아가는 이 땅은 환경이 좋던 나쁘던 간에 그 속에 온전하신 하나님의 뜻이 있다는 것입니다.

다니엘은 30일간 다리오 왕 이외의 신에게나 사람에게 기도하면 사자 굴에 던져진다는 소식을 듣습니다. 그는 최악의 상황을 만났지만 온전하신 하나님의 뜻은 전에 하던 대로 하루에 세 번씩 기도하는 것이라는 것을 깨닫습니다. 그는 사자 굴에 들어갔지만 천사의 도움으로 살아나 국무총리가 되어 하나님께 영광을 돌리니 참 복된 삶이 된 것입니다. 사자 굴 속에도 하나님의 온전하신 뜻이 있음을 알 수 있습니다. 그러므로 앞으로 어떤 환경이 오더라도 두려워하지 않고 승리의 삶을 살게 되는 것입니다. 우리에게 오는 어떤 상황이나 여건이 중요한 것이 아니라 하나님의 온전하신 뜻이 중요합니다. 하나님의 온전하신 뜻을 찾아가면 어떤 상황에서도 길이 열리게 됩니다. 하나님의 온전하신 뜻을 찾는 비결은 믿음 안에서 변화되는 것입니다.

"너희는 이 세대를 본받지 말고 오직 마음을 새롭게 함으로 변화를 받아 하나님의 선하시고 기뻐하시고 온전하신 뜻이 무엇인지 분별하도록 하라"(롬 12:2).

환경에 맞는 거룩한 변화를 이룰 때 그 상황에서 하나님의 온전하신 뜻을 알 수 있어 길이 열린다는 것입니다. 문제는 우리의 변화입니다. 철학, 종교 등 모든 학문이 그 과제를 풀고자 하지만 아직까지 좋은 결과를 얻지 못했습니다.

"구스인이 그의 피부를, 표범이 그의 반점을 변하게 할 수 있느냐 할 수 있을진대 악에 익숙한 너희도 선을 행할 수 있으리라"(렘 13:23).

즉 성경은 인간 스스로는 절대로 변할 수 없고 오직 주님 안에서만 변화를 받을 수 있다고 합니다.

"그런즉 누구든지 그리스도 안에 있으면 새로운 피조물이라 이전 것은 지나갔으니 보라 새것이 되었도다"(고후 5:17).

주님 안에서 믿음으로 변화될 수 있는 것이 복음입니다. 믿음으로 변화되면 어떤 상황에서도 온전하신 뜻을 알아 복된 길을 열어 갈 수 있습니다. 본문을 중심으로 우리가 어떻게 변화될 수 있는가 생각해 보겠습니다.

첫 번째, 우리의 삶을 거룩한 산 제사로 드려야 합니다

"그러므로 형제들아 내가 하나님의 모든 자비하심으로 너희를 권하노니 너희 몸을 하나님이 기뻐하시는 거룩한 산 제물로 드리라 이는 너희가 드릴 영적 예배니라"(롬 12:1).

예수 믿고 구원받은 사람은 언제든 주님을 위해 살아야 합니다. 왜냐하면 예수께서 값을 지불하고 우리를 사셨기 때문입니다.

"너희 몸은 너희가 하나님께로부터 받은 바 너희 가운데 계신 성령의 전인 줄을 알지 못하느냐 너희는 너희 자신의 것이 아니라 값으로 산 것이 되었으니 그런즉 너희 몸으로 하나님께 영광을 돌리라"(고전 6:19-20).

우리의 삶(몸)은 주님이 피를 흘리심으로 값을 지불하여 살게 하신 것입니다. 우리가 처한 상황을 주님께 드려지는 거룩한 예배가 되도록 해야 합니다. 우리가 하나님께 영광을 돌리는 삶을 살게 될 때 거룩한 변화가 오는 것입니다.

"그런즉 너희가 먹든지 마시든지 무엇을 하든지 다 하나님의 영광을 위하여 하라"(고전 10:31).

우리가 교회에서 드리는 예배만 예배가 아닙니다. 우리의 삶 자체가 늘 살아 있는 산 예배가 되어야 우리가 변화받을 수 있습니다. 그렇게 살아갈 때 하나님의 온전하신 뜻을 알 수가 있습니다.

두 번째, 보이는 이 세상을 본받지 말아야 합니다

"너희는 이 세대를 본받지 말고 오직 마음을 새롭게 함으로 변화를 받아 하나님의 선하시고 기뻐하시고 온전하신 뜻이 무엇인지 분별하도록 하라"(롬 12:2).

사람은 바라보는 대로 변하는 것입니다. 이 세대를 본받지 말라는 것은 보이는 세상을 목표로 하지 말라는 것입니다. 이 세상은 나빠지면 나빠지지 좋게 변하지 않습니다. 세상 사람들은 보이는 것을 목표로 삼기에 정욕의 포로가 되고 사탄의 노예가 되어 타락하는 것입니다.

"이 세상이나 세상에 있는 것들을 사랑하지 말라 누구든지 세상을 사랑하면 아버지의 사랑이 그 안에 있지 아니하니 이는 세상에 있는 모든 것이 육신의 정욕과 안목의 정욕과 이생의 자랑이니 다 아버지께로부터 온 것이 아니요 세상으로부터 온 것이라"(요일 2:15-16).

성경을 보면 첫 인간 아담에게 하나님이 선악과를 따 먹지 말라고 하셨습니다. 먹는 날에는 반드시 죽으리라 하셨는데 그들이 선악과를 따 먹은 것입니다. 눈에 보이는 선악과를 너무 바라보았기 때문입니다.

"여자가 그 나무를 본즉 먹음직도 하고 보암직도 하고 지혜롭게 할 만큼 탐스럽기도 한 나무인지라 여자가 그 열매를 따 먹고 자기와 함께 있는 남편에게도 주매 그도 먹은지라"(창 3:6).

바라봄의 법칙이 이처럼 중요합니다. 보는 대로 변하고, 보는 대로 생각하고 행동을 하는 것입니다.

나다니얼 호손(1804-1864)이라는 미국 청교도의 유명한 작가가 쓴 〈큰 바위 얼굴〉이라는 단편소설이 있습니다. 한 마을에 어니스트라는 소년이 살고 있었습니다. 동네 뒷산에는 큰 바위의 얼굴이 있었습니다. 예로부터 큰 바위 얼굴과 같은 위인이 나타나 그 마을을 부흥시키고 세상을 건질 것이라는 전설이 있었습니다. 어니스트는 날마다 그 위인이 나타나기를 기다리며 큰 바위 얼굴을 바라보았습니다. 그런데 어느새 어니스트의 얼굴이 큰 바위의 얼굴이 닮아 있었던 것입니다.

그렇습니다. 사람은 바라보는 대로 변화되는 것입니다. 세상의 물질을 바라보지 않고 주님을 바라보면 복되게 변화됩니다.

"믿음의 주요 또 온전하게 하시는 이인 예수를 바라보자 그는 그 앞에 있는 기쁨을 위하여 십자가를 참으사 부끄러움을 개의치 아니하시더니 하나님 보좌 우편에 앉으셨느니라"(히 12:2).

세 번째, 마음을 새롭게 해야 합니다

"너희는 이 세대를 본받지 말고 오직 마음을 새롭게 함으로 변화를 받아 하나님의 선하시고 기뻐하시고 온전하신 뜻이 무엇인지 분별하도록 하라"(롬 12:2).

우리는 날마다 마음을 새롭게 해야 합니다. 마음을 새롭게 하려면 마음의 주인을 바꾸어야 합니다. 나 자신을 내 마음의 주인으로 생각하고 있는 동안에는 인간은 복되게 변하지 않습니다. 그러나 우리 속에 주님을 마음의 주인으로 모실 때 그 상황에 맞도록 변하는 것입니다.

"그의 영광의 풍성함을 따라 그의 성령으로 말미암아 너희 속사람을 능력으로 강건하게 하시오며 믿음으로 말미암아 그리스도께서 너희 마음에 계시게 하시옵고 너희가 사랑 가운데서 뿌리가 박히고 터가 굳어져서"(엡 3:16-17).

믿음으로 주님을 내 마음에 계시게 하면 우리 마음은 어떤 상황에도 주님께 순종하여 새롭게 변화된다는 것입니다. 이때 하나님의 온전하신 뜻을 알게 되고 길이 열리는 것입니다.

사도 바울이 죄수가 되어 로마로 호송될 때 유라굴로 광풍을 만나게 됩니다. 장장 14일간이나 풍랑을 만나 그들이 다 죽게 되었을 때 바울이 그들에게 소리를 지릅니다.

"내가 너희를 권하노니 이제는 안심하라 너희 중 아무도 생명에는 아무런 손상이 없겠고 오직 배뿐이리라 내가 속한 바 곧 내가 섬기는 하나님의 사자가 어제 밤에 내 곁에 서서 말하되 바울아 두려워하지 말라 네가 가이사 앞에 서야 하겠고 또 하나님께서 너와 함께 항해하는 자를 다 네게 주셨다 하였으니"(행 27:22-24).

바울은 비록 어려운 환경을 만났지만 그 상황보다 그의 마음속에 섬기는 주님을 바라봄으로 어려운 상황에서 새롭게 변화됩니다. 그러므로 풍랑 속에서 온전하신 하나님의 뜻대로 배에 탔던 276명 모두를 살려냅니다.

미래에 일어날 상황이나 여건을 염려하지 마십시오. 아무리 어려운 상황을 만나도 주님 안에서 변화되면 됩니다. 마음을 새롭게 하여 변화되면 어떤 상황에서도 하나님의 선하시고 기뻐하시고 온전하신 뜻을 알게 됩니다. 그러면 복된 길은 열리게 되는 것입니다.

우리의 삶(몸)은 주님이 피를 흘리심으로 값을 지불하여 살게 하신 것입니다. 우리가 처한 상황을 주님께 드려지는 거룩한 예배가 되도록 해야 합니다. 우리가 하나님께 영광을 돌리는 삶을 살게 될 때 거룩한 변화가 오는 것입니다.

위로의 하나님
(고후 1:3-6)

　류시화 시인의 노래 '어느 곳에서도 하나님을 볼 수가 없어 우리에게 어머니를 주셨다'는 시 구절이 큰 감동을 줍니다. 죄를 알지도 못하신 우리 주님은 인간의 죄와 허물을 덮어 주시려고 십자가에서 물 한 방울 피 한 방울 남기지 않고 다 흘리셨습니다. 성경은 인간이 감히 흉내 낼 수 없는 천상의 사랑을 생생하게 기록하고 있습니다.

　"제구시쯤에 예수께서 크게 소리 질러 이르시되 엘리 엘리 라마 사박다니 하시니 이는 곧 나의 하나님, 나의 하나님, 어찌하여 나를 버리셨나이까 하는 뜻이라"(마 27:46).

　우리가 사는 세상은 항상 일곱 빛깔 무지개 같은 비단길이 아닙니다. 쓰러지고 넘어져 상처받고 아픔이 있는 곳입니다. 그래서 이 세상을 고해라고 하지만 주님의 위로와 은혜가 있기에 우리는 환경에 관계없이 세상을 넉넉히 이기는 것입니다.

"기록된 바 우리가 종일 주를 위하여 죽임을 당하게 되며 도살당할 양같이 여김을 받았나이다 함과 같으니라 그러나 이 모든 일에 우리를 사랑하시는 이로 말미암아 우리가 넉넉히 이기느니라"(롬 8:36-37).

본문을 통해 하나님 은혜가 어떻게 이 세상을 넉넉히 이기게 하는지 생각해 보겠습니다.

첫 번째, 진정한 위로는 오직 하나님께만 있습니다

"찬송하리로다 그는 우리 주 예수 그리스도의 하나님이시요 자비의 아버지시요 모든 위로의 하나님이시며 우리의 모든 환난 중에서 우리를 위로하사 우리로 하여금 하나님께 받는 위로로써 모든 환난 중에 있는 자들을 능히 위로하게 하시는 이시로다"(고후 1:3-4).

많은 사람들이 이 땅에서 여러 모양의 상처를 받으며 살아가고 있습니다. 이렇게 세상이 어둡고 힘이 든 이유는 이 세상에 악한 세력이 존재하고 있기 때문입니다. 우리가 그들과 싸워 이기려면 위로가 되시고 피난처 되시는 주님을 만나야 합니다. 그분만이 우리를 지키시고 위로해 주시며 새 힘을 주십니다. 그분만이 진정한 사랑이시고, 그분만이 전능하신 분이시기에 위로가 되는 것입니다.

"네가 말하기를 여호와는 나의 피난처시라 하고 지존자를 너의 거처로 삼았으므로 화가 네게 미치지 못하며 재앙이 네 장막에 가까이 오지 못하리니 그가 너를 위하여 그의 천사들을 명령하사 네 모든 길에서 너를 지키게 하심이라"(시 91:9-11).

"애통하는 자는 복이 있나니 그들이 위로를 받을 것임이요"(마 5:4).

그런데 인간이 사탄에게 속아 하나님의 위로를 거부하고 세상 속에서 위로를 받으려고 하기 때문에 힘들고 타락하여 죄를 짓게 되는 것입니다. 세상의 보이는 것(돈, 권세, 놀이, 술, 도박, 쾌락)에서 위로를 찾으려고 하니 더욱 망가지는 것입니다.

누가복음 15장에 돌아온 탕자의 이야기가 있습니다. 그는 아버지의 품을 떠나 세상으로 나갑니다. 세상에서 돈을 벌고 자신의 삶을 추구하려고 떠났지만 사실은 자기의 위로를 찾아 떠난 것입니다. 술과 여자, 쾌락을 통해 잠시 즐거움과 위로를 체험할지 모르지만 결국 죄를 지어 죽게 됩니다. 하나님을 떠나 세상에서 위로를 찾는 자는 다 나중에 멸망하게 됩니다.

진정한 위로는 하나님께만 있습니다. 그곳에 사랑이 있고 치유가 있고 회복이 있는 것입니다. 그래서 돌아온 탕자는 아버지 품에 안기어 한없는 회한의 눈물과 감격을 만나게 됩니다.

"아버지는 종들에게 이르되 제일 좋은 옷을 내어다가 입히고 손에 가락지를 끼우고 발에 신을 신기라 그리고 살진 송아지를 끌어다가 잡으라 우리가 먹고 즐기자 이 내 아들은 죽었다가 다시 살아났으며 내가 잃었다가 다시 얻었노라 하니 그들이 즐거워하더라"(눅 15:22-24).

세상에는 아무리 가까운 친구, 가족일지라도 하나님이 돕지 않으시면 진정한 위로자가 되지 못합니다. 그들을 의지하면 오히려 짐이 되거나 상처가 되어 어려워질 때가 많은 것입니다. 오죽하면 "네 집 식구가 원수니라"고 하겠습니까.

두 번째, 하나님의 위로가 세상 어떤 환난보다 크기 때문에 소망이 있습니다

"우리의 모든 환난 중에서 우리를 위로하사 우리로 하여금 하나님께 받는 위로로써 모든 환난 중에 있는 자들을 능히 위로하게 하시는 이시로다"(고후 1:4).

우리가 사는 이 세상은 슬픔도 많고 억울한 일들도 많은 세상입니다. 그래서 세상은 항상 부정적이고 어둠이 가득합니다.

"우리의 연수가 칠십이요 강건하면 팔십이라도 그 연수의 자랑은 수고와 슬픔뿐이요 신속히 가니 우리가 날아가나이다"(시 90:10).

그러나 믿음의 눈으로 보면 세상은 다르게 보입니다. 이 세상은 어둠의 세력이 악을 조장하고 슬픔과 억울함을 만들고 있지만 우리 주님께서 십자가에서 악의 세력을 무너뜨리시고 주님을 믿는 자에게 하나님의 은혜와 능력이 넘치게 하신 것입니다.

그래서 엘리사가 "저들이 함께하는 자보다 우리와 함께하는 자가 많다"고 한 것입니다. 이것을 믿으면 됩니다.

"대답하되 두려워하지 말라 우리와 함께한 자가 그들과 함께한 자보다 많으니라 하고 기도하여 이르되 여호와여 원하건대 그의 눈을 열어서 보게 하옵소서 하니 여호와께서 그 청년의 눈을 여시매 그가 보니 불 말과 불 병거가 산에 가득하여 엘리사를 둘렀더라"(왕하 6:16-17).

세상에는 어둠의 세력보다 빛의 세력이 많습니다. 이것을 믿는 사람은 어둡고 답답한 환경 속에서도 하나님의 위로로 넉넉히 이기며 참 소망을 갖게 됩니다.

    욥은 갑자기 자식이 다 죽고 많은 재산을 잃어버렸습니다. 그리고 몸에 병이 들고 유일하게 자기의 위로가 되어야 할 부인까지도 그를 욕하고 떠납니다. 욥은 너무나 억울하고 슬픈 것입니다. 절대 절망입니다. 그러나 그는 갈등하는 신앙 속에서 몸부림치다가 결국 하나님 안에서 더 큰 위로를 발견하고 참 소망을 갖게 됩니다.

    "욥이 여호와께 대답하여 이르되 주께서는 못하실 일이 없사오며 무슨 계획이든지 못 이루실 것이 없는 줄 아오니…내가 주께 대하여 귀로 듣기만 하였사오나 이제는 눈으로 주를 뵈옵나이다"(욥 42:1-2, 5).

    그리고 욥은 배가의 축복을 받게 됩니다. 주님 안에는 이 세상에서 당하는 어떤 환난 보다 더 큰 위로가 있습니다.

    "이것을 너희에게 이르는 것은 너희로 내 안에서 평안을 누리게 하려 함이라 세상에서는 너희가 환난을 당하나 담대하라 내가 세상을 이기었노라"(요 16:33).

세 번째, 하나님이 주시는 위로의 목적은 남을 위로하여 하나님의 구원에 이르게 하기 위함입니다

    "그리스도의 고난이 우리에게 넘친 것같이 우리가 받는 위로도 그리스도로 말미암아 넘치는도다 우리가 환난 당하는 것도 너희가 위로와 구원을 받게 하려는 것이요 우리가 위로를 받는 것도 너희가 위로를 받게 하려는 것이니 이 위로가 너희 속에 역사하여 우리가 받는 것 같은 고난을 너희도 견디게 하느니라"(고후 1:5-6).

우리가 겪는 슬픔이 크면 클수록 위로가 크다는 것입니다. 그러나 하나님의 위로를 체험한 사람은 반드시 다른 사람의 위로자가 되어 그들을 구원하는 축복의 통로가 되어야 합니다. 그것이 우리를 위로하시는 하나님의 목적입니다.

세상을 겁내지 맙시다. 당신 가까이에 위로의 하나님이 계십니다. 그분을 만나시기를 축원합니다. 이 세상이 아무리 슬프고 억울해도 주님의 위로로 세상을 넉넉히 이길 수 있습니다.

포도나무 가지의 고백

부러질 듯 가냘픈 포도나무 가지.
그러나 만일 나에게 입이 있다면 내 어찌 이 신비를 전하지 않으랴.
비록 나는 작은 가지에 불과하나
생명의 수액이 내 몸에 흐르기에 나는 나의 생명으로 살지 않는다.
나는 아무런 열매도 맺지 못하나
그에게 붙은 나는 나무의 일부분 그의 풍성한 열매를 함께 나눈다.
어떻게 이러한 신비가 가능한가?
어떻게 가지가 나무 안에 거하며 그의 생명으로 살아갈 수 있는가?
그것은 바로 가지를 붙들고 있는 나무의 강력한 생명 끈 때문이다.
난 그저 그에게 붙어 있을 뿐이다.

나에게 새 생명을 부여한 나무는
넘쳐흐르는 생명의 수액을 통해 날마다 나를 떠받치고 지탱한다.
나는 결코 미래가 두렵지 않으며 또한 과거에 매여 살지도 않는다.
매 순간 생명을 향한 전진뿐이다.
따사로운 햇살에 잘 익은 포도가
결코 나의 것이 될 수 없는 것은 뿌리가 없으면 허사이기 때문이다.
나는 결코 내 힘으로 살지 않는다.
가지는 나무의 생명으로 살아간다.
이것이 바로 가지 된 자의 고백이다.
따라서 결코 '거하려고' 애쓰거나
'열매를 맺으려고' 수고하지 말고 오직 가지처럼 예수께 붙어 있어라.
그와의 연합은 단순하고 심오하며 강력할 것이다.
그의 생명은 영원히 우리의 생명을 대신할 것이며
그의 사랑은 우리를 통해 풍성히 넘쳐흐를 것이다.
그의 열매는 사랑이다.
이 사랑은 우리의 생명으로 나타날 것이며
우리의 영은 그의 사랑의 품 안에서 영원한 안식을 누릴 것이다.

– Freda Hanbury

주님이
이 땅에 오신 이유
(막 1:36-39)

요사이 이스라엘에서 아주 신선한 뉴스가 전해집니다. 길라드 살라트라는 병사는 2006년 팔레스타인의 포로가 되어 5년째 복역 중이었습니다. 그동안 이 병사를 구하려고 노력을 했지만 번번이 실패하였습니다. 그런데 이번에 이스라엘에 붙들린 팔레스타인 포로 1,027명과 길라드 살라트 병사 1명을 포로 교환함으로 그 생명을 구하게 된 것입니다. 현대판 '라이언 일병 구하기'입니다. 이로 인해 이스라엘이란 나라가 자국민의 생명을 얼마나 귀중히 여기는가에 대해 국제사회의 칭찬과 관심이 집중되었습니다. 한 생명의 소중함을 행동으로 일깨워 준 것입니다. 생명의 소중함을 전 세계에 드러낸 것입니다.

"사람이 만일 온 천하를 얻고도 제 목숨을 잃으면 무엇이 유익하리요 사람이 무엇을 주고 제 목숨과 바꾸겠느냐"(마 16:26).

주님은 이 땅에서 인간의 생명이 가장 귀하다고 말씀하십니다. 그래서 온 천하를 주고도 한 생명을 바꿀 수 없다는 것입니다. 이것이 창조주 하나님의 생각이고 우주적 가치관입니다. 이것을 놓치면 우리는 하나님과 만날 수 없고 깊은 교제도 할 수 없습니다. 하나님이 이 땅에 주님을 보내신 이유는 생명의 귀중함을 회복하고 인간을 구원하기 위함입니다.

"하나님이 세상을 이처럼 사랑하사 독생자를 주셨으니 이는 그를 믿는 자마다 멸망하지 않고 영생을 얻게 하려 하심이라"(요 3:16).

하나님이 독생자 예수의 목숨을 내주면서까지 이 땅의 사람들을 구원하여 멸망에 이르지 않고 영생에 이르게 한 것입니다. 본문을 통해 주님이 이 땅에 오신 이유는 전도하기 위함이라고 말씀하고 있습니다.

"이르시되 우리가 다른 가까운 마을들로 가자 거기서도 전도하리니 내가 이를 위하여 왔노라 하시고"(막 1:38).

우리가 이 세상을 함께 살아도 목표와 가치관이 다르다면 함께 살 수가 없습니다. 부부도 이것이 다르면 이혼할 수밖에 없는 것입니다. 하물며 우리가 이 세상뿐 아니라 영원한 천국에서 함께 사는 주님과 뜻과 사명이 다르다면 기도 응답도, 축복도 받을 수 없는 것입니다. 우리가 전도하고 생명을 구원하려고 할 때 주님과 뜻이 같기 때문에 주님이 함께하시고 표적을 주시고 역사하시는 것입니다.

"제자들이 나가 두루 전파할새 주께서 함께 역사하사 그 따르는 표적으로 말씀을 확실히 증언하시니라"(막 16:20).

본문을 통해 주님이 어떻게 생명사역인 전도를 성공적으로 이루어 가시는지 생각해 보겠습니다.

첫 번째, 기도함으로 전도의 사명에 깨어 있어야 합니다

"새벽 아직도 밝기 전에 예수께서 일어나 나가 한적한 곳으로 가사 거기서 기도하시더니"(막 1:35).

예수님께서는 하나님의 아들이지만 이 땅에 우리와 같은 육신을 입고 오셨습니다. 그래서 그분은 배도 고프고 슬프고 피곤하고 어렵고 힘이 드는 것입니다. 주님도 우셨고, 십자가에 달려 돌아가실 때도 고민하여 죽게 되었다고 말씀하십니다. 우리와 같은 인성을 입으셨기 때문입니다.

"이에 말씀하시되 내 마음이 매우 고민하여 죽게 되었으니 너희는 여기 머물러 나와 함께 깨어 있으라 하시고"(마 26:38).

주님은 이 땅에 사실 때 우리와 똑같이 육신의 제한을 받으셨습니다. 그럼에도 주님은 새벽 미명에 기도하셨습니다. 그 이유는 이 땅에 오신 구원의 사명 때문입니다. 구원 사명에 깨어 하나님의 성령으로부터 능력을 받아야 이 땅에서 승리의 삶을 살게 됩니다. 이것은 기도로만 가능합니다.

"오직 성령이 너희에게 임하시면 너희가 권능을 받고 예루살렘과 온 유대와 사마리아와 땅 끝까지 이르러 내 증인이 되리라 하시니라"(행 1:8).

성령께서 이 땅에 임하시는 법칙이 있습니다. 기도로 구원 사명에 깨어 있을 때 성령이 임하여 증인의 삶을 살게 되는 것입니다. 기도할 때 사명을 주시고, 사명을 깨달은 자에게 성령이 오십니다. 성령이 오시면 증인이 됩니다. 그래서 사탄은 우리를 시험하여 기도하지 못하게 하고, 구원 사명을 잊도록 정욕에 빠지게 하는 것입니다. 그러면 성령이 임하지 않으므로 죄를 짓고 타락하게 됩니다. 베드로가 주님을 세 번이나 부인한 이유는 육신의 피곤함으로 깨어 기도하지 못했기 때문입니다. 그래서 주님은 베드로에게 이렇게 말씀하셨습니다.

"제자들에게 오사 그 자는 것을 보시고 베드로에게 말씀하시되 너희가 나와 함께 한 시간도 이렇게 깨어 있을 수 없더냐 시험에 들지 않게 깨어 기도하라 마음에는 원이로되 육신이 약하도다 하시고"(마 26:40-41).

우리가 기도하여 전도의 사명에 깨어 있을 때 하늘 문이 열립니다. 사도 바울은 전도의 문이 열리도록 기도 부탁을 한 것입니다.

"또한 우리를 위하여 기도하되 하나님이 전도할 문을 우리에게 열어 주사 그리스도의 비밀을 말하게 하시기를 구하라 내가 이 일 때문에 매임을 당하였노라"(골 4:3).

날마다 기도함으로 사명이 살아 있는 자는 승리할 수가 있습니다. 이것은 일반 사회에서도 널리 상용되는 진리입니다. 세계적인 경영 컨설턴트인 피터 드러커, 스티븐 코비 같은 사람들은 성공하기 위해서는 사명 선언문을 작성하라고 권고합니다.

두 번째, 우선순위에서 승리를 해야 합니다

"시몬과 및 그와 함께 있는 자들이 예수의 뒤를 따라가 만나서 이르되 모든 사람이 주를 찾나이다 이르시되 우리가 다른 가까운 마을들로 가자 거기서도 전도하리니 내가 이를 위하여 왔노라 하시고"(막 1:36-38).

주님께서 하루 종일 수많은 병든 사람을 고쳐 주시고 귀신 들린 사람을 온전케 해주십니다. 그러자 사람들이 주님을 찾습니다. 그런데 주님은 그들을 피해 다른 마을로 가서 전도하자고 하십니다. 주님이 이 땅에 오신 이유는 병을 고치기 위함이 아니라 영혼을 구원하여 천국에 가게 하는 것이라는 것입니다. 이처럼 우선순위에 성공하여 전도에 집중할 때 구원의 역사가 일어나게 됩니다.

주님이 포도나무 비유를 통해 아주 중요한 말씀을 하셨습니다.

"무릇 내게 붙어 있어 열매를 맺지 아니하는 가지는 아버지께서 그것을 제거해 버리시고 무릇 열매를 맺는 가지는 더 열매를 맺게 하려 하여 그것을 깨끗하게 하시느니라"(요 15:2).

열매를 잘 맺게 하기 위하여 맺지 못하는 가지를 잘라서 나무를 깨끗하게 했다는 것입니다. 그렇습니다. 힘은 단순한 데서 오는 것입니다. 여러 가지 일에 골몰하고 세상일에 마음이 빼앗기는데 무슨 열매를 맺겠습니까?

세 번째, 성령 충만하여 전도할 때 귀신을 쫓아내게 됩니다

"이에 온 갈릴리에 다니시며 그들의 여러 회당에서 전도하시고 또 귀신들을 내쫓으시더라"(막 1:39).

기도하여 사명에 깨어 있을 때 성령이 임하게 되는 것입니다. 항상 성령 충만할 때 전도가 됩니다. 성령 충만은 온도계와 같습니다. 한 번 충만했다고 계속 충만한 것이 아닙니다. 항상 성령 충만할 때 인간을 불행하게 하고 실패하게 하는 귀신이 쫓겨 나가는 것입니다. 이것이 전도의 진정한 축복입니다. 전도와 귀신을 쫓아내는 것은 동전의 양면과 같습니다. 전도하면 귀신이 쫓겨납니다. 가정과 개인에게 역사하는 가난, 술, 노름, 음란, 정신병, 교통사고, 자살하는 귀신이 쫓겨 나가는 것입니다. 인간의 힘으로 도저히 끊을 수 없는 것들은 귀신의 역사입니다. 전도할 때 성령이 역사하심으로 귀신이 떠나는 것입니다.

"또 이르시되 너희는 온 천하에 다니며 만민에게 복음을 전파하라 믿고 세례를 받는 사람은 구원을 얻을 것이요 믿지 않는 사람은 정죄를 받으리라 믿는 자들에게는 이런 표적이 따르리니 곧 그들이 내 이름으로 귀신을 쫓아내며 새 방언을 말하며"(막 16:15-17).

사랑하는 여러분! 전도해야 당신을 불행하게 만드는 근원을 끊어낼 수 있습니다. 당신의 집안에 대대로 내려오는 어둠의 줄을 끊어내야 합니다. 전도는 주님의 빛을 받아들이는 것입니다. 이것이 주님이 이 땅에 오신 이유입니다.

주님께서 하루 종일 수많은 병든 사람을 고쳐 주시고 귀신 들린 사람을 온전케 해주십니다. 그러자 사람들이 주님을 찾습니다. 그런데 주님은 그들을 피해 다른 마을로 가서 전도하자고 하십니다. 주님이 이 땅에 오신 이유는 병을 고치기 위함이 아니라 영혼을 구원하여 천국에 가게 하는 것이라는 것입니다. 이처럼 우선순위에 성공하여 전도에 집중할 때 구원의 역사가 일어나게 됩니다.

풍랑 속에서의 사랑
(막 6:45-52)

　스티브 잡스의 죽음은 참으로 많은 사람들에게 안타까움을 주었습니다. 그는 막연한 가상세계를 우리에게 가장 유익을 주는 현실 세계로 만들었다는 찬사를 한 몸에 받은 이 시대 IT업계의 영웅입니다. 그는 IT산업으로 통신과 미디어 산업을 하나로 통합한 혁명적인 쾌거로 스마트 폰, 아이패드의 원조를 만들었습니다.
　짧은 생을 살았으나 성공적인 삶을 산 그가 어디에서 삶의 원동력을 얻었는지 알 수 없지만 우리의 성공의 비결은 다 같습니다. 자신의 일이 어렵고 힘들어도 그 일이 뜻이 있고 보람이 있어 끝까지 사랑할 수 있을 때 성공할 수 있다는 것입니다. 반대로 우리가 실패하는 이유는 그 일이 의미 있고 옳다는 것을 인정하지만 어려워질수록 끝까지 사랑하지 못하는 데 있습니다. 아무리 큰 어려움이 다가와도 나를 돕고 역사하시는 사랑을 체험한 사람은 끝까지 승리할 수 있습니다.

　성경은 세상에서 환난과 풍랑을 만나지만 절대자의 사랑을 체험한 사람은 다 성공할 수 있다고 말합니다. 다윗이 성공한 이유는 자신에게 온 환난, 풍랑 속에서 하나님의 사랑을 체험했기 때문입니다.

다윗은 사망의 골짜기에서 주님의 사랑을 체험했습니다. 다니엘은 사자 굴에서 하나님의 사랑을 체험하였습니다. 모세는 홍해에서 하나님의 사랑을 체험했고, 바울은 빌립보 감옥과 유라굴로 광풍에서 하나님의 사랑을 체험했습니다. 이런 사람은 끝까지 그 일을 사랑하게 되고 어려워도 끝까지 매진하여 승리하는 것입니다.

"내가 사망의 음침한 골짜기로 다닐지라도 해를 두려워하지 않을 것은 주께서 나와 함께하심이라 주의 지팡이와 막대기가 나를 안위하시나이다 주께서 내 원수의 목전에서 내게 상을 차려 주시고 기름을 내 머리에 부으셨으니 내 잔이 넘치나이다"(시 23:4-5).

첫 번째, 어떤 환경에서도 매이지 말고 주님을 바라보아야 합니다

"다 배불리 먹고 남은 떡 조각과 물고기를 열두 바구니에 차게 거두었으며 떡을 먹은 남자는 오천 명이었더라 예수께서 즉시 제자들을 재촉하사 자기가 무리를 보내는 동안에 배 타고 앞서 건너편 벳새다로 가게 하시고"(막 6:42-45).

주님이 오병이어의 기적을 일으키셨을 때 그 제자들은 감격했습니다. 광야에서 물고기 두 마리와 보리떡 다섯 개로 5천 명을 먹이고도 열두 광주리가 남게 된 기적을 보았기 때문입니다. 그런데 주님은 갑자기 그들을 갈릴리 바닷가로 데리고 가십니다. 그 이유는 이 세상에는 기적도 있지만 풍랑도 있다는 것을 알게 하기 위함입니다.

그래서 좋을 때나 나쁠 때나 늘 세상 속에는 영적인 눈이 열려 믿음으로 살아가야 한다는 것을 말해 주고 있습니다.

그러나 제자들은 벳새다 광야에서 오병이어에 취해 있다가 풍랑을 맞자 그만 풍랑에 마음을 빼앗기고 주님을 잃어버리게 된 것입니다. 그래서 정작 그들을 구원하러 오신 주님을 알아보지 못하고 유령이라고 소리를 지르는 것입니다.

"바람이 거스르므로 제자들이 힘겹게 노 젓는 것을 보시고 밤 사경쯤에 바다 위로 걸어서 그들에게 오사 지나가려고 하시매 제자들이 그가 바다 위로 걸어 오심을 보고 유령인가 하여 소리 지르니"(막 6:48-49).

베드로는 갈릴리 바닷가에서 풍랑을 만났으나 주님을 바라볼 때 바다 위를 걸어갈 수 있었지만 풍랑을 바라볼 때 바다에 빠지게 된 것입니다. 어떤 환경에서도 그것에 매이지 말고 영적으로 깨어 주님만 바라보면 어떤 풍랑 속에서도 주님의 구원의 사랑을 체험하게 됩니다.

두 번째, 어떤 어려운 환경 속에서도 하나님의 전능하심을 믿어야 합니다

"예수께서 즉시 제자들을 재촉하사 자기가 무리를 보내는 동안에 배 타고 앞서 건너편 벳새다로 가게 하시고 무리를 작별하신 후에 기도하러 산으로 가시니라"(막 6:45-46).

제자들은 오병이어의 기적을 체험했지만 주님을 인본주의적 시각으로 믿고 있습니다. 그러다보니 자신들이 어려움에 빠졌을 때 구해

주러 오시는 주님을 유령이라고 하는 것입니다. 이와 같이 주님의 전능하심을 믿지 않고 인본주의적인 주님을 생각하면 마음이 둔해지고 주님의 사랑을 체험할 수 없는 것입니다.

"이는 그들이 그 떡 떼시던 일을 깨닫지 못하고 도리어 그 마음이 둔하여졌음이러라"(막 6:52).

풍랑 속에서 하나님의 사랑을 체험하려면 인간의 무력함을 철저히 깨닫고 오직 주님의 전능하심을 믿어야 합니다. 그래야 역사가 일어나는 것입니다. 그래서 제자들을 이런 풍랑 속으로 인도하시는 것입니다.

다니엘을 사자 굴에 들어가게 합니다. 그가 할 수 있는 일은 아무것도 없습니다. 그러나 그는 전능하신 하나님을 믿었습니다. 인간의 무력함이 하나님의 전능을 믿게 하는 것입니다. 그런데 인간은 사탄에게 속아 인간의 무력함을 깨닫지 못하고 어려울수록 하나님을 의지하지 않고 실망하고 좌절하는 것입니다. 이것은 인간의 교만함 때문이며 사탄의 속임수입니다. 어려움이 올수록 인간의 무능함을 철저히 깨닫고 좌절이 올수록 하나님의 전능을 믿을 수만 있다면 하나님의 구원을 체험하게 되는 것입니다.

세 번째, 어떤 환경 속에서도 하나님의 약속의 말씀을 끝까지 믿어야 합니다

"예수께서 즉시 제자들을 재촉하사 자기가 무리를 보내는 동안에 배 타고 앞서 건너편 벳새다로 가게 하시고 무리를 작별하신 후에 기도하러 산으로 가시니라"(막 6:45-46).

주님이 산에서 기도하고 계셨다면 제자들을 위해서였을 것입니다. 또 주님이 건너가라고 하셨다면 그 길은 주님이 지키실 것입니다. 전능하신 주님이 약속하고 명령하셨다면 그 책임은 주님께 있는 것입니다.

우리가 어렵지만 주님의 약속을 굳게 믿으면 풍랑 속에서 구원의 사랑을 체험하게 되지만 반대로 약속을 믿지 못한다면 주님의 사랑을 체험하지 못할 것입니다.

엠마오로 가는 두 제자는 주님이 십자가에 죽으시고 부활한다는 것을 약속하셨는데도 막상 주님이 십자가에 죽으시고 눈에 보이지 않으니 믿지 못했습니다. 그러니까 주님이 부활하신 후에 함께 가시는데도 주님을 알아보지 못하는 것입니다.

"그들이 서로 이야기하며 문의할 때에 예수께서 가까이 이르러 그들과 동행하시나 그들의 눈이 가리어져서 그인 줄 알아보지 못하거늘"(눅 24:15-16).

그때 주님은 말씀하십니다.

"이르시되 미련하고 선지자들이 말한 모든 것을 마음에 더디 믿는 자들이여 그리스도가 이런 고난을 받고 자기의 영광에 들어가야 할 것이 아니냐 하시고"(눅 24:25-26).

주님이 눈으로 보일 때 그 말씀을 믿고 따르던 제자들이 기적을 많이 체험했지만 눈에 보이지 않으니 약속의 말씀을 믿지 못하는 것입니다. 이것은 주님의 전능하심을 믿지 못하는 것입니다.
이것이 문제입니다. 주님이 풍랑으로 인도하신 목적도 바로 여기에 있습니다. 우리가 주님의 약속을 믿을 때 주님은 보이지 않지만 우리와 풍랑 속에 함께 계시는 것입니다.

> "그들이 다 예수를 보고 놀람이라 이에 예수께서 곧 그들에게 말씀하여 이르시되 안심하라 내니 두려워하지 말라 하시고"(막 6:50).

사도 바울도 유라굴로 광풍을 만나 다 죽어갔지만 주님의 말씀을 끝까지 붙잡고 나아가 276명을 다 살리는 하나님의 기적의 사랑을 체험합니다.

사랑하는 여러분! 어떤 어려운 환경에도 말씀을 붙드십시오. 그러면 주님이 역사하십니다. 그러면 어떤 풍랑 속에서도 주님의 사랑을 체험합니다.

베드로는 갈릴리 바닷가에서 풍랑을 만났으나 주님을 바라볼 때 바다 위를 걸어갈 수 있었지만 풍랑을 바라볼 때 바다에 빠지게 된 것입니다. 어떤 환경에서도 그것에 매이지 말고 영적으로 깨어 주님만 바라보면 어떤 풍랑 속에서도 주님의 구원의 사랑을 체험하게 됩니다.

제 2부
365일 날마다 주님과 함께

365일 날마다
주님과 함께
(히 13:5-9)

　위대한 찬송작가인 패니 제인 크로스비는 1820년 미국 뉴욕에서 태어났습니다. 그녀는 생후 6주가 되었을 때 눈병을 앓았는데 의사의 실수로 각막에 치명적인 손상을 입어 시력을 잃게 되었습니다. 그러나 다행히도 믿음이 좋은 외할머니의 손에서 자랐습니다.

　그녀는 어려운 환경이었지만 하나님의 은혜를 글로 담아내는 것을 좋아했고, 찬송시를 쓰기 시작하였습니다. 그렇게 쓰기 시작한 찬송시가 9,000편이나 됩니다. 우리가 현재 즐겨 부르는 찬송가 중 "인애하신 구세주여", "나의 갈 길 다 가도록", "주의 음성을 내가 들으니", "예수를 나의 구주 삼고", "나의 영원하신 기업" 등 주옥같은 찬송이 많이 있습니다.

　누군가 그녀에게 "선생님이 처한 상황이 절망할 수밖에 없는 상황인데 어떻게 이런 감사 찬송의 삶을 살 수 있습니까?"라고 물었습니다. 그러자 그녀는 "내 환경이 불편할 수는 있지만 한 번도 불행하다고 생각해 본 적은 없습니다. 그것은 우주를 창조하시고, 사랑이신 우리 주님이 나와 함께하시기 때문입니다"라고 분명히 대답했습니다.

이 세상을 살면서 여러 가지 어려운 상황, 불편한 환경, 억울한 일들을 만날 수 있지만 그것을 축복으로 바꿀 수 있는 길이 있습니다. 그것은 환경을 주장하시고 이기게 하시는 우리 주님이 함께하시는 것입니다. 그분은 세상보다 크신 분이고, 언제나 우리와 함께하시는 분입니다.

"자녀들아 너희는 하나님께 속하였고 또 그들을 이기었나니 이는 너희 안에 계신 이가 세상에 있는 자보다 크심이라"(요일 4:4).

그런데 우리는 주님을 놓치고 눈에 보이는 환경만 붙잡기 때문에 세상의 종이 되고, 환경이 변할 때마다 실패하고 어려워지는 것입니다. 아주 중요한 영적 진리가 있습니다. 그것은 인간은 태어나면서부터 혼자 살지 못하도록 되어 있는데 끊임없이 세상에서 함께할 것을 찾으며 몸부림치고 있다는 것입니다. 돈, 명예, 권력, 지식, 쾌락, 남편, 자식, 식구들을 찾지만 그것은 다 속은 것입니다. 세상의 것은 찾으면 찾을수록 세상의 노예가 되고, 죄악의 포로가 되는 것입니다.

미국의 유명한 영성지도자 헨리 나우웬 교수는 "인간이 그렇게 목마르게 찾아 헤맨 것은 돈, 명예, 권력, 지식이 아닌 참 인격이었다"라고 말했습니다. 참 인격은 바로 우리 주 예수님이십니다. 인간은 참 인격이신 주님을 만나기 전에는 구원도 만족도 없는 것입니다. 그분을 만나야 하고, 365일 주님과 함께해야 하는 것입니다.

본문을 통해 히브리서 기자는 놀라운 복음을 전하고 있습니다. 주님은 구원받은 성도와 영원히 함께하신다는 것입니다. 이처럼 놀라운 축복의 말씀은 없습니다.

날마다 주님과 함께하는 신앙에 대해 생각해 보겠습니다.

첫 번째, 하나님과 동행하는 신앙은 물질을 사랑하지 않고 주님만으로 자족하는 것입니다

"돈을 사랑하지 말고 있는 바를 족한 줄로 알라 그가 친히 말씀하시기를 내가 결코 너희를 버리지 아니하고 너희를 떠나지 아니하리라 하셨느니라" (히 13:5).

우리가 세상을 살아가는 데 돈은 꼭 필요한 것입니다. 그러나 성경에서 가르치는 진리는 돈이 인간의 삶을 지탱하고 유지하는 것이 아니라 하나님의 은혜가 우리를 살게 하는 생명이라는 것입니다. 우리가 보이는 환경이나 물질이 우리 삶의 근원이라고 생각하는 것은 속은 것이고, 그 환경이 우상이 되는 것입니다.

"예수께서 대답하여 이르시되 기록되었으되 사람이 떡으로만 살 것이 아니요 하나님의 입으로부터 나오는 모든 말씀으로 살 것이라 하였느니라 하시니"(마 4:4).

이 세상은 하나님을 놓쳐서 물질의 포로가 되어 죄를 짓고 망하게 되는 것입니다. 그 배후에는 사탄의 역사가 있습니다.

얼마 전 어떤 남자가 자신의 부인에게 수면제를 먹인 후 자동차 앞자리에 태우고 고의로 접촉사고를 내 부인을 죽게 한 사건이 있었습니다. 그 부인은 국제결혼을 한 여인이었고, 임신 중이었다고 합니다. 이국만리에서 남편 하나 보고 결혼했는데 어처구니없게 죽임을 당한 끔찍한 사건입니다. 그런데 더욱 안타까운 것은 접촉사고를 낸 이유가 수억의 보험금 때문이었다는 것입니다.

이렇게 물질에 붙들리면 도덕, 천륜, 마음, 양심도 다 상실하게 되는 것입니다. 이것이 물질에 눈이 어두워 속은 인간의 비극입니다. 이런 사람은 주님이 동행하실 수 없습니다. 물론 우리가 노력해서 주님이 함께하시는 것은 아니지만 주님의 은혜로 우리의 생명이 하나님께 있음을 알 때 주님이 우리와 영원히 함께하심을 체험하고 물질세계도 정복하게 되는 것입니다.

"여호와는 나의 목자시니 내게 부족함이 없으리로다 그가 나를 푸른 풀밭에 누이시며 쉴 만한 물가로 인도하시는도다 내 영혼을 소생시키시고 자기 이름을 위하여 의의 길로 인도하시는도다"(시 23:1-3).

여호와는 목자로 양과는 생명의 관계입니다. 양은 목자로 인해 살아갑니다. 양이 목자의 인도함을 받을 때 푸른 풀밭과 쉴 만한 물가로 인도하시는 것입니다. 여호와가 목자가 될 때 물질, 영적인 문제도 해결되어 의의 길, 천국으로 인도함을 받게 됩니다.

사도 바울은 주님과 동행하면서 참 만족과 행복을 고백합니다.

"내가 궁핍하므로 말하는 것이 아니니라 어떠한 형편에든지 나는 자족하기를 배웠노니 나는 비천에 처할 줄도 알고 풍부에 처할 줄도 알아 모든 일 곧 배부름과 배고픔과 풍부와 궁핍에도 처할 줄 아는 일체의 비결을 배웠노라"(빌 4:11-12).

두 번째, 하나님과 동행하는 신앙은 사람을 두려워하지 않고 사랑하는 것입니다

"돈을 사랑하지 말고 있는 바를 족한 줄로 알라 그가 친히 말씀하시기를 내가 결코 너희를 버리지 아니하고 너희를 떠나지 아니하리라 하셨느니라 그러므로 우리가 담대히 말하되 주는 나를 돕는 이시니 내가 무서워하지 아니하겠노라 사람이 내게 어찌하리요 하노라"(히 13:5-6).

하나님은 인간이 혼자 살 수 없게 만드셨습니다. 인간은 좋든 싫든 사람들과 함께 어울려 살도록 만들어진 것입니다. 사람들 중에는 우리의 마음에 드는 사람도 있고, 반대로 마음에 들지 않는 사람도 있습니다. 그런데 사람을 무서워하면 절대로 하나님과 동행할 수 없습니다. 여기에는 영적인 이유가 있습니다. 하나님은 사람을 통해서 역사하시기 때문입니다. 물론 악한 영의 역사도 사람을 통해서 하지만 하나님은 구체적으로 사람을 통해 역사하십니다. 깊은 산속에서 혼자 기도할 때 성령이 임할 수도 있지만 구체적으로 성령이 역사하시는 체험은 사람을 통해서 오게 됩니다.

사도행전 3장을 보면 베드로와 요한이 성전에서 기도할 때 성령이 임하시는 것을 체험합니다. 그러나 성령이 역사하고 계심을 체험한 것은 미문에 있던 앉은뱅이를 통해서였습니다.

"베드로가 이르되 은과 금은 내게 없거니와 내게 있는 이것을 네게 주노니 나사렛 예수 그리스도의 이름으로 일어나 걸으라 하고 오른손을 잡아 일으키니 발과 발목이 곧 힘을 얻고"(행 3:6-7).

바울이 성령 충만했지만 결정적으로 성령의 역사하심을 체험한 것은 귀신 들린 점치는 여종을 만나 그에게 붙은 귀신을 쫓아낸 사건을 통해서였습니다. 그 일로 인해 억울하게 감옥에 들어가 매를 맞고 온갖 고초를 당하게 됩니다.

그런데 그들이 한밤중에 기도할 때 옥문이 열리고 죄수들이 풀려납니다. 결정적으로 자신을 괴롭힌 간수가 예수를 믿고 구원받는 것을 통해 성령의 역사하심, 즉 하나님이 함께하심을 체험한 것입니다. 아이러니하게도 사람들이 마음을 상하게 할지라도 사람들을 피하면 하나님의 역사하심을 체험할 수 없는 것입니다.

하나님과 동행하려면 사람을 두려워하지 말고 사랑해야 합니다. 우리가 사람을 두려워하고 피하는 이유는 인간을 사랑하지 않기 때문입니다. 아무리 미운 사람일지라도 그 사람을 사랑하지 않으면 그 사람이 두려워지고 피하고 싶은 것입니다. 그러면 하나님의 역사하심을 체험할 수 없습니다. 사람을 사랑할 때 두려움을 이길 수 있고, 하나님이 동행하심을 알게 됩니다.

"사랑 안에 두려움이 없고 온전한 사랑이 두려움을 내쫓나니 두려움에는 형벌이 있음이라 두려워하는 자는 사랑 안에서 온전히 이루지 못하였느니라"(요일 4:18).

그래서 성도는 늘 하나님께 사랑과 은혜를 구해야 합니다. 하나님은 돕는 자이시니 '두려워하지 말라'고 하십니다. 하나님은 우리가 사랑할 수 있도록 도와주십시다.

세 번째, 하나님과 동행하는 신앙은 하나님의 은혜로 마음을 굳게 하는 것입니다

"여러 가지 다른 교훈에 끌리지 말라 마음은 은혜로써 굳게 함이 아름답고 음식으로써 할 것이 아니니 음식으로 말미암아 행한 자는 유익을 얻지 못하였느니라"(히 13:9).

성도는 세상을 살아가는 힘이 어디에서 오는지 잘 알아야 합니다. 우리가 살아가는 힘은 우리의 마음에서 나옵니다. 인간은 마음에서 나오는 힘으로 살아갑니다. 그런데 중요한 것은 그 마음의 힘, 마음의 기쁨, 그 근원이 무엇이냐에 따라 하나님이 함께하시거나 함께하시지 않는 것이 결정됩니다.

세상의 즐거움, 세상의 쾌락으로 마음에 기쁨을 얻고 힘을 얻는 자에게는 하나님이 동행하지 않으십니다. 하나님의 은혜를 즐거워하고, 그 은혜의 힘으로 마음을 굳건히 할 때 하나님이 동행하시는 체험을 하게 됩니다.

삼손은 나실인으로 성령 충만하고 믿음이 충만하여 술을 마시지 않고, 시체를 가까이하지 않으며, 더러운 것 근처에도 가지 않았습니다. 그래서 하나님의 힘과 기쁨이 넘쳐 맨손으로도 사자를 죽일 수 있었습니다. 그러나 들릴라에게 미혹되어 세상의 기쁨을 찾으니 하나님의 신이 떠나 버립니다.

"들릴라가 삼손에게 이르되 당신의 마음이 내게 있지 아니하면서 당신이 어찌 나를 사랑한다 하느냐 당신이 이로써 세 번이나 나를 희롱하고 당신의 큰 힘이 무엇으로 말미암아 생기는지를 내게 말하지 아니하였도다 하며 날마다 그 말로 그를 재촉하여 조르매 삼손의 마음이 번뇌하여 죽을 지경이라"(삿 16:15-16).

삼손은 들릴라로 마음의 기쁨을 채웠기 때문에 하나님의 신이 떠나고 그의 인생은 실패한 것입니다.

사랑하는 여러분! 마음의 기쁨을 하나님의 은혜로 채워야 합니다. 세상의 기쁨이 내 마음에 들어오지 못하게 해야 합니다. 물론 세상의 것이 잘되어도 그것을 하나님의 기쁨으로 바꿀 줄 알아야 합니다. 누가 좋은 음식을 사준다면 기쁜 일입니다. 그러나 성경에서 음식으로 기쁨을 채우는 것은 유익이 없다고 하니 좋은 음식을 대접 받았다면 그것을 주신 하나님께 감사하고, 하나님의 은혜로 마음을 채우면 승리하는 것입니다. 그래야 하나님이 동행하십니다.

하나님은 어제나 오늘이나 영원토록 동일하신 분입니다. 그분은 환경에 따라 변하는 분이 아니십니다. 늘 말씀과 기도로 은혜 받아 마음의 기쁨을 채우고 '365일 날마다 주님과 함께'하시기 바랍니다.

하나님과 동행하려면 사람을 두려워하지 말고 사랑해야 합니다. 우리가 사람을 두려워하고 피하는 이유는 인간을 사랑하지 않기 때문입니다. 아무리 미운 사람일지라도 그 사람을 사랑하지 않으면 그 사람이 두려워지고 피하고 싶은 것입니다. 그러면 하나님의 역사하심을 체험할 수 없습니다. 사람을 사랑할 때 두려움을 이길 수 있고, 하나님이 동행하심을 알게 됩니다.

나는 죽고
예수로 사는 사람들
(갈 2:19-20)

　이 시대에 가장 영향력 있는 기독교 작가이자 미국의 대표적인 복음주의 목회자 맥스 루케이도 목사님이 쓴 많은 책 중에서 《우리 동네에서 예수님을 만났다》라는 책은 우리 주변에서 흔히 일어날 수 있는 일상에서 참 그리스도인답게 살아가는 사람들의 삶을 진솔하게 그린 책입니다. 루케이도 목사님은 이런 사람들 속에서 우리는 주님을 만날 수 있다고 이야기합니다. 모든 기독교인들의 삶에서 예수를 볼 수 있어야 한다고 주장하고 있는 것입니다.

　책에서 소개하고 있는 성형외과 의사 맥스웰 멀츠 박사의 이야기가 감동적입니다. 한 남자가 있는데 그 사람의 집에 불이 나서 부모님을 구하기 위해 불 속으로 뛰어 들었지만 부모님을 구하지 못하고 얼굴에 심한 화상을 입었습니다. 대부분의 사람들은 그 사람이 하나님께 벌을 받았다고 해석을 했고, 그 사람은 마음에 상처를 입어 은둔 생활을 하게 됩니다. 심지어 자기 부인에게도 얼굴을 보이지 않는 단절된 삶을 살아갑니다.

그러던 어느 날, 그 사람의 아내가 성형외과 의사인 멀츠 박사를 찾아와 자신의 사정을 이야기하며 도움을 청합니다. 의사는 부인에게 걱정하지 말라며, 남편의 얼굴을 예전처럼 복원해 주겠다고 약속을 했지만 부인은 기뻐하지 않습니다. 그 이유는 남편이 어떤 도움도 거절하기 때문입니다. 멀츠 박사는 그런 상황에서 부인이 왜 자신을 찾아왔는지 궁금했습니다. 그때 부인이 "선생님, 내 얼굴을 남편의 얼굴처럼 되게 해주세요. 제가 남편과 함께 고통을 공유하면 남편이 제게 마음을 열 것 같습니다"라고 말했습니다. 멀츠 박사는 부인의 순수하고 헌신적인 사랑에 큰 충격을 받았습니다.

그리고 멀츠 박사는 화상을 입은 부인의 남편을 찾아가 말합니다. "나는 성형외과 의사입니다. 당신의 얼굴을 복원해 드릴 수 있습니다." 그런데 아무런 반응이 없습니다. 여러 번 권유했지만 반응이 없습니다. 그래서 멀츠 박사는 그 남자에게 아내의 말을 전했습니다. "당신의 아내가 당신과 고통을 나누기 위해 자신의 얼굴을 당신처럼 일그러뜨려 달라고 합니다. 당신 아내의 마음을 조금이라도 알아주셨으면 합니다." 잠시 침묵이 흐르더니 방문이 열렸습니다. 심한 상처를 입은 얼굴에 눈물이 고인 한 남자가 나왔습니다.

이 남자의 부인의 사랑이 바로 우리 주님의 사랑입니다. 이 부인의 모습이 바로 우리 주님의 모습니다. 우리의 주변, 이웃에서 볼 수 있는 예수님이십니다.

> "그는 근본 하나님의 본체시나 하나님과 동등 됨을 취할 것으로 여기지 아니하시고 오히려 자기를 비워 종의 형체를 가지사 사람들과 같이 되셨고"
> (빌 2:6-7).

예수 믿는 성도들이 가지고 있는 공통적인 목표가 있습니다. 그것은 나는 죽고 예수로 사는 삶입니다. 이것은 대단한 것을 말하는 것이 아니라 주님을 믿는 사람들은 다 자신이 죽고 예수가 사는 삶을 살아야 하는 것입니다. 우리 안에서 주님이 나타나는 삶을 살아갈 때 저절로 세상이 예수를 알게 되고, 복음이 전파됩니다. 이 사람들이 바로 작은 예수님이십니다. 이런 삶을 사는 것이 진정한 축복이고, 승리의 삶이 되는 것입니다.

초대교회 시대에는 이런 사람들이 많았습니다.

"하나님을 찬미하며 또 온 백성에게 칭송을 받으니 주께서 구원받는 사람을 날마다 더하게 하시니라"(행 2:47).

사랑하는 여러분! 나는 죽고 예수로 사는 자들이 되시기를 축원합니다. 사도 바울은 예수로 사는 영원한 승리의 길을 말해 주고 있습니다. 이 땅에서 내가 죽고 예수로 살아가는 길에 대해 생각해 보겠습니다.

첫 번째, 내가 주님과 함께 십자가에서 죽었다는 것을 믿고 자백해야 합니다

"내가 그리스도와 함께 십자가에 못 박혔나니 그런즉 이제는 내가 사는 것이 아니요 오직 내 안에 그리스도께서 사시는 것이라 이제 내가 육체 가운데 사는 것은 나를 사랑하사 나를 위하여 자기 자신을 버리신 하나님의 아들을 믿는 믿음 안에서 사는 것이라"(갈 2:20).

성경은 분명히 증언하고 있습니다. 예수로 사는 승리의 삶을 살기 위한 가장 중요한 진리는 우리가 십자가에서 주님과 함께 못 박혀 죽었다는 것을 믿는 것입니다. 이것은 우리의 노력으로 이루는 것이 아니라 주님이 이미 십자가에서 이루어 놓으신 복음입니다. 이것을 믿기만 하면 우리의 자아가 죽게 됩니다.

어떤 성도가 목사님에게 "목사님, 내가 주님의 십자가 사랑을 깨닫게 되고 주님을 정말 사랑하게 되었습니다. 이제 저는 십자가에서 죽은 것이 분명하지요?"라고 질문을 하였습니다. 물론 그분의 자아가 십자가에서 죽었을 수도 있지만, 주님을 사랑하는 마음을 가졌다고 해서 그분의 자아가 십자가에서 죽었다고 단정할 수는 없습니다. 그 이유는 십자가에서 자아가 죽었다는 것은 행위나 감정으로 가름할 수 있는 문제가 아니라 복음을 믿고 내가 죽었다고 고백할 때 자아가 죽는 체험을 할 수 있기 때문입니다.

또 내가 십자가에서 죽었다고 고백한다고 죽어지는 것도 사실은 아닙니다. 주님이 십자가에서 죽을 때 나를 포함하여 믿는 자들을 안고 죽으셨다는 사실을 믿고 고백할 때 자아가 죽는 체험을 하게 됩니다.

중국의 유명한 니토생 목사님이 십자가에서 죽었다는 진리를 잘 설명하였는데 성경책에 볼펜을 끼운 채 성경책을 못 박았다면 그 책에 있는 볼펜도 못이 박힌 것입니다. 이처럼 우리가 주님 안에 있을 때만 주님이 죽을 때 우리도 죽은 것입니다. 이것을 믿고 고백하면 놀랍게도 내가 죽고 주님이 나타나게 됩니다.

중국 선교의 아버지 허드슨 테일러는 이 진리를 깨달은 후 너무도 기뻐서 사람들을 만날 때마다 "옛날의 나는 죽었네, 옛날의 테일러는 죽었네"라고 인사를 하고 다녔다고 합니다. 테일러 속에 새로운 힘이 용솟음치는 것을 제3자가 느낄 수 있었다고 합니다. 이 진리를 믿고 고백하는 사람에게 자아가 죽는 체험이 일어나게 됩니다. 여러분을 통해 주님이 나타나시기를 축복합니다.

그런데 내 자아, 육신이 죽었다고 해서 세상의 생각이나 육신의 사고, 미움, 시기, 정욕이 모두 없어졌다는 것은 아닙니다. 이것들은 우리가 육신을 입고 사는 동안에는 늘 존재합니다. 단, 내 옛 사람이 죽었다는 것은 이제는 내가 주인이 되지 않으므로 그 육신에게 종 노릇 하지 않게 되었다는 것입니다.

"우리가 알거니와 우리의 옛 사람이 예수와 함께 십자가에 못 박힌 것은 죄의 몸이 죽어 다시는 우리가 죄에게 종 노릇 하지 아니하려 함이니"(롬 6:6).

두 번째, 오직 내 속에 주님이 사신다는 믿음을 가져야 합니다

"내가 그리스도와 함께 십자가에 못 박혔나니 그런즉 이제는 내가 사는 것이 아니요 오직 내 안에 그리스도께서 사시는 것이라 이제 내가 육체 가운데 사는 것은 나를 사랑하사 나를 위하여 자기 자신을 버리신 하나님의 아들을 믿는 믿음 안에서 사는 것이라"(갈 2:20).

내가 주님과 함께 십자가에서 죽었다는 진리를 믿고 고백하면 이제 내 속에서 내 자아(육신)가 죽고, 성령이 역사하여 주님이 주인으로 사시게 되는 것입니다. 그래서 사도 바울은 본문을 통해 '이제 내가 사는 것이 아니라 내 안에 그리스도께서 사시는 것'이라고 고백합니다.

    중요한 영적 진리는 내가 십자가에서 죽었다는 진리를 믿는 것만큼 주님이 내 속에 사신다는 것을 믿을 수 있다는 것입니다. 내가 십자가에서 죽었기 때문에 주님이 내 속에서 주인으로 사실 수 있는 것입니다.

    한국교회 초대 부흥사로 알려진 김익두 목사님의 이야기는 늘 은혜가 됩니다. 그는 목사가 되기 전에 깡패였습니다. 그래서 장사하는 사람들은 다 김익두를 싫어하고 피했습니다. 그런데 깡패 김익두가 선교사로부터 전도를 받아 예수 믿고 거듭난 것입니다. 하나님의 은혜입니다.

    어느 날 김익두는 동네사람들에게 자신이 죽었다고 부고장을 돌렸습니다. 사람들이 마지막으로 나쁜 놈의 얼굴이나 보자고 몰려왔습니다. 그때 김익두 목사가 성경책을 들고 나타나니 사람들이 놀라 당황합니다. "여러분, 여기에 있는 김익두는 어제의 김익두가 아닙니다. 어제의 김익두는 십자가에서 죽었고, 여기에 있는 김익두는 주님과 함께 새로 태어난 김익두입니다."

    그러자 사람들이 저놈은 결국 죽음 가지고도 사기를 친다고 웅성거렸습니다. 그가 어느 술집 앞을 지나갈 때 그 집 주모가 정말 죽었는지 시험해 본다고 구정물을 부었습니다. 그러나 김익두는 물을 탁탁 털면서 "주모, 하나님의 은혜에 감사하시오. 옛날의 김익두 같았다면 당신은 이미 죽었소. 그런데 옛날의 김익두는 죽었고 내 속에 주님만 있소" 하더랍니다.

    우리가 주님을 믿고, 주님 안에 있으면 나는 십자가에 죽었고, 주님이 내 속에서 살고 계심을 믿어야 합니다. 그래야 승리하게 됩니다.

"이는 내게 사는 것이 그리스도니 죽는 것도 유익함이라"(빌 1:21).

주님 안에 있는 사람은 십자가에서 우리의 옛 사람은 이미 죽은 것이고, 주님이 내 속에 사시는 것을 믿어야 합니다.

세 번째, 우리가 육체 가운데 사는 것은 주님을 믿는 믿음으로 사는 것입니다

"내가 그리스도와 함께 십자가에 못 박혔나니 그런즉 이제는 내가 사는 것이 아니요 오직 내 안에 그리스도께서 사시는 것이라 이제 내가 육체 가운데 사는 것은 나를 사랑하사 나를 위하여 자기 자신을 버리신 하나님의 아들을 믿는 믿음 안에서 사는 것이라"(갈 2:20).

그렇습니다. 살아가면서 우리 스스로 해결할 수 없는 문제들이 발생하게 됩니다. 그럴 때마다 우리는 십자가에서 이미 죽었음을 믿고 고백해야 합니다. 주님을 바라보아야 합니다.

우리의 힘으로 해결할 수 없는 문제를 만났을 때, 우리의 힘으로 용서할 수 없는 사람들을 만났을 때, 우리 힘으로 극복할 수 없는 난관을 만났을 때, 우리가 순종할 수 없는 말씀을 들었을 때 우리가 해야 할 일이 있습니다. 주님께 나는 이미 죽었고 나 스스로는 아무것도 할 수 없음을 고백해야 합니다.

주님을 바라보고 믿기만 하면 반드시 주님이 역사하여 주님께서 그 일을 이루시는 것을 볼 수 있습니다. 이것이 나는 죽고 예수로 산다는 말입니다.

부모님을 일찍 여읜 어느 여고생이 고모 밑에서 자랐는데 늘 고모와 의견이 맞지 않아 다툼이 있었습니다. 여고생은 교회에서 목사님의 설교를 들으며 '나는 죽고 주님이 사시는 것'이라는 말씀에 큰 은혜를 받았습니다. 그날 집에 돌아가면서 "주님, 오늘 또 집에 들어가면 늦게 왔다는 고모와 싸울 것 같습니다. 그러니 내가 나가지 않도록 주님이 고모를 만나 주세요"라고 기도했습니다.

집에 들어가니 고모가 또 교회에 갔었느냐고 호통 치며 소리를 지릅니다. 그러나 그 말이 하나도 노엽게 들리지 않습니다. 자신을 키우느라 고생한 고모의 모습을 보니 참 많이 늙어 있었습니다. 그 모습이 안 되어 눈물이 나옵니다. 그리고 "고모, 왜 이렇게 늙었어요" 하며 고모를 끌어안고 울기 시작했습니다. 고모도 울고 서로 끌어안고 울었습니다. 서로의 마음에 앙금이 씻기고, 그때 학생 속에 있는 주님이 고모를 만나 주셨습니다. 교회 나가는 것을 그토록 반대했던 고모가 주님을 영접하게 되었습니다.

사랑하는 여러분! 이것이 내가 죽고 예수가 사는 사람들입니다. 내가 죽었으니 내가 사는 것은 내 속에 사시는 주님을 믿는 믿음으로 사는 것입니다. 이런 사람이 되시기를 축원합니다.

내가 주님과 함께 십자가에서 죽었다는 진리를 믿고 고백하면 이제 내 속에서 내 자아(육신)가 죽고, 성령이 역사하여 주님이 주인으로 사시게 되는 것입니다. 그래서 사도 바울은 본문을 통해 '이제 내가 사는 것이 아니라 내 안에 그리스도께서 사시는 것'이라고 고백합니다.

중요한 영적 진리는 내가 십자가에서 죽었다는 진리를 믿는 것만큼 주님이 내 속에 사신다는 것을 믿을 수 있다는 것입니다. 내가 십자가에서 죽었기 때문에 주님이 내 속에서 주인으로 사실 수 있는 것입니다.

우리가 주님을 믿고, 주님 안에 있으면 나는 십자가에 죽었고, 주님이 내 속에서 살고 계심을 믿어야 합니다. 그래야 승리하게 됩니다.

나도 변할 수 있다
(고후 5:16-17; 행 2:36-38)

인간의 가장 큰 고민은 잘 변하지 않는다는 것입니다. 물론 인류가 발생되어 문명, 과학, 기술, 지식, 예술, 수많은 문화를 발전시켜 삶의 질을 진보시킨 것은 괄목할 만한 일입니다. 그러나 인간의 문제는 정작 자신은 변하지 않고 있다는 것입니다. 아니, 어쩌면 변할 수 없다는 자괴감이 더 큰 것 같습니다. 그래서 성경은 말합니다.

"구스인이 그의 피부를, 표범이 그의 반점을 변하게 할 수 있느냐 할 수 있을진대 악에 익숙한 너희도 선을 행할 수 있으리라"(렘 13:23).

죄악에 빠진 인간은 절대로 스스로 변할 수 없다는 것이 성경의 진단입니다. 이 세상의 문화, 학문, 과학, 지식이 아무리 발전해도 인간은 변할 수 없고 바뀔 수 없다는 것을 성경은 말합니다. 그러나 절대 절망인 어둠 속에 한 줄기 빛의 복음이 있습니다. 성경은 누구든지 변할 수 있다고 선언하고 있습니다. 변할 수 있는 길이 주님 안에 있는 것입니다. 주님 안에 있으면 새로운 사람, 즉 새로운 피조물이 된다는 것입니다.

> "그런즉 누구든지 그리스도 안에 있으면 새로운 피조물이라 이전 것은 지나갔으니 보라 새 것이 되었도다"(고후 5:17).

영국인 죄수 스로스츠는 40년간 교도소 생활을 하면서 가죽채찍으로 50번씩 여덟 번이나 맞았지만 그의 생활은 전혀 변화되지 않았습니다. 그래서 교도소에서도 포기한 골치 아픈 사람이었습니다. 어느 날 구세군 숙박소에서 집회가 있다는 연락이 왔습니다. 그 집회에 스로스츠가 참석하여 단 하루 만에 성령 체험을 하게 됩니다. 그는 특별 사면을 받아 출소한 후 구세군 출옥자 보호소에서 18년간이나 봉사를 했습니다. 그리고 그는 "400번의 가죽 채찍을 맞았고 40년간의 교도소의 생활을 했지만 변화되지 않았던 내가 그리스도로 인하여 불과 단 하루 만에 새사람으로 변화를 받았습니다"라고 간증했습니다.

그렇습니다. 세상은 다 포기하고 버린 사람도 주님 안에 있으면 새로운 피조물이 되고 새사람으로 거듭날 수가 있는 것입니다.

기도의 성자로 알려진 조지 뮬러도 청년 시절에는 어둠의 사람이었습니다. 그는 어떤 사건에 연루되어 경찰에 쫓기던 중 친구 집에 숨어 있게 되었습니다. 그 친구의 가정은 믿음의 가정이었는데 가정예배를 드리며 자신을 위해 기도하는 것을 보며 큰 감동을 받게 됩니다. 그리고 조지 뮬러는 주님을 영접하여 전혀 새로운 사람으로 거듭나 버려진 고아를 위하여 일하라는 하나님의 음성을 듣게 됩니다. 그는 주님 안에서 만 명의 고아를 키우게 됩니다.

그렇습니다. 사랑하는 여러분!

어느 누구도 스스로 변할 수 없지만 주님 안에서는 어떤 사람도 변할 수 있고, 새로운 사람이 될 수 있습니다.

"네게는 여호와의 영이 크게 임하리니 너도 그들과 함께 예언을 하고 변하여 새 사람이 되리라"(삼상 10:6).

이 예언의 말씀은 사울 왕에게 임한 말씀입니다. 사울 왕 같은 사람도 하나님의 영이 임하여 예언도 하고 새로운 사람으로 변할 수 있다고 말씀하는 것입니다.

주님 안에서 내가 변할 수 있는 길에 대하여 생각해 보겠습니다.

첫 번째, 진정한 회개를 통해 주님을 주인으로 모시면 변하게 됩니다

"그런즉 이스라엘 온 집은 확실히 알지니 너희가 십자가에 못 박은 이 예수를 하나님이 주와 그리스도가 되게 하셨느니라 하니 그들이 이 말을 듣고 마음에 찔려 베드로와 다른 사도들에게 물어 이르되 **형제들아 우리가 어찌할꼬** 하거늘 베드로가 이르되 너희가 회개하여 각각 예수 그리스도의 이름으로 세례를 받고 죄 사함을 받으라 그리하면 성령의 선물을 받으리니"(행 2:36-38).

목회자의 가장 큰 고민은 은혜를 받는 성도가 변하지 않는 것입니다. 그런데 그 이유가 진정한 회개가 없었기 때문이라는 것을 알게 되었습니다. 우리는 회개를 자신이 지은 죄의 열매에 대한 것이라고 알고 있습니다. 미움, 질투, 거짓말, 시기, 주로 자신이 지은 죄의 결과를 회개합니다. 이런 기도로는 사람이 변화되지 않습니다.

우리가 진정으로 회개해야 할 죄는 우리의 근본적인 죄입니다. 죄의 뿌리입니다. 성경이 말하는 인간의 근본적인 죄(뿌리의 죄)는 바로 인간이 피조물로 하나님 노릇 한 죄, 즉 자신이 주인 노릇을 한 죄를 말하는 것입니다. 이것이 바로 사탄이 지은 죄입니다.

루시엘이 하나님처럼 되고 싶어 하나님을 반역하여 루시퍼(사탄)가 되었습니다. 우리 또한 나 자신이 주인 되면 사탄의 지배를 받는 것입니다. 우리가 회개할 근본적인 죄는 최고 악한 죄입니다. 우리는 태어날 때부터 첫 인간 아담으로부터 이 사탄의 속성, 사탄의 중심, 죄악의 속성을 유전으로 갖고 태어난 것입니다.

> "하늘에 전쟁이 있으니 미가엘과 그의 사자들이 용과 더불어 싸울새 용과 그의 사자들도 싸우나 이기지 못하여 다시 하늘에서 그들이 있을 곳을 얻지 못한지라 큰 용이 내쫓기니 옛 뱀 곧 마귀라고도 하고 사탄이라고도 하며 온 천하를 꾀는 자라 그가 땅으로 내쫓기니 그의 사자들도 그와 함께 내쫓기니라"(계 12:7-9).

우리가 부활의 주님을 믿으면 성령이 역사하여 우리의 옛 사람(피조물이 주인 노릇 했던 나)을 십자가에 못 박고 우리의 주인으로 오시는 것입니다.

> "이를 위하여 그리스도께서 죽었다가 다시 살아나셨으니 곧 죽은 자와 산 자의 주가 되려 하심이라"(롬 14:9).

부활의 주님을 나의 주인으로 모시는 것이 진정한 회개입니다. 주님 안에서 우리는 새로운 피조물이 되는 것입니다. 그러나 예수를 믿으면서 진정한 회개에 이르지 못하면 그 사람은 사탄의 종이 되어 절대로 변하지 않습니다. 베드로가 자신의 뜻을 이루기 위해 십자가 죽음을 반대할 때 주님은 베드로에게 "사탄아 물러가라"고 책망하셨습니다. 베드로는 근본적인 회개에 이르지 못한 것입니다.

"예수께서 돌이키시며 베드로에게 이르시되 사탄아 내 뒤로 물러가라 너는 나를 넘어지게 하는 자로다 네가 하나님의 일을 생각하지 아니하고 도리어 사람의 일을 생각하는도다"(마 16:23).

사랑하는 여러분! 진정한 회개에 이르러 근본적인 죄를 물리치고, 부활의 주님을 주인으로 모시기를 축원합니다.

두 번째, 주님 안에서 주님의 지체로 살아갈 때 새로운 피조물로 변하게 됩니다

"그러므로 너희가 그리스도 예수를 주로 받았으니 그 안에서 행하되 그 안에 뿌리를 박으며 세움을 받아 교훈을 받은 대로 믿음에 굳게 서서 감사함을 넘치게 하라"(골 2:6-7).

진정한 회개를 하고, 부활의 주님을 주인으로 믿으면 우리는 주님의 지체가 됩니다. 주님은 우리의 머리가 되시고, 우리는 주님의 몸의 일부가 되어 주님처럼 변하게 되는 것입니다.

"너희는 그리스도의 몸이요 지체의 각 부분이라"(고전 12:27).

우리가 무슨 일을 행할지라도 그 일을 주님이 하시는 것처럼 행하게 되는 것입니다. 이것이 "예수를 주로 받았으니 그 안에서 행하되"입니다. 이것을 신학적으로 말할 때 '주님 의식'으로 산다고 말할 수 있습니다. 내 힘으로 사는 것은 자아의식으로 사는 것이고, 주님의 힘으로 사는 것은 그리스도 의식으로 사는 것입니다. 성도가 승리하려면 그리스도 의식으로 살아야 새로운 피조물로 변하게 됩니다.

"만일 누가 말하려면 하나님의 말씀을 하는 것같이 하고 누가 봉사하려면 하나님이 공급하시는 힘으로 하는 것같이 하라 이는 범사에 예수 그리스도로 말미암아 하나님이 영광을 받으시게 하려 함이니 그에게 영광과 권능이 세세에 무궁하도록 있느니라 아멘"(벧전 4:11).

사도행전 3장을 보면 베드로가 성전 미문에서 만난 앉은뱅이에게 이렇게 말합니다.

"은과 금은 내게 없거니와 내게 있는 이것을 네게 주노니 나사렛 예수 그리스도의 이름으로 일어나 걸으라 하고"(행 3:6).

베드로는 주님의 몸으로 살고 있는 것입니다. 베드로가 내민 손은 베드로의 손이지만 주님의 지체로, 주님의 손으로 일하는 것입니다. 베드로는 주님 안에서 새로운 피조물이 된 것입니다.

세 번째, 주님 안에서 전적인 주님의 은혜로 살아야 변하게 됩니다

"그러나 내가 나 된 것은 하나님의 은혜로 된 것이니 내게 주신 그의 은혜가

헛되지 아니하여 내가 모든 사도보다 더 많이 수고하였으나 내가 한 것이 아니요 오직 나와 함께하신 하나님의 은혜로라"(고전 15:10).

주님이 우리의 주인 되시고, 우리가 주님의 은혜로 살아갈 때 우리는 새로운 피조물로 변하게 됩니다.

하나님은 아브라함이 75세가 되었을 때 자식을 주겠다고 약속하십니다. 그런데 10년이 지나도 자식이 생기지 않습니다. 사라가 하갈을 통해 자식을 낳으라고 하자 약속이 흐려진 아브라함은 사라의 말을 듣고 하갈을 통해 육신의 자식 이스마엘을 낳았습니다. 이 일로 많은 어려움을 겪게 됩니다. 이것은 아브라함이 자아의식으로 산 것입니다. 이런 삶은 절대로 변하지 않습니다.

그러나 아브라함은 회개하고 더는 자신의 몸으로 자식을 볼 수 없는 나이 100세가 되어 하나님의 약속의 자식을 얻게 됩니다. 이때의 아브라함은 철저한 하나님의 은혜로 사는 자입니다. 하나님은 아브라함을 믿음의 조상으로 세워 주십니다.

"기록된 바 내가 너를 많은 민족의 조상으로 세웠다 하심과 같으니 그가 믿은 바 하나님은 죽은 자를 살리시며 없는 것을 있는 것으로 부르시는 이시니라 아브라함이 바랄 수 없는 중에 바라고 믿었으니 이는 네 후손이 이 같으리라 하신 말씀대로 많은 민족의 조상이 되게 하려 하심이라 그가 백세나 되어 자기 몸이 죽은 것 같고 사라의 태가 죽은 것 같음을 알고도 믿음이 약하여지지 아니하고"(롬 4:17-19).

아브라함은 하나님의 은혜로 살았기 때문에 믿음의 조상이 될 수 있었습니다. 바울도 "내가 나 된 것은 하나님의 은혜로 된 것이라"고 말합니다. 자신이 수많은 일을 했지만 그 일은 인간의 힘으로 한 것이 아니라 하나님의 은혜로 된 것이라고 합니다. 이런 사람이 되시기를 축원합니다.

사랑하는 여러분! 우리는 하나님이 주시는 은혜의 힘으로 살아야 합니다. 우리의 주인이신 주님의 은혜로 살아야 합니다. 그래야 우리는 주님 안에서 새로운 피조물로 변할 수 있습니다.

진정한 회개를 하고, 부활의 주님을 주인으로 믿으면 우리는 주님의 지체가 됩니다. 주님은 우리의 머리가 되시고, 우리는 주님의 몸의 일부가 되어 주님처럼 변하게 되는 것입니다.

인생의
주인을 찾아라
(롬 10:9-13)

흔히 인간을 환경의 동물이라고 합니다. 그래서 누구든지 세상을 살아가면서 환경에 따라 살게 되며 그 환경을 벗어나면 힘들어합니다.

우리가 청소년 시절 읽었던 《테스》라는 소설이 있습니다. 테스의 가정은 아버지의 허황되고 방탕한 삶으로 몰락하고 생계도 어려워집니다. 테스는 어린 나이에 가정에 도움을 주기 위해 부잣집에 하녀로 들어갑니다. 그런데 주인의 아들 알렉의 유혹으로 임신을 하게 되자 테스는 한밤중에 멀리 도망을 가서 소젖을 짜는 일을 하며 아이를 낳게 되지만 아이는 얼마 되지 않아 죽고 맙니다. 그 절망은 이루 말할 수가 없습니다.

오랜 시간이 지난 후 테스는 그 동네 목사의 아들인 엔젤이란 청년과 사랑에 빠지게 됩니다. 그들은 결혼을 하게 되고, 첫날밤 과거의 이야기를 털어놓게 됩니다. 테스의 고백에 엔젤은 충격을 받아 멀고 먼 브라질로 떠나 버립니다. 홀로 된 테스는 자신의 고향으로 돌아가 풍비박산이 난 가정을 구하기 위해 다시 알렉의 집으로 들어가 일을 하게 됩니다. 그런데 얼마 후 사랑했던 엔젤을 다시 만나게 되어 격정에 사무치게 됩니다. 테스는 자신의 운명을 망쳐 버린 알렉을 죽인 후 엔젤과 도망을 가지만 그들의 삶은 순탄하지 못해 테스는 살인죄로 체포되어 처형됩니다. 참으로 기구한 운명의 여인입니다.

작가인 토마스 하디는 이 책을 통해 산업혁명의 산업화와 종교적 윤리 속에 갈등하는 인간의 모습을 그렸다고 합니다. 이 책을 통해 인간이 환경의 포로로서 허무하게 무너지는 모습을 잘 말해 주고 있습니다. 이 소설을 통해 우리가 물어야 할 근본적인 질문이 있습니다. 그것은 '우리 삶의 주인이 환경인가, 아니면 환경에 무너지는 무능한 자신인가' 하는 것입니다. 성경은 인생의 주인은 환경도, 무능한 나도 아닌 하나님이라고 말합니다. 이것이 우리가 믿는 기독교 신앙의 뿌리입니다.

우리 주인은 만물을 창조하신 하나님이십니다. 우리 인생의 주인을 바로 찾는 것이 신앙입니다. 모든 인간이 삶에 실패하는 것은 잘못된 인생의 주인을 가지고 살기 때문입니다.

성경을 연구해 보면 아주 중요한 영적인 원리가 있는데 그것은 '대표의 원리'입니다. 공동체의 대표가 누구인가? 누가 왕이고, 누가 주인인가에 따라 공동체나 개인의 운명이 결정된다는 것입니다. 2차 대전 때 히틀러라는 독재자가 독일의 주인 노릇을 하니 유대인 600만 명을 가스실에서 죽이는 만행을 저지름으로 독일은 망하고, 인류 역사에서 가장 어두운 시대를 만들었습니다.

소련의 스탈린, 루마니아의 차우셰스쿠, 쿠바의 카스트로 등 이들은 모두 나라를 어렵게 했고 망하게 했습니다. 북한이 어려운 것도 잘못된 김일성, 김정일, 김정은 3대 세습으로 내려오면서 독재 폭정을 하기 때문에 국가가 어렵고 국민이 다 죽어가는 것입니다.

반면 하나님을 주인으로 모셨던 미국 링컨 대통령은 노예 해방을 통해 전 세계에 빛을 전했으며, 우리나라 세종대왕은 한글을 창제하여 문화, 과학을 발전시켜 나라를 부국강병으로 이끌었습니다. 이렇게 누가 주인이고, 누가 왕이냐에 따라 운명이 결정되는 것입니다.

예수를 주인으로 영접하고, 그분을 부활의 주님으로 마음에 믿으면 구원받는다고 합니다.

"네가 만일 네 입으로 예수를 주로 시인하며 또 하나님께서 그를 죽은 자 가운데서 살리신 것을 네 마음에 믿으면 구원을 받으리라"(롬 10:9).

부활하신 주님을 나의 주인으로 모시는 자에게 주시는 축복에 대해 생각해 보겠습니다.

첫 번째, 어떤 어려운 삶의 현장에서도 하나님의 역사하심으로 구원이 일어납니다

"사람이 마음으로 믿어 의에 이르고 입으로 시인하여 구원에 이르느니라"(롬 10:10).

부활의 주님을 주인으로 믿고, 입으로 시인하면 어떤 어려운 환경에서도 주님이 역사하여 환경을 이기고 구원을 이루신다는 것입니다.

다니엘을 모함하던 간신배들은 30일 동안 왕 외에 절을 하거나 기도하는 자를 사자 굴에 넣는다는 악법을 만들었습니다. 다니엘은 주님이 주인 된 삶을 살고 있기에 악법에도 불구하고 하나님께 하루 세 번씩 기도합니다.

"다니엘이 이 조서에 왕의 도장이 찍힌 것을 알고도 자기 집에 돌아가서는 윗방의 예루살렘으로 향한 창문을 열고 전에 하던 대로 하루 세 번씩 무릎을 꿇고 기도하며 그의 하나님께 감사하였더라"(단 6:10).

그는 사자 굴에 들어갔지만 하나님의 역사하심으로 사자 입을 봉하여 살아났고, 오히려 그를 모함하던 원수들이 다 죽게 됩니다. 그는 후에 총리의 반열에 올라가게 됩니다. 하나님이 인생의 주인이시면 어떤 환경에서도 승리하고, 구원의 역사가 일어나게 됩니다.

두 번째, 부활의 주님을 주인으로 모시면 부끄러움을 당하지 않습니다

인간이 세상을 살면서 가장 고통스러운 일은 부끄러움을 당하는 것입니다. 인생은 가난해도, 못 배워도 살 수 있습니다. 그러나 부끄러우면 살 수 없습니다. 이 세상에서 가장 부끄러운 것이 죄입니다. 아무리 착해도 예수가 주인이 아니면 죄를 이길 수 없습니다.

"성경에 이르되 누구든지 그를 믿는 자는 부끄러움을 당하지 아니하리라 하니"(롬 10:11).

테스가 아무리 착하고 순해도 그의 마음의 주인이 주님이 아니기 때문에 죄를 못 이기고 부끄러운 일을 당하고, 또다시 죄를 지어 결국 불행한 일생을 마치게 된 것입니다.

우리가 죄를 이기고 부끄러움을 당하지 않고 사는 길은 주님을 인생의 주인으로 삼는 것입니다. 주님이 주인 되실 때 부끄러운 죄를 이길 수 있기 때문입니다. 인간은 가난해도, 못 배워도, 아파도 살 수 있지만 부끄러운 것은 참을 수 없는 고통입니다. 그 이유는 하나님이 인간을 양심의 동물로 만드셨기 때문입니다.

세상에서 가장 부끄럽고 고통스러운 곳은 지옥입니다. 예수를 믿지 않으면 가는 곳입니다. 죄를 이길 수 없기 때문입니다. 반면 천국은 가장 자랑스럽고 기쁜 하나님 나라입니다. 예수를 믿어야 천국에 갈 수 있습니다.

세 번째, 예수를 주인으로 믿을 때 가장 부요한 삶을 살 수 있습니다

"유대인이나 헬라인이나 차별이 없음이라 한 분이신 주께서 모든 사람의 주가 되사 그를 부르는 모든 사람에게 부요하시도다"(롬 10:12).

부요란 일반적으로 말하는 물질적인 부가 아니라 인간을 부유하게 하는 영적 부요입니다. 아무리 물질이 많다고 해도 부활의 주님을 주인으로 모시지 않으면 그 삶은 빈곤하고 행복할 수 없습니다.

세계적인 갑부 코카콜라의 회장이 세금 문제로 밤에 잠을 이루지 못하다가 성공학자 나폴리언 힐을 불러 상담을 했습니다. "정부가 내 재산을 다 세금으로 빼앗으려고 하니 어떻게 하면 좋겠는가?" "회장님, 올해 연세가 얼마십니까?" "90세일세." 그러자 나폴리언 힐이 말하기를, "그렇다면 회장님 회사의 증권, 주식 서류 전부를 다 불에 던지십시오. 회장님이 앞으로 얼마나 더 사신다고 고민하십니까? 그것들 다 불태우고 예수 믿고 천국에나 가십시오" 하더랍니다.

그렇습니다. 우리의 주인은 물질도 부도 명예도 아닙니다. 그것들이 우리 인생을 부요하게 하지 않습니다. 오직 주님이 주인이 되실 때 부요해집니다.

"여호와는 나의 목자시니 내게 부족함이 없으리로다 그가 나를 푸른 풀밭에 누이시며 쉴 만한 물가로 인도하시는도다 내 영혼을 소생시키고 자기 이름을 위하여 의의 길로 인도하시는도다"(시 23:1-3).

프랑스에서 8년간 연속해서 가장 존경받는 인물로 뽑힌 피에르 신부는 엠마우스 공동체를 창설하고 가난하고 소외된 사람들을 돌보는 일을 하였습니다. 그의 저서 《단순한 기쁨》에 나오는 내용입니다.

어느 날 신사 한 분이 찾아와 사업실패로 인해 경제적 파탄, 가족 간 갈등, 무너진 사회적 신분 등으로 더는 살 이유가 없어 죽고 싶다고 했습니다. 이에 피에르 신부는 "선생은 충분히 자살할 이유가 됩니다"라고 말하며 죽기 전에 자신을 도와달라고 부탁합니다. 그래서 신사는 피에르 신부와 함께 가난한 고아들의 집을 지어 주고, 고아들과 함께 예배를 드리고, 빵 한 조각을 나누어 주며 감사기도를 드렸습니다. 아이들의 감사하는 모습을 보면서 눈물을 흘렸습니다.

며칠이 지난 후 피에르 신부는 신사에게 자신을 도와줄 일이 다 끝났으니 하고 싶은 대로 하면 된다고 말합니다. 그러자 신사는 "만일 신부님이 저에게 돈을 주었거나 집을 주었다면 저는 아마 목숨을 끊었을 것입니다. 그러나 신부님과 일을 하는 동안 저는 주님을 만났습니다. 그분이 저와 함께하고, 나의 주인 되심을 알았기 때문에 어떤 순간에도 감사하고 만족하는 비결을 배웠습니다"라고 말했습니다.

사랑하는 여러분! 당신 인생의 주인은 누구입니까? 돈, 명예, 권력, 사업 등 다 부질없는 것들입니다. 오직 주님만 우리의 참 주인이시며 목자이십니다. 그분만이 우리를 부요하게 하십니다. 오늘 그분을 만나 구원받으시기 바랍니다. 오직 예수님만 우리 인생의 참 주인이며, 영원한 주님이십니다. 천국으로 우리를 이끄시는 참 주인이십니다.

우리 주인은 만물을 창조하신 하나님이십니다. 우리 인생의 주인을 바로 찾는 것이 신앙입니다. 모든 인간이 삶에 실패하는 것은 잘못된 인생의 주인을 가지고 살기 때문입니다.

우리가 죄를 이기고 부끄러움을 당하지 않고 사는 길은 주님을 인생의 주인으로 삼는 것입니다. 주님이 주인 되실 때 부끄러운 죄를 이길 수 있기 때문입니다. 인간은 가난해도, 못 배워도, 아파도 살 수 있지만 부끄러운 것은 참을 수 없는 고통입니다. 그 이유는 하나님이 인간을 양심의 동물로 만드셨기 때문입니다.

주님이 있는
인생을 삽시다
(요 1:14-18)

　하나님은 에덴동산에서 아담이 혼자 있는 것이 보시기에 좋지 않아 아담의 갈비뼈를 취하여 돕는 배필인 하와를 만드셨습니다. 그것을 보시고 "보시기에 좋았더라"고 했습니다.
　여기서 '돕는 배필'이란 말은 '에게로 네게드'란 말로 '서로 도와 적당하고 꼭 맞게 된다'는 뜻입니다. 하나님은 남자와 여자를 완전하게 만들지 않고, 서로에게 꼭 필요하도록 만드신 것입니다. 주님이 없는 인생은 이처럼 미완성 인생이 되는 것입니다.

> "여호와 하나님이 아담에게서 취하신 그 갈빗대로 여자를 만드시고 그를 아담에게로 이끌어 오시니 아담이 이르되 이는 내 뼈 중의 뼈요 살 중의 살이라 이것을 남자에게서 취하였은즉 여자라 부르리라 하니라"(창 2:22-23).

　헤밍웨이는 노벨 문학상을 받았고,《누구를 위하여 종은 울리나》,《노인과 바다》등 주옥같은 소설로 세상 사람들의 마음을 울렸지만 정작 그는 "나의 머리는 필라멘트가 끊어진 것 같다"는 말을 남기고 엽총으로 자살을 했습니다. 주님이 없는 인생은 참 만족이 없기 때문에 끝이 어둠입니다.

그러나 주님이 있는 다윗은 이렇게 노래합니다.

"여호와는 나의 목자시니 내게 부족함이 없으리로다 그가 나를 푸른 풀밭에 누이시며 쉴 만한 물가로 인도하시는도다 내 영혼을 소생시키고 자기 이름을 위하여 의의 길로 인도하시는도다"(시 23:1-3).

주님이 있는 인생에게 주시는 복에 대하여 생각해 보겠습니다.

첫 번째, 주님이 있는 인생은 주님이 인생의 동업자가 되십니다

"말씀이 육신이 되어 우리 가운데 거하시매 우리가 그의 영광을 보니 아버지의 독생자의 영광이요 은혜와 진리가 충만하더라"(요 1:14).

'육신을 입고 우리 가운데 거하시매'의 원어는 '우리 가운데 텐트를 치고 오시매'란 뜻입니다. 우리가 주님을 영접하면 주님은 우리와 함께 텐트를 치고 동거하며 인생의 동업자가 되십니다. 이것이 놀라운 하나님의 은혜입니다. 우리가 살아가면서 이 세상에 내가 혼자라는 생각이 들 때 가장 힘이 듭니다. 주님을 영접하면 주님이 내 안에서 영원히 함께하시기 때문에 외롭지 않습니다.

"내가 너희를 고아와 같이 버려두지 아니하고 너희에게로 오리라"(요 14:18).

세상의 목마름 때문에 힘들어하는 수가 성 여인에게 주님이 오셔서 생수를 주십니다.

"예수께서 대답하여 이르시되 이 물을 마시는 자마다 다시 목마르려니와 내가 주는 물을 마시는 자는 영원히 목마르지 아니하리니 내가 주는 물은 그 속에서 영생하도록 솟아나는 샘물이 되리라"(요 4:13-14).

주님이 오시면 내 인생에 목마름이 없습니다. 마음속에서 생수가 솟아나기 때문입니다.

두 번째, 주님이 있는 인생은 진리가 충만합니다

"율법은 모세로 말미암아 주어진 것이요 은혜와 진리는 예수 그리스도로 말미암아 온 것이라"(요 1:17).

율법은 모세로부터 왔지만 은혜와 진리는 예수 그리스도로 말미암아 온 것입니다. 어떤 사람에게 주님이 있으면 '진리'가 있는 것입니다. 진리는 '알레데이아'로 '변하지 않는 실체'입니다. 세상의 것들은 다 변하기 때문에 대단한 것 같지만 진리가 아닙니다. 절대적인 기준, 진리, 길 되시는 분은 오직 주님이십니다. 그래서 주님이 내 안에 진리로 오시면 방황하는 삶이 끝나게 됩니다.

살면서 허전함을 느낀다면 주님을 놓쳤기 때문입니다. 우주 만물은 다 그림자입니다. 그 실체는 우리 주님이십니다. 주님을 잡으면 모든 것이 제자리로 돌아갑니다. 진리는 '길'을 말합니다. 천국으로 가는 길입니다. 이 세상은 그림자입니다. 천국이 실제입니다. 그래서 주님이 있는 인생은 천국으로 가는 것입니다.

"예수께서 이르시되 내가 곧 길이요 진리요 생명이니 나로 말미암지 않고는 아버지께로 올 자가 없느니라"(요 14:6).

세 번째, 주님이 있는 인생은 은혜 위에 은혜로 충만합니다

"우리가 다 그의 충만한 데서 받으니 은혜 위에 은혜러라"(요 1:16).

주님이 있는 인생은 세상 모든 일이 인간의 힘으로 되는 것이 아니라 하나님의 은혜, 선물로 되는 것을 알게 됩니다. 이처럼 하나님의 은혜를 깨달으면 그 인생에 안식이 있습니다.
그러나 모든 것을 자신의 힘으로 하려는 사람은 지치고 병이 들게 됩니다.

"우리가 세상의 영을 받지 아니하고 오직 하나님으로부터 온 영을 받았으니 이는 우리로 하여금 하나님께서 우리에게 은혜로 주신 것들을 알게 하려 하심이라"(고전 2:12).

교회에 나와 성령 받고, 주님의 은혜를 체험하여 안식이 올 때 병이 떠나게 됩니다. 주님이 있으면 구원도 은혜입니다. 구원은 인간의 노력으로 되는 것이 아니라 주님이 십자가에서 죽음으로 저절로 받은 것입니다. 사는 것도 은혜이고, 구원받아 천국에 가는 것도 전적인 은혜인 것입니다. 그래서 주님이 있는 인생은 은혜 위에 은혜입니다.

사랑하는 여러분! 주님이 있는 인생이 되어 구원도 은혜로, 삶도 은혜로 날마다 승리하는 여러분 되시기를 주님의 이름으로 축원합니다. 주님이 없으면 이 세상 헛되이 사는 것입니다. 주님이 있어야 이 땅에서도 승리하고, 죽어서도 영원한 천국의 삶을 살게 됩니다.

주님이 오시면 내 인생에 목마름이 없습니다.
마음속에서 생수가 솟아나기 때문입니다.

예수 부활의 위대함
(요 11:20-26)

기독교에 가장 중요한 두 절기가 있습니다. 그것은 예수님이 이 세상을 구원하기 위해 육신의 몸을 입고 탄생하신 성탄절과 죄악에 빠진 인류를 구원하기 위해 십자가에서 죽으시고 3일 만에 죽음의 권세를 깨뜨리고 살아나신 부활절입니다. 성탄절이 구원의 시작이라면 부활절은 구원의 완성이라 할 수 있습니다. 그래서 성도들은 성탄절도 중요하지만 부활절이 훨씬 중요한 절기라는 것을 알아야 합니다. 십자가 진리를 깨닫고 부활 신앙을 믿어야 참 승리와 축복이 옵니다.

사랑하는 여러분! 기독교 신앙의 핵심은 예수 부활입니다. 예수 부활의 위대함을 알지 못하거나 믿지 못한다면 우리 신앙은 헛것입니다.

"만일 죽은 자의 부활이 없으면 그리스도도 다시 살아나지 못하셨으리라 그리스도께서 만일 다시 살아나지 못하셨으면 우리가 전파하는 것도 헛것이요 또 너희 믿음도 헛것이며"(고전 15:13-14).

사도 바울은 부활이 없다면 믿음도 헛것이고 죄 사함도 없는, 가장 불쌍한 사람이 바로 그리스도인이라고 단언하고 있습니다.

"그리스도께서 다시 살아나신 일이 없으면 너희의 믿음도 헛되고 너희가 여전히 죄 가운데 있을 것이요 또한 그리스도 안에서 잠자는 자도 망하였으리니 만일 그리스도 안에서 우리가 바라는 것이 다만 이 세상의 삶뿐이면 모든 사람 가운데 우리가 더욱 불쌍한 자이리라"(고전 15:17-19).

본문은 마리아와 마르다의 오라비 나사로의 죽음에 관한 이야기입니다. 주님은 나사로가 죽었다는 사실을 아셨지만 사흘이나 지나서 오셨습니다. 주님이 오시자 그들은 '주님이 여기 계셨더라면 나사로가 죽지 않았을 것'이라고 원망하는 말을 합니다. 그러나 주님은 나사로가 살아날 것이라고 하시며 부활의 진리를 말씀하십니다.

"마르다가 예수께 여짜오되 주께서 여기 계셨더라면 내 오라버니가 죽지 아니하였겠나이다 그러나 나는 이제라도 주께서 무엇이든지 하나님께 구하시는 것을 하나님이 주실 줄을 아나이다 예수께서 이르시되 네 오라비가 다시 살아나리라"(요 11:21-23).

또 주님은 부활의 진리에 대해 결정적인 말씀을 하십니다.

"예수께서 이르시되 나는 부활이요 생명이니 나를 믿는 자는 죽어도 살겠고 무릇 살아서 나를 믿는 자는 영원히 죽지 아니하리니 이것을 네가 믿느냐"(요 11:25-26).

주님이 말씀하신 부활의 진리의 위대함에 대해 생각해 보겠습니다.

첫 번째, 부활의 진리는 절대 부정을 절대 긍정으로 바꾸어 줍니다

"마르다가 예수께 여짜오되 주께서 여기 계셨더라면 내 오라버니가 죽지 아니하였겠나이다…예수께서 이르시되 네 오라비가 다시 살아나리라"(요 11:21, 23).

인간의 삶에서 가장 부정적인 것은 죽음입니다. 인류가 존재하면서 수많은 학문, 철학, 과학, 문명이 발전했지만 죽음은 절대로 그 벽을 넘을 수 없는 절대 부정적인 것입니다. 아무리 대단한 영웅호걸이라도 죽음 앞에서는 한없이 작아지고 절대 절망적이고 부정적일 수밖에 없는 것입니다.

중국의 천하를 통일하고 불로장생하겠다고 호언장담을 하던 진시황은 50도 넘기지 못하고 죽었습니다. 중세 로마 이노센트 8세는 장수하겠다고 젊은이의 피를 수혈했지만 결국 혈액형이 맞지 않아 죽고 말았습니다. "나는 정복할 땅이 없어서 불행하다"고 말한 마케도니아의 알렉산더 대왕은 인도 정벌 후 열병에 걸려 결국 그의 나이 33세에 죽고 말았습니다.

이 세상에서 아무리 절대 권력을 가진 자라 할지라도 죽음을 극복할 수 없습니다. 어느 누구도 죽음 앞에서는 절대 부정일 수밖에 없습니다. 그러나 주님은 죽은 지 사흘 만에 죽음의 권세를 깨뜨리고 살아나셨습니다. 그리고 오늘 본문은 죽은 지 나흘이 지난 나사

로를 살려내신 것입니다.

> "이 말씀을 하시고 큰 소리로 나사로야 나오라 부르시니 죽은 자가 수족을 베로 동인 채로 나오는데 그 얼굴은 수건에 싸였더라 예수께서 이르시되 풀어 놓아 다니게 하라 하시니라"(요 11:43-44).

예수 부활이 죽음을 정복한 절대 소망입니다. 주님은 말씀하십니다. "나를 믿는 자는 죽어도 살겠고"(요 11:25), 주님을 믿는 자는 죽어도 부활한다는 말씀이지만 다르게 번역하면 죽어도 살아 있는 것이라는 뜻이 되기도 합니다. 우리가 예수 믿고 부활의 영이 임하면 우리의 육체가 깨어지는 죽음이 온다 해도 영으로는 살아 있는 것입니다. 주기철 목사님이 순교하기 전 "주여, 사망의 권세를 이기게 하소서"라는 기도를 한 후 성령 충만하여 참 평안의 얼굴로 부인을 위로하였다고 합니다.

2차 대전 때 독일의 본회퍼 목사님은 나치에 의해 순교하기 전 성령 충만하여 오히려 형제들을 위로하며, "내가 가는 것은 삶이 끝나는 것이 아니라 우리가 가야 할 새로운 곳으로 먼저 가는 것뿐입니다. 나중에 다시 만납시다"라며 평안한 얼굴로 형장으로 갔다고 합니다. 예수 부활만이 이 땅의 절대 부정인 죽음을 깨뜨리고 절대 긍정의 세계로 바꿀 수 있습니다.

두 번째, 부활의 진리는 유한한 존재를 영원한 존재로 바꾸어 줍니다

예수 부활의 위대한 진리는 예수께서 십자가에서 죽으시고 사흘

만에 부활하여 승천하시고 믿는 자 속에 성령으로 오신 것입니다. 부활은 영원히 죽을 수밖에 없는 우리에게 주님이 오시는 길을 여신 것입니다.

"내가 아버지께 구하겠으니 그가 또 다른 보혜사를 너희에게 주사 영원토록 너희와 함께 있게 하리니"(요 14:16).

인간은 죄로 인해 썩어질 수밖에 없는 유한한 존재입니다. 그런데 주님이 죽음에서 부활하여 성령으로 내게 오셔서 영원한 존재로 바꿔 주신 것입니다.

사랑하는 여러분! 십자가를 통해 부활을 체험하면 주님과 연합하게 됩니다. 그러면 주님이 주인 된 새로운 피조물이 되어 유한한 우리가 영원한 존재가 되는 것입니다.

"하나님이 세상을 이처럼 사랑하사 독생자를 주셨으니 이는 그를 믿는 자마다 멸망하지 않고 영생을 얻게 하려 하심이라"(요 3:16).

"무릇 살아서 나를 믿는 자는 영원히 죽지 아니하리니 이것을 네가 믿느냐"(요 11:26).

아프리카 선교의 아버지 리빙스턴은 선교사의 임기를 성공적으로 마치고 고향인 영국으로 귀향했습니다. 글래스고 대학에서 명예 법학박사 학위를 받기 위해 강단에 섰는데 그의 모습은 몹시 쇠약해 보였습니다. 아프리카 특유의 열병으로 이미 스무 번이나 쓰러졌기 때문입니다. 그래서 그가 임기를 마친 후에는 고향에서 노후를 보내리라 생각했는데 다시 아프리카로 돌아간다고 하자 사람들은 놀라지 않을 수 없었습니다. 하지만 리빙스턴은 자신을 염려하는 사람들에게 "여러분, 염려하지 마십시오. 나는 혼자가 아닙니다. 세상 끝 날까지 영원히 함께하신다고 약속하신 주님이 나의 동무가 되어 함께 가는 것입니다"라고 말했다고 합니다.

그렇습니다. 그의 선교가 아무리 어려워도 부활의 주님이 함께하셨기에 아프리카 선교의 아버지가 된 것입니다. 리빙스턴은 이 땅에서는 병들고 유약한 존재였지만 부활의 주님과 함께하므로 영원한 천국의 사람이 된 것입니다.

> "우리의 시민권은 하늘에 있는지라 거기로부터 구원하는 자 곧 주 예수 그리스도를 기다리노니"(빌 3:20).

세 번째, 부활의 진리는 현재의 시간을 영생으로 바꾸어 줍니다

모든 인간들처럼 마리아와 마르다도 시간 속에 갇혀 있습니다. 주님이 여기에 계셨더라면 내 오라비가 죽지 않았을 텐데 주님이 늦게 오셔서 나사로가 죽었다고 말합니다. 주님은 이들의 믿음이 없는 것을 보시고 눈물을 흘리십니다.

> "이르시되 그를 어디 두었느냐 이르되 주여 와서 보옵소서 하니 예수께서 눈물을 흘리시더라"(요 11:34-35).

인간은 누구나 다 시간 속에 갇혀 삽니다. 그래서 사망 세력에 붙잡혀 두렵게 살고 있는 것입니다. 그러나 죽음을 깨뜨리고 부활하신 주님께 붙잡히면 시간의 제한을 받지 않습니다.

주님은 언제든 시간을 초월하여 현재로 역사하시므로 죽음을 극복하신 분입니다. 그래서 사흘 전에 오거나 지금 오거나 나사로를 현재에서 살려내실 수 있는 분이십니다. 부활의 주님만이 우리의 시간을 초월하여 영원의 시간, 영생의 삶을 주시는 분입니다.

"나는 아브라함의 하나님이요 이삭의 하나님이요 야곱의 하나님이로라 하신 것을 읽어 보지 못하였느냐 하나님은 죽은 자의 하나님이 아니요 살아 있는 자의 하나님이시니라 하시니"(마 22:32).

우리는 '크로노스'라는 물리적 시간(불가역적으로 흘러가는 시간) 속에 살고 있습니다. 이런 삶은 허랑방탕의 삶입니다. 그런데 부활의 주님과 함께 산다면 그 시간은 물리적인 시간(크로노스)을 영원의 시간(카이로스)으로 구원하게 되는 것입니다. 이것이 나의 시간을 구원하는 것이고, 영생을 체험하는 것입니다.

"영생은 곧 유일하신 참 하나님과 그가 보내신 자 예수 그리스도를 아는 것이니이다"(요 17:3).

사랑하는 여러분! 부활의 주님을 믿으십시오. 예수 부활의 위대함을 믿으셔서 주님을 주인으로 영접하시기 바랍니다. 부활의 주님을 체험하면 시간이 구원되어 여기에서 천국(영생)을 체험하게 됩니다. 우리가 갈 천국은 시간에서 해방되어 늙음도 죽음도 없는 것입니다. 천년이 하루 같은, 하루가 천 년 같은 영생을 누리게 됩니다. 부활의 주님이 나의 시간을 영원으로 구원하십니다.

"세월을 아끼라 때가 악하니라"(엡 5:16).

예수 부활의 위대한 진리는 예수께서 십자가에서 죽으시고 사흘 만에 부활하여 승천하시고 믿는 자 속에 성령으로 오신 것입니다. 부활은 영원히 죽을 수밖에 없는 우리에게 주님이 오시는 길을 여신 것입니다.

부활의 주님과 함께하는 성도
(고후 4:7-10, 6:7-10)

　미국 전역에 감동을 주었던 65세의 아버지 딕(Dick)과 39세의 아들 릭(Rick) 부자의 이야기입니다. 아들 릭은 태어날 때 탯줄을 감고 나와 뇌에 산소 공급이 중단됨으로 뇌성마비와 경련성 전신마비로 스스로 움직일 수도 없고, 말도 할 수 없었습니다. 8개월이 지나자 의사는 아이를 포기하라고 합니다. 그러나 부모가 지극정성으로 아이를 돌보자 아이는 살아났고, 컴퓨터를 통해 의사 표현을 하게 되었습니다. 릭이 처음으로 쓴 글이 "Run, I want to run" (나는 달리고 싶어요)입니다.

　아버지는 직장을 그만두고 아들과 함께 달리기 시작했습니다. 넘어지면 일어나기를 수없이 반복하였습니다. 그리고 아들이 15세가 되던 해, 8킬로미터 마라톤을 완주하게 됩니다. 그때 아들 릭이 "아버지, 오늘 나는 난생처음 내 몸에서 장애가 사라진 것 같아요"라고 말했습니다. 그 후 수없이 도전하여 1982년에 보스턴 마라톤 대회 완주에 성공했으며, 또 세계 최강들의 철인 3종 경기에 참가하여 완주하기도 했습니다.

그들의 경주는 계속되어 1982년부터 2005년까지 보스턴 마라톤 대회 24년 연속 완주, 일반 마라톤은 64차례 완주, 철인 3종 경기에 6회나 완주했으며, 달리기와 자전거로 6,000킬로미터 미국 대륙을 횡단했습니다. 이는 정상인도 감히 상상할 수 없는 쾌거였습니다. 릭은 수상 소감을 컴퓨터를 통하여 "내 아버지가 없었다면 나는 절대로 이 일을 생각할 수도 없었을 것입니다. 아버지, 감사합니다. 그리고 하나님, 감사합니다"라고 말하였습니다.

"내게 능력 주시는 자 안에서 내가 모든 것을 할 수 있느니라"(I can do everything through him who gives me strength)(빌 4:13).

그렇습니다. 우리에게 꿈이 있고 목표가 있어도 그것을 실제 이루게 해주시는 분은 부활의 주님이십니다. 부활의 주님과 함께하는 여러분이 되길 바랍니다. 부활의 주님과 함께할 수 있다면 죽음이 생명이 되고, 불가능이 가능이 되고, 절망이 희망이 되는 것입니다. 우리가 알아야 할 것은 아무리 크고 좋은 계획을 가지고 있어도 그것을 이룰 수 있는 힘이 우리에게 없다는 것입니다.

"사람이 마음으로 자기의 길을 계획할지라도 그의 걸음을 인도하시는 이는 여호와시니라"(잠 16:9).

본문의 사도 바울은 일생을 통해 절실하게 부활하신 주님의 능력을 체험하여 어렵고 힘든 인생을 승리로 이끌고 있는 것을 볼 수 있습니다.

"우리가 이 보배를 질그릇에 가졌으니 이는 심히 큰 능력은 하나님께 있고 우리에게 있지 아니함을 알게 하려 함이라 우리가 사방으로 욱여쌈을 당하여도 싸이지 아니하며 답답한 일을 당하여도 낙심하지 아니하며 박해를 받아도 버린 바 되지 아니하며 거꾸러뜨림을 당하여도 망하지 아니하고 우리가 항상 예수의 죽음을 몸에 짊어짐은 예수의 생명이 또한 우리 몸에 나타나게 하려 함이라"(고후 4:7-10).

첫 번째, 질그릇인 인간은 부활의 주님을 주인으로 모셔야 합니다

"우리가 이 보배를 질그릇에 가졌으니 이는 심히 큰 능력은 하나님께 있고 우리에게 있지 아니함을 알게 하려 함이라"(고후 4:7).

우리는 인간은 언제든 깨질 수 있는 질그릇임을 알고 겸손히 부활의 주님을 주인으로 모셔야 합니다. 예수께서 십자가에서 우리의 죄를 해결하고 죽음에서 부활하신 것은 연약한 인간에게 주인으로 오시기 위함입니다. 주님이 주인으로 오셔야 악한 세상을 이길 수 있고, 승리할 수 있으며, 우리의 꿈과 소원을 이룰 수 있는 힘을 주실 수 있기 때문입니다.

"이를 위하여 그리스도께서 죽었다가 다시 살아나셨으니 곧 죽은 자와 산 자의 주가 되려 하심이라"(롬 14:9).

여기서 말하는 영적 진리는 부활의 주님은 우리를 막연하게 돕는 분이 아니라, 우리 삶의 주인의 자리에 계실 때에만 기적을 일으키신다는 것입니다.
예수님이 공생애 기간 중 가장 먼저 일으키신 기적은 가나 혼인잔치에서 물로 포도주를 만든 사건입니다. 잔치 도중에 마리아가 포도주가 떨어졌다고 하자 주님은 그 일은 자신과 관계없는 일이라고 하십니다.

"예수께서 이르시되 여자여 나와 무슨 상관이 있나이까 내 때가 아직 이르지 아니하였나이다"(요 2:4).

마리아가 하인들에게 "무슨 말씀을 하시든지 그대로 하라"고 하자 주님은 결례 통에 물을 채워 그것을 연회장에게 갖다 주라고 하십니다. 처음보다 더 맛있는 포도주를 만드는 기적을 일으키신 것입니다. 여기에 깊은 영적인 뜻이 있습니다. 부활의 주님은 전능하시지만 절대로 손님으로 초대 받을 때는 기적을 이룰 수 없다는 것입니다.

두 번째, 부활의 주님은 어떤 어려운 환경에서도 매이지 않게 하십니다

"우리가 사방으로 욱여쌈을 당하여도 싸이지 아니하며 답답한 일을 당하여도 낙심하지 아니하며 박해를 받아도 버린 바 되지 아니하며 거꾸러뜨림을 당하여도 망하지 아니하고"(고후 4:8-9).

주님은 죽음에서 무덤을 깨뜨리고 부활하신 분입니다. 그래서 이 세상 어떤 환난, 역경, 어려움에서도 환경에 매이지 않고, 환경을 극복할 수 있는 능력을 주십니다. 우리가 부활의 주님을 믿을 때 성령이 우리 안에 들어와 환경을 이길 능력을 주시는 것입니다.

다니엘은 간신배들에 의해 사자 굴에 들어갈 환경에도 두려워하지 않습니다. 이것은 다니엘에게 능력이 있는 것이 아니라 그 안에 부활의 주님이 계시기 때문에 승리할 수 있는 것입니다.

바울이 빌립보 감옥에 갇혀 매를 맞고 차꼬에 차였지만 환경에 매이지 않고 하나님께 기도하고 찬양하니 지진이 일어나 옥문이 열리고 쇠사슬이 풀려 자유하게 됩니다. 이것이 '사방이 욱여쌈을 당해도 싸이지 않고, 답답한 일을 당해도 낙심하지 않고, 박해를 받아도 버림받지 않는다'고 하는 것입니다.

"내가 궁핍하므로 말하는 것이 아니니라 어떠한 형편에든지 나는 자족하기를 배웠노니 나는 비천에 처할 줄도 알고 풍부에 처할 줄도 알아 모든 일 곧 배부름과 배고픔과 풍부와 궁핍에도 처할 줄 아는 일체의 비결을 배웠노라"(빌 4:11-12).

세 번째, 부활의 주님은 어떤 거짓에도 속지 않고 하나님의 뜻을 이루게 하십니다

"진리의 말씀과 하나님의 능력으로 의의 무기를 좌우에 가지고 영광과 욕됨으로 그러했으며 악한 이름과 아름다운 이름으로 그러했느니라 우리는 속이는 자 같으나 참되고 무명한 자 같으나 유명한 자요 죽은 자 같으나 보라 우리가 살아 있고 징계를 받는 자 같으나 죽임을 당하지 아니하고"(고후 6:7-9).

부활의 주님을 모시면 항상 양면성을 가지게 됩니다. 세상에서 보면 우리가 영광과 욕됨, 악한 이름과 아름다운 이름, 속이는 자 같으나 참되고, 무명한 자 같으나 유명한 자, 죽을 것 같으나 부활의 주님이 함께하시면 죽임 당하지 않고 영생하는 자입니다. 그래서 세상 사람들이 하는 소리에 속지 말아야 합니다. 이것은 기독교가 이 땅에 존재하는 동안 늘 들어온 이야기입니다. 로만 그럽이라는 영성학자는 "교회가 이 땅에 존재하는 동안 세상에 박수 받은 적이 없었다"고 했습니다.

> "의를 위하여 박해를 받은 자는 복이 있나니 천국이 그들의 것임이라 나로 말미암아 너희를 욕하고 박해하고 거짓으로 너희를 거슬러 모든 악한 말을 할 때에는 너희에게 복이 있나니 기뻐하고 즐거워하라 하늘에서 너희의 상이 큼이라 너희 전에 있던 선지자들도 이같이 박해하였느니라"(마 5:10-12).

우리가 세상 사람들의 소리를 듣고 그들에게 맞추려 하거나 사람들의 인기를 얻고 그들의 평가에 따르려 하면 속을 수가 있습니다. 가룟 유다는 주님의 소리에 귀 기울이지 않고 당시 실권자인 대제사장의 소리에 귀 기울이다가 은 30에 예수님을 팔게 됩니다. 사탄에게 속으면 망합니다. 베드로는 부활의 주님을 모셔 성령의 감동을 받아 속지 않고 승리하는 삶을 살게 된 것입니다.

> "베드로와 요한이 대답하여 이르되 하나님 앞에서 너희의 말을 듣는 것이 하나님의 말씀을 듣는 것보다 옳은가 판단하라"(행 4:19).

네 번째, 부활의 주님은 우리를 진정 부요한 자로 만들어 주십니다

> "근심하는 자 같으나 항상 기뻐하고 가난한 자 같으나 많은 사람을 부요하게 하고 아무것도 없는 자 같으나 모든 것을 가진 자로다"(고후 6:10).

부활의 주님과 함께하면 우리 안에 죽음에서 생명으로 부활하신 능력을 주실 뿐 아니라 모든 것을 창조하는 능력을 주십니다. 그래서 우리는 근심하는 자 같으나 믿음만 있으면 항상 기뻐하고, 가난한 자 같으나 많은 사람들을 부요하게 하고, 없는 자 같으나 모든 것을 가진 자입니다. 부활의 주님은 우리의 죄를 대속하고, 창조의 능력을 회복시켜 주십니다. 우리로 하여금 다른 사람을 부요하게 해줄 수 있는 능력을 주십니다.

"우리 주 예수 그리스도의 은혜를 너희가 알거니와 부요하신 이로서 너희를 위하여 가난하게 되심은 그의 가난함으로 말미암아 너희를 부요하게 하려 하심이라"(고후 8:9).

우리에게 물질은 부족하지만 부활의 주님이 오시면 우리의 마음이 부요해짐으로 하나님의 부요를 허락해 주시는 것입니다. 아브라함은 갈대아 우르에서 우상을 섬기며 가난하게 살던 중 하나님의 명령에 따라 고향을 떠납니다. 하나님이 지시하시는 땅으로 갈 때 놀라운 물질의 부를 주십니다. 그는 왕 같은 삶을 살게 되는 것입니다.

사랑하는 여러분, 부활의 주님과 함께하시기 바랍니다. 하나님께서 어떤 환경도 이기게 하시며 부요함을 주시고, 다른 사람까지 부요하게 하는 복을 주십니다.

"사랑하는 자여 네 영혼이 잘됨같이 네가 범사에 잘되고 강건하기를 내가 간구하노라"(요삼 1:2).

우리에게 꿈이 있고 목표가 있어도 그것을 실제 이루게 해주시는 분은 부활의 주님이십니다. 부활의 주님과 함께하는 여러분이 되길 바랍니다. 부활의 주님과 함께할 수 있다면 죽음이 생명이 되고, 불가능이 가능이 되고, 절망이 희망이 되는 것입니다. 우리가 알아야 할 것은 아무리 크고 좋은 계획을 가지고 있어도 그것을 이룰 수 있는 힘이 우리에게 없다는 것입니다.

부활의 주님, 은혜의 주님
(고전 15:3-11)

헨델의 "메시아"는 기독교의 의미 있는 축제에 늘 빼놓지 않고 불리는 찬양입니다. 누구나 이 음악을 들으면 하나님의 임재와 감사에 전율을 느끼게 됩니다. 첫 연주가 시연될 때 하나님의 임재와 감동이 얼마나 컸던지 영국의 국왕 조지 2세가 벌떡 일어나 "할렐루야"를 외쳤다고 합니다. 그것이 전래가 되어 "메시아"를 연주할 때 모든 관객이 기립을 하는 전통이 생겼다고 합니다.

불후의 명곡 "메시아"가 탄생하기까지 헨델의 삶은 고난의 연속이었습니다. 모든 힘을 다하여 오페라를 열었는데 관객이 없어 재산도 친구도 다 잃어버리며 건강까지 잃게 되었습니다. 그는 신앙도 잃어버리고 술과 쾌락을 일삼아 살아가던 중 시인인 친구에게 편지 한 통을 받았습니다. 편지에는 이사야 40장 1절, 5절 내용의 시가 적혀 있었습니다.

"너희의 하나님이 이르시되 너희는 위로하라 내 백성을 위로하라...여호와의 영광이 나타나고 모든 육체가 그것을 함께 보리라 이는 여호와의 입이 말씀하셨느니라"(사 40:1, 5).

"위로하라! 위로하라! 내 백성을 위로하라. 오, 주 하나님이 말씀하신다. 주의 영광은 드러나고야 말리라. 그 육체가 영광을 보리라." 이 시(詩)를 읽은 헨델은 전율을 느끼게 됩니다. 그 영감을 주체할 수 없어 작곡을 하였는데 그때 탄생된 곡이 유명한 명작 헨델의 "메시아"(Messiah)라는 대곡입니다.

헨델은 일기에 당시의 상황을 기록하고 있습니다. "내가 몸 밖에 있었는지 몸 안에 있었는지 의식할 수가 없었다. 다만 하늘 문이 열리고 나는 하나님 바로 곁에 서서 하나님과 무엇인가를 하고 있었다는 느낌뿐이었다. 나는 내 앞에서 하늘을 보았고, 또한 위대하신 하나님을 분명히 보았다." 그는 감사의 고백을 수천 번 외쳤으며, 그의 환경은 어둠에서 빛으로, 지옥에서 천국으로 바뀌었습니다. 실패한 인생이 은혜와 감사의 인생이 되었고, 세계에서 가장 위대한 음악을 탄생시킨 세계적인 음악가가 된 것입니다.

우리가 사는 이 세상의 삶이 아무리 어려워도 부활의 주님을 만나면 우리의 환경은 달라질 수 있고, 우리의 무거운 삶은 복된 은혜의 삶으로 변하게 됩니다. 이것이 축복이고 승리의 삶입니다.

요셉의 인생은 파란만장한 고난의 삶이었습니다. 형제들에 의해 노예로 팔려 애굽의 시위대장 보디발의 집으로 가게 됩니다. 그곳에서 보디발 아내의 유혹을 거절하자 억울한 누명을 쓰고 감옥에 가게 됩니다. 인간의 눈으로 보면 어둠이요, 절망입니다. 그러나 그는 삶 속에서 살아 계신 하나님을 체험하며 인도함을 받습니다. 늘 감사했고, 감사는 그의 삶을 축복으로 인도했습니다. 살아 계신 하나님을 만난 요셉은 이렇게 고백합니다.

"당신들은 나를 해하려 하였으나 하나님은 그것을 선으로 바꾸사 오늘과 같이 많은 백성의 생명을 구원하게 하시려 하셨나니"(창 50:20).

우리가 세상에 살면서 승리할 수 있는 길은 분명합니다. 이 세상은 인간의 힘으로 되는 것이 아니라 주님의 은혜로 살아간다는 것을 깨닫는 것이 축복이고 승리의 원동력입니다.

본문의 사도 바울은 자기 힘으로 세상을 살아갈 때는 실패의 삶으로, 죄인 중의 죄인이라고 고백했던 그가 부활의 주님을 만나니 전적인 주님의 은혜로 승리의 삶을 살았다고 고백합니다.

"그러나 내가 나 된 것은 하나님의 은혜로 된 것이니 내게 주신 그의 은혜가 헛되지 아니하여 내가 모든 사도보다 더 많이 수고하였으나 내가 한 것이 아니요 오직 나와 함께하신 하나님의 은혜로라"(고전 15:10).

바울의 삶을 통해 은혜의 삶으로 승리하는 비결에 대해 생각해 보겠습니다.

첫 번째, 부활의 주님과 함께 은혜로 살면 나중 된 자가 처음이 되는 복을 받게 됩니다

"맨 나중에 만삭 되지 못하여 난 자 같은 내게도 보이셨느니라 나는 사도 중에 가장 작은 자라 나는 하나님의 교회를 박해하였으므로 사도라 칭함 받기를 감당하지 못할 자니라"(고전 15:8-9).

사도 바울이 자신을 팔삭둥이, 사도 중의 가장 작은 자라고 표현한 것이 어찌 보면 자신을 비하하는 것 같다고 할 수 있지만 그는 부활의 주님을 만난 후 자신을 바라보는 눈이 달라진 것입니다. 인생은 자신의 힘이나 능력으로 되는 것이 아니라 하나님의 은혜로 된다는 것을 깨달은 것입니다.

"그러나 무엇이든지 내게 유익하던 것을 내가 그리스도를 위하여 다 해로 여길 뿐더러 또한 모든 것을 해로 여김은 내 주 그리스도 예수를 아는 지식이 가장 고상하기 때문이라 내가 그를 위하여 모든 것을 잃어버리고 배설물로 여김은 그리스도를 얻고"(빌 3:7-8).

바울은 자신의 인생이 주님의 은혜로 된다는 것을 깨달았기 때문에 가장 위대한 사도가 된 것입니다. 그렇습니다. 모든 것이 하나님의 은혜로 된다는 것을 알아야 복된 인생이 됩니다. 이런 사람의 시작은 미약하지만 나중이 잘되는 것입니다.

다윗은 이새의 막내아들입니다. 이스라엘에서는 장자가 최고입니다. 사무엘이 이새의 집에 왕재를 선택하러 갔을 때 다윗은 그 자리에 없었습니다. 목동인 그는 양을 치고 있었습니다. 그러나 하나님은 다윗의 중심을 알아보신 것입니다. 인간의 관점과 하나님의 관점은 다릅니다.

부활의 주님을 만나 그분과 함께 살아가면 우리의 삶에 최고의 인생이 열립니다.

"여호와는 나의 목자시니 내게 부족함이 없으리로다 그가 나를 푸른 풀밭에 누이시며 쉴 만한 물가로 인도하시는도다 내 영혼을 소생시키시고 자기 이름을 위하여 의의 길로 인도하시는도다"(시 23:1-3).

두 번째, 내가 나 된 것이 하나님의 은혜로 된 것임을 알기 때문에 하는 일이 점점 더 잘됩니다

"그러나 내가 나 된 것은 하나님의 은혜로 된 것이니 내게 주신 그의 은혜가 헛되지 아니하여 내가 모든 사도보다 더 많이 수고하였으나 내가 한 것이 아니요 오직 나와 함께하신 하나님의 은혜로라"(고전 15:10).

사도 바울은 자신이 하나님의 위대한 사도가 된 것과 십자가의 비밀과 부활의 진리를 알게 된 것이 다 하나님의 은혜라고 증언합니다. 모든 것이 자신의 힘으로 되었다고 믿는 사람에게는 발전도 기대도 없습니다. 이것은 교만입니다. 교만한 자에게는 사탄이 역사합니다.

사도행전 12장을 보면 헤롯 왕이 하나님의 영광을 가로채자 해충에 물려 죽게 됩니다.

"헤롯이 영광을 하나님께로 돌리지 아니하므로 주의 사자가 곧 치니 벌레에게 먹혀 죽으니라"(행 12:23).

요셉은 노예의 신분으로 보디발 집안의 가정총무가 됩니다. 엄청난 축복이고 성공입니다. 그러나 그는 자신의 힘으로 된 것이 아니라 전적인 하나님의 은혜임을 고백합니다. 보디발의 아내가 유혹하자 요셉은 '자신이 여기까지 온 것은 절대적인 하나님의 은혜임을 알기에 날마다 살아 계신 하나님을 의식하며 살고 있다'고 말합니다.

그런데 어떻게 당신의 유혹을 받아들일 수 있느냐는 것입니다.

> "이 집에는 나보다 큰 이가 없으며 주인이 아무것도 내게 금하지 아니하였어도 금한 것은 당신뿐이니 당신은 그의 아내임이라 그런즉 내가 어찌 이 큰 악을 행하여 하나님께 죄를 지으리이까"(창 39:9).

성도가 죄를 이기는 비결은 지금 여기에서 부활의 주님을 체험하는 것입니다. 내가 죄를 이기려고 노력해서 이기는 것이 아니라 주님을 체험하면 죄를 이기게 됩니다. 요셉은 누명을 쓰고 감옥에 갔지만 나중에 애굽의 총리가 됩니다. 점점 나중이 잘되는 것입니다.

세 번째, 우리의 수고도 하나님의 은혜임을 알아야 더 큰일을 할 수 있습니다

내가 나 된 것이 하나님의 은혜라는 것을 알고 더 나아가 우리가 노력하는 것까지도 하나님의 은혜라는 것을 알아야 합니다. 이것을 깨달으면 큰일도 할 수 있고, 더 큰일이 와도 걱정하지 않게 됩니다. 모든 일이 자신의 노력이라고 생각하면 큰일이 오면 겁을 내고 피하게 될 것입니다. 또한 작은 일이면 자신의 노력으로 된다고 생각해 교만에 빠져 실패하게 됩니다. 노력도 하나님의 은혜임을 알아야 실패하지 않습니다.

> "그러나 내가 나 된 것은 하나님의 은혜로 된 것이니 내게 주신 그의 은혜가 헛되지 아니하여 내가 모든 사도보다 더 많이 수고하였으나 내가 한 것이 아니요 오직 나와 함께하신 하나님의 은혜로라"(고전 15:10).

여호수아가 여리고 성을 무너뜨렸습니다. 그들이 수고한 것은 6일 동안 아침 일찍 성을 한 바퀴씩 돌고 일곱째 날에 소리를 외친 것입니다. 백성들 전체를 이끌고 일사불란하게 성을 돈다는 것이 쉽지 않은 일입니다. 그 노력 또한 하나님의 은혜임을 알아야 하는데 여호수아는 그것을 놓친 것입니다. 여리고 성 정복 후 아이 성을 정복할 때 그의 마음에 '이 정도 쯤이야!'라는 생각에 하나님을 의지하는데 소홀하여 결국 대패를 하게 됩니다.

우리가 노력하여 무엇을 이루었다고 생각하지만 그 노력도 전적인 하나님의 은혜임을 알 때 계속 승리하고 더 큰일을 하게 됩니다. 이것이 바로 은혜의 삶입니다. 그러나 인간은 교만해서 조금만 잘해도 자신이 한 일로 착각하게 됩니다. 그래서 날마다 부활의 주님을 바라보고 살아야 합니다.

삼손은 천하장사입니다. 그의 힘을 당할 자는 아무도 없습니다. 나귀 뼈로 단숨에 블레셋을 물리칩니다. 사자를 맨손으로 찢어 버립니다. 삼손은 그 힘이 하나님의 은혜임을 알았습니다. 그런데 그가 주님을 바라보지 못하고 들릴라에게 빠질 때 그 힘이 스스로에게서 나온 줄 아는 무지에 빠져 인생을 실패하게 됩니다.

사랑하는 성도 여러분! 우리가 은혜를 깨닫고 은혜를 체험했다 해도 날마다 부활의 주님을 바라보아야 승리하게 됩니다. 믿음의 주요 온전하게 하시는 주님을 바라보십시오. 오늘도 부활의 주님과 교제하며 순종의 삶을 살 때 은혜로 살게 되며, 날마다 승리하게 됩니다.

내가 나 된 것이 하나님의 은혜라는 것을 알고 더 나아가 우리가 노력하는 것까지도 하나님의 은혜라는 것을 알아야 합니다. 이것을 깨달으면 큰일도 할 수 있고, 더 큰일이 와도 걱정하지 않게 됩니다. 모든 일이 자신의 노력이라고 생각하면 큰일이 오면 겁을 내고 피하게 될 것입니다. 또한 작은 일이면 자신의 노력으로 된다고 생각해 교만에 빠져 실패하게 됩니다. 노력도 하나님의 은혜임을 알아야 실패하지 않습니다.

부활의 주님, 신분 변화
(행 26:9-18)

 20세기가 시작될 무렵 보스턴 교회에 정신지체아를 돌보는 시설이 있었습니다. 그곳에 앤이란 소녀가 수용되어 있었는데, 지체의 정도가 너무 심해 수용소에서도 포기할 정도였습니다. 그러나 믿음이 좋은 간호사는 앤을 포기하지 않고 믿음으로 성심성의껏 돌보았습니다. 아무런 반응이 없는 소녀의 귀에 대고 날마다 "하나님이 널 사랑하시고 부활의 주님이 너와 함께하신다"고 말했습니다.
 그러던 어느 날 기적이 일어났습니다. 앤 옆에 있던 접시에서 초콜릿 하나가 없어진 것입니다. 앤이 반응을 보이기 시작한 것입니다. 그 후 의사와 간호사는 열심히 기도하며 치료를 했습니다. 앤은 병세가 호전되어 정상이 되었는데, 퇴원하지 않고 자신과 같이 어려운 환자를 돌보겠다며 자원 봉사자로 남게 되었습니다.

 그 후 50년이 지났습니다. 영국은 미국에서 가장 훌륭한 여성에게 왕국훈장을 수여하는 특별행사를 하게 되었습니다. 수상자는 미국의 3중 장애자로 알려진 세계적인 복지 사업가 헬렌 켈러 여사였습니다. 기자들이 헬렌 켈러에게 어떻게 어려운 상황을 극복할 수 있었는지 물었습니다. 그때 헬렌 켈러 여사는 말은 어눌하지만 거침없이 대답했습니다.

"나는 불행했던 처지를 비관하여 수없이 죽으려 했지만 내 인생을 복되게 역전할 수 있도록 도와주신 가정교사 설리번 선생이 살아 계신 하나님을 만나게 해주셨기 때문에 오늘의 제가 있을 수 있었습니다."

헬렌 켈러를 복되게 살도록 도와준 설리번 선생은 보스턴 병원에서 간호사를 통해 부활의 주님을 만난 후 살아난 앤이란 소녀였습니다. 설리번의 이름은 앤 설리번입니다. 부활의 주님을 만나 자신이 복된 인생이 되자 그녀 또한 헬렌 켈러에게 부활의 주님을 만나도록 하여 복된 인생으로 역전시킨 것입니다. 저주와 불행의 사람이 행복과 소망의 사람으로 신분이 바뀐 것입니다.

그렇습니다. 누구든지 부활의 주님을 만나 그분을 자기 인생의 주인으로 모시면 다 인생 역전이 일어나고, 복된 신분의 변화를 체험하고 살 수 있습니다. 평생 율법에 붙잡혀 예수 믿는 사람을 핍박하고 심지어 사람을 죽이는 일에 동참했던 사도 바울은 다메섹 도상에서 부활의 주님을 만나 역전의 인생이 됩니다. 그리고 아그립바 왕에게 예수를 증언합니다. 그는 강권적으로 부활의 주님을 만나 전혀 다른 신분으로 인생을 살게 되는 것입니다.

"왕이여 정오가 되어 길에서 보니 하늘로부터 해보다 더 밝은 빛이 나와 내 동행들을 둘러 비추는지라 우리가 다 땅에 엎드러지매 내가 소리를 들으니 히브리 말로 이르되 사울아 사울아 네가 어찌하여 나를 박해하느냐 가시채를 뒷발질하기가 네게 고생이니라 내가 대답하되 주님 누구시니이까 주께서 이르시되 나는 네가 박해하는 예수라 일어나 너의 발로 서라 내가 네게 나타난 것은 곧 네가 나를 본 일과 장차 내가 네게 나타날 일에 너로 종과 증인을 삼으려 함이니 이스라엘과 이방인들에게서 내가 너를 구원하여 그들에게 보내어 그 눈을 뜨게 하여 어둠에서 빛으로, 사탄의 권세에서 하나님께로 돌아오게 하고 죄 사함과 나를 믿어 거룩하게 된 무리 가운데서 기업을 얻게 하리라 하더이다"(행 26:13-18).

부활의 주님을 만난 인생의 신분 변화에 대해 생각해 보겠습니다.

첫 번째, 마귀의 자식에서 하나님의 자녀가 됩니다

우리가 주님을 구주로 믿고, 그분을 내 인생의 주인으로 영접하면 우리에게 하나님 생명을 주어 하나님 자녀가 됩니다. 그래서 우리가 하나님을 아바 아버지로 부를 수 있고, 우리의 기도를 하나님이 들으시고 응답하십니다. 부활의 주님을 구주로 믿고 영접하면 마귀의 자녀에서 하나님의 축복의 자녀로 신분 변화가 일어납니다. 하나님의 자녀가 되면 기도 응답이 일어나고, 천군천사가 도와 성공의 삶을 살게 됩니다. 인생 반전이 일어나게 됩니다.

"너희는 다시 무서워하는 종의 영을 받지 아니하고 양자의 영을 받았으므로 우리가 아빠 아버지라고 부르짖느니라"(롬 8:15).

어느 여자 집사님의 간증입니다. 집사님의 친정어머니는 가난한 집안에서 계속 딸만 낳는다고 시집살이를 심하게 했다고 합니다. 그러던 중 집사님을 낳자 친정어머니는 이불로 묻었습니다. 그런데 모진 목숨이 죽지 않고 살아난 것입니다. 그 후에도 집사님은 무관심 속에 자라났습니다. 그래서 부모나 다른 형제로부터 버림받았다는 생각에 우울한 삶을 살았습니다. 결혼을 했지만 부부생활도 원만하지 못했습니다. 그런데 하나님의 은혜를 받고 부활의 주님을 체험하니 치유가 일어나 몸과 마음이 건강해진 것입니다. 평소에 하고 싶었던 미술 공부를 하여 대학원까지 공부를 마치게 되었습니다. 그리고 집사님이 디자인한 옷이 아주 많이 팔리니 당당하게 자신의 꿈을 펼쳐가며 살고 있습니다. 집사님은 부활의 주님을 만나 저주에서 축복의 딸로 신분 변화가 일어나 인생 역전을 체험하고 있습니다.

사랑하는 여러분! 누구든지 부활의 주님을 만나면 당신의 인생이 바뀝니다.

두 번째, 어둠의 사람에서 빛의 사람으로 바뀝니다

"그 눈을 뜨게 하여 어둠에서 빛으로, 사탄의 권세에서 하나님께로 돌아오게 하고 죄 사함과 나를 믿어 거룩하게 된 무리 가운데서 기업을 얻게 하리라 하더이다"(행 26:18).

우리가 주님을 만나기 전에는 다 어둠의 자식으로 살아갑니다. 그래서 죄를 짓고 타락하게 됩니다. 그러나 빛 되신 주님이 내 안에 오시면 영안이 열려 어둠에서 빛으로 나오게 됩니다.

부활의 주님을 만나면 어둠의 성향이 떠나고 빛의 성향이 남게 됩니다. 축복입니다. 위대한 변화입니다. 이렇게 될 때 우리 안에 사망과 저주의 성향이 떠나고 생명과 축복의 성향이 남게 됩니다.

"너희가 전에는 어둠이더니 이제는 주 안에서 빛이라 빛의 자녀들처럼 행하라"(엡 5:8).

아주 중요한 영적 진리가 있습니다. 이 우주는 하나님이 창조하시고 하나님이 섭리하고 계십니다. 그래서 우주가 무생물이고 무인격인 것 같지만 하나님이 다스리고 계시기 때문에 인격적인 성향을 가지고 있습니다. 빛의 성향을 소유하면 축복의 환경이 따라오고, 어둠의 성향을 소유하면 어둠의 환경이 따라오는 것입니다. 생명이 환경을 다스리고 있습니다.

아브라함과 롯의 하인들이 서로 다툴 때 "네가 좌하면 나는 우하고 네가 우하면 나는 좌하리라" 합니다. 롯은 어둠의 성향이 있기에 소돔과 고모라에 끌렸습니다. 그러나 아브라함은 하나님을 믿고 빛의 성향이 있기에 사막의 헤브론 골짜기를 택합니다. 그곳은 아무것도 없는 환경이지만 축복의 환경을 이루어 사병을 318명이나 거느리는 왕과 같은 승리의 삶을 살게 됩니다.

사랑하는 여러분! 환경을 탓하지 말고 내 안에 어떤 성향이 있는지 점검하는 것이 복된 지혜입니다. 어둠에서 나와 빛의 성향을 이루시기를 축원합니다.

"또 내가 들으니 하늘로부터 다른 음성이 나서 이르되 내 백성아, 거기서 나와 그의 죄에 참여하지 말고 그가 받을 재앙들을 받지 말라"(계 18:4).

세 번째, 부활의 주님을 만나면 천국기업을 얻게 됩니다

"그 눈을 뜨게 하여 어둠에서 빛으로, 사탄의 권세에서 하나님께로 돌아오게 하고 죄 사함과 나를 믿어 거룩하게 된 무리 가운데서 기업을 얻게 하리라 하더이다"(행 26:18).

주님을 모르는 사람은 이 땅에서 아무리 잘되어도 이 땅의 기업밖에 이루지 못합니다. 그리고 그들의 기업은 시간이 지나면 다 사라지고 남의 손에 다 넘어가게 됩니다.

솔로몬 왕은 이 세상에서 가장 호화롭게 물질과 세상의 영화를 누리고 산 사람입니다. 그런데 하나님 없이 자신의 욕망이나 꿈을 이루려 했던 것은 다 사라지고 없더라는 것입니다. 그가 영적 눈을 뜨고 보니 다 헛되고 헛되다고 고백했습니다. 그러나 부활의 주님을 영접하여 그분이 주인이 되시면 죄 사함을 받고 거룩한 사람이 되어 이제부터 그가 하는 일은 다 천국기업이 되는 것입니다.

"다윗의 아들 예루살렘 왕 전도자의 말씀이라 전도자가 이르되 헛되고 헛되며 헛되고 헛되니 모든 것이 헛되도다 해 아래에서 수고하는 모든 수고가 사람에게 무엇이 유익한가"(전 1:1-3).

세계적인 조각가 미켈란젤로와 아주 절친한 친구가 한 스승에게 미술과 조각을 배웠습니다. 미켈란젤로보다 친구의 실력이 월등하여 늘 스승에서 칭찬을 들었습니다. 그러나 그 둘은 가는 길이 달랐습니다. 재주 많은 친구는 상업 미술 조각을 하였습니다. 술집, 오락장 앞의 조형 미술을 했고, 돈이 되는 일이라면 음란한 그림, 조각까지 서슴지 않았습니다. 그러나 미켈란젤로는 거듭난 사람으로 하나님의 영광을 위하여 그림을 그렸습니다.

그들의 미래는 너무도 달랐습니다. 재주 있던 친구는 음란과 쾌락에 빠져 인생에 실패했고, 미켈란젤로는 바티칸 성당에 "천지창조", 시스티나 성전에 "최후의 심판" 등 500점의 명화와 조각을 남겼습니다. 미켈란젤로의 작품은 500여 년이 지난 지금에도 보는 이로 하여금 탄식을 자아내어 하나님께 영광을 돌리게 됩니다. 이들의 삶이 다른 것은 세상 기업의 끝은 허무하고 비참하지만 주님이 주인 되신 천국 기업의 축복은 영원하기 때문입니다.

사랑하는 여러분! 음식이 맛있는 집에는 모범 음식점의 표시가 있듯이 여러분의 가정에 천국기업이라는 표시가 있기를 바랍니다. 애굽에 장자의 죽음에 대한 저주가 내렸을 때 이스라엘 가정 문설주에 어린양의 피를 바르면 어둠의 사자가 손도 못 대고 도망하였습니다. 여러분의 가정도 천국기업이 되어 천군천사가 지키는 영원한 축복의 가정이 되기를 바랍니다.

누구든지 부활의 주님을 만나 그분을 자기 인생의 주인으로 모시면 다 인생 역전이 일어나고, 복된 신분의 변화를 체험하고 살 수 있습니다. 평생 율법에 붙잡혀 예수 믿는 사람을 핍박하고 심지어 사람을 죽이는 일에 동참했던 사도 바울은 다메섹 도상에서 부활의 주님을 만나 역전의 인생이 됩니다. 강권적으로 부활의 주님을 만나 전혀 다른 신분으로 인생을 살게 되는 것입니다.

부활의 주님과 함께 인생 승리
(빌 3:10-14)

우리나라에서 프랑스로 입양된 장 뱅상 폴라세(한국 이름: 권오복)라는 사람이 프랑스 국가개혁 장관에 임명되었다고 합니다. 입양아로 버려진 아이가 당당히 성장하여 그 나라의 장관이 된 것입니다. 참 대단한 일입니다. 인생의 승리입니다.

우리가 살아가면서 진정한 승리의 삶은 비록 환경은 어렵지만 나중이 잘되고 의미 있는 삶을 살 때 하나님께 영광 돌리는 삶이 될 것입니다. 그러나 반대의 삶도 있습니다. 처음에는 대단한 인생을 시작하지만 나중이 점점 어렵고 힘든 인생이 된다면 승리의 삶이라고 볼 수는 없을 것입니다.

성경에 나오는 사울과 다윗은 참 비교되는 삶입니다. 사울은 좋은 집안, 준수한 외모, 복된 환경에서 이스라엘의 왕이 됩니다. 그러나 그의 나중은 비참하게 끝나게 됩니다. 그래서 사울의 삶을 이렇게 평가합니다. 처음은 좋았으나 나중이 실패한 삶이라는 것입니다.

"사무엘이 이르되 여호와께서 번제와 다른 제사를 그의 목소리를 청종하는 것을 좋아하심같이 좋아하시겠나이까 순종이 제사보다 낫고 듣는 것이 숫양의 기름보다 나으니 이는 거역하는 것은 점치는 죄와 같고 완고한 것은 사신 우상에게 절하는 죄와 같음이라 왕이 여호와의 말씀을 버렸으므로 여호와께서도 왕을 버려 왕이 되지 못하게 하셨나이다 하니"(삼상 15:22-23).

반면에 다윗은 척박한 환경에서 목동으로 살았지만 하나님의 부르심에 순종하니 이스라엘의 가장 위대한 왕이 되어 승리의 삶을 살게 됩니다.

"폐하시고 다윗을 왕으로 세우시고 증언하여 이르시되 내가 이새의 아들 다윗을 만나니 내 마음에 맞는 사람이라 내 뜻을 다 이루리라 하시더니"(행 13:22).

바울은 빌립보 교인들에게 우리가 끝까지 승리할 수 있는 삶에 대해 말하고 있습니다.

"내가 그리스도와 그 부활의 권능과 그 고난에 참여함을 알고자 하여 그의 죽으심을 본받아 어떻게 해서든지 죽은 자 가운데서 부활에 이르려 하노니 내가 이미 얻었다 함도 아니요 온전히 이루었다 함도 아니라 오직 내가 그리스도 예수께 잡힌 바 된 그것을 잡으려고 달려가노라 형제들아 나는 아직 내가 잡은 줄로 여기지 아니하고 오직 한 일 즉 뒤에 있는 것은 잊어버리고 앞에 있는 것을 잡으려고 푯대를 향하여 그리스도 예수 안에서 하나님이 위에서 부르신 부름의 상을 위하여 달려가노라"(빌 3:10-14).

부활의 주님과 함께 인생에서 승리하려면 어떤 삶을 살아야 하는

지 생각해 보겠습니다.

첫 번째, 자신의 인생에 부활의 주님이 사시도록 해야 합니다

"내가 그리스도와 그 부활의 권능과 그 고난에 참여함을 알고자 하여 그의 죽으심을 본받아 어떻게 해서든지 죽은 자 가운데서 부활에 이르려 하노니"(빌 3:10-11).

요즘 금수저를 물고 태어났다는 말이 있습니다. 이 말은 좋은 환경에서 태어나 사회생활도 유리하게 하는 사람을 지칭하는 말입니다. 사도 바울은 로마 시민권을 가지고 태어났으며, 예루살렘에 유학을 하여 그 당시 최고 학문 기관인 가말리엘 문하에서 공부했습니다.

그리고 율법으로 완벽한 사람입니다. 그는 자기 확신으로 실패의 삶을 산 것입니다. 예수 믿는 사람들을 핍박하거나 스데반을 죽게 하는 데 증인이 되어 앞장을 섭니다. 그런 그가 다메섹 도상에서 부활의 주님을 만난 후 진정한 회개를 하고, 십자가를 체험한 후 '죄인 중의 괴수'라고 고백합니다.

"내가 그리스도와 함께 십자가에 못 박혔나니 그런즉 이제는 내가 사는 것이 아니요 오직 내 안에 그리스도께서 사시는 것이라 이제 내가 육체 가운데 사는 것은 나를 사랑하사 나를 위하여 자기 자신을 버리신 하나님의 아들을 믿는 믿음 안에서 사는 것이라"(갈 2:20).

사도 바울은 가장 좋은 환경에서 삶이 시작되었으나 부활의 주님을 만나기 전까지 그의 삶은 승리하지 못했습니다. 그의 인생에 부활의 주님이 살아나자 승리의 인생이 됩니다.

"내가 궁핍하므로 말하는 것이 아니니라 어떠한 형편에든지 나는 자족하기를 배웠노니 나는 비천에 처할 줄도 알고 풍부에 처할 줄도 알아 모든 일 곧 배부름과 배고픔과 풍부와 궁핍에도 처할 줄 아는 일체의 비결을 배웠노라"(빌 4:11-12).

두 번째, 부활의 주님께 붙잡혀야 승리의 삶을 살게 됩니다

"내가 이미 얻었다 함도 아니요 온전히 이루었다 함도 아니라 오직 내가 그리스도 예수께 잡힌 바 된 그것을 잡으려고 달려가노라"(빌 3:12).

우리가 이 세상을 자신의 힘으로 산다면 아무리 위대한 사람이라도 나중은 다 실패하게 됩니다. 하나님이 스스로 사는 자는 나중이 다 실패하도록 만드신 것입니다.

"내 사전에 불가능은 없다"고 호언장담했던 나폴레옹은 유럽을 휩쓸고 알프스 산맥을 넘어 러시아까지 침공합니다. 그러나 러시아의 날씨를 고려하지 못해 추위로 인해 대패하여 무인도인 세인트헬레나 섬에서 쓸쓸하게 죽었습니다. "나는 정복할 땅이 없어 불행하다"고 했던 알렉산더 대왕은 아프리카, 유럽, 그리고 인도까지 점령하였으나 열병에 걸려 33세의 나이에 세상을 떠났습니다. 중국의 진시황은 춘추전국을 통일하고 만리장성을 쌓았습니다. 그러나 통일 왕이 되어 15년을 채우지 못하고 세상을 떠났습니다. 세상의 어떤 영웅호걸도 결국 실패의 삶을 살고 맙니다.

이 세상을 이길 수 있는 자는 오직 예수 그리스도 우리 주님뿐입니다. 그분은 이 세상의 사망권세를 깨뜨리고 부활하신 분입니다. 그분에 붙들려 살 때 우리는 끝까지 승리의 삶을 살게 됩니다. 사도 바울은 부활의 주님에게 이끌려 그분과 같은 목표를 가지고 살아갈 때 승리의 삶을 살게 된 것입니다.

"보라 이제 나는 성령에 매여 예루살렘으로 가는데 거기서 무슨 일을 당할는지 알지 못하노라 오직 성령이 각 성에서 내게 증언하여 결박과 환난이 나를 기다린다 하시나 내가 달려갈 길과 주 예수께 받은 사명 곧 하나님의 은혜의 복음을 증언하는 일을 마치려 함에는 나의 생명조차 조금도 귀한 것으로 여기지 아니하노라"(행 20:22-24).

예수께 붙잡힌 바 된 것을 잡으려고 쫓아간다는 것은 주님과 멍에를 함께 멜 때 승리한다는 것입니다. 인간 스스로 목표를 세우고 자기 힘으로 무엇을 이룬다 할지라도 나중은 다 실패하는 것입니다. 주님과 멍에를 같이할 때 주님께 잡힌 바 되는 것입니다. 주님께 붙들려 살 때 참 안식과 참 평강을 주셔서 승리의 삶을 살게 됩니다.

"수고하고 무거운 짐 진 자들아 다 내게로 오라 내가 너희를 쉬게 하리라 나는 마음이 온유하고 겸손하니 나의 멍에를 메고 내게 배우라 그리하면 너희 마음이 쉼을 얻으리니 이는 내 멍에는 쉽고 내 짐은 가벼움이라 하시니라"(마 11:28-30).

세 번째, 과거에 붙들리지 말고, 위에서 부르는 부름의 상을 푯대로 살아야 합니다

"형제들아 나는 아직 내가 잡은 줄로 여기지 아니하고 오직 한 일 즉 뒤에 있는 것은 잊어버리고 앞에 있는 것을 잡으려고 푯대를 향하여 그리스도 예수 안에서 하나님이 위에서 부르신 부름의 상을 위하여 달려가노라"(빌 3:13-14).

우리가 이 세상에서 아무리 대단한 일을 했다 해도 그것이 승리의 삶을 보장하지 못합니다. 이 세상의 삶은 과정이지 목표나 결과가 되지 못하는 것입니다. 그래서 우리가 이 땅에서 이룬 일에 붙들리지 않도록 해야 합니다. 우리가 잘하고 좋은 결과를 이룬 것은 감사하고 축복이지만 그것이 승리를 보장하지는 못하는 것입니다. 삼손은 하나님의 영에 감동을 받아 수많은 적군을 죽였습니다. 그러나 그가 세상에 빠지니 그 많은 승리의 업적도 아무 소용없이 비참한 인생이 된 것입니다. 그러므로 우리는 이 땅에서 삶의 결과를 바라보지 말고, 앞에 있는 것을 푯대로 하늘의 부름의 상을 바라보고 나아가야 합니다.

우리가 과거의 일을 잊어버리고 앞에 있는 하늘의 상을 바라보고 살기 위해서는 날마다 십자가를 체험하여 과거의 삶을 잘라내야 합니다.

"형제들아 내가 그리스도 예수 우리 주 안에서 가진 바 너희에 대한 나의 자랑을 두고 단언하노니 나는 날마다 죽노라"(고전 15:31).

조지 뮬러는 십자가를 체험하고 부활의 주님을 만난 후 "지금까지의 나로부터 죽었고, 그동안의 내 생각, 내 의지, 좋아하는 것에 대하여 죽었다. 세상에 대하여 죽었고, 다른 사람의 칭찬에 대하여 죽었으며, 책망에 대하여서도 죽었다. 심지어 친구, 내 형제에 대하여도 죽었다. 그때부터 하나님만 바라보고 하나님에 대하여만 살았다"라고 고백했습니다.

"나는 선한 싸움을 싸우고 나의 달려갈 길을 마치고 믿음을 지켰으니 이제 후로는 나를 위하여 의의 면류관이 예비되었으므로 주 곧 의로우신 재판장이 그날에 내게 주실 것이며 내게만 아니라 주의 나타나심을 사모하는 모든 자에게도니라"(딤후 4:7-8).

사도 바울은 십자가를 체험한 후 부활의 주님과 함께 하늘의 상급을 바라보며 살아간 것입니다.

이 세상을 이길 수 있는 자는 오직 예수 그리스도 우리 주님뿐입니다. 그분은 이 세상의 사망권세를 깨뜨리고 부활하신 분입니다. 그분에 붙들려 살 때 우리는 끝까지 승리의 삶을 살게 됩니다.

제3부
온전케 하시는 주님을 바라보라

십자가의 도,
하나님의 능력

Ⅰ. 십자가의 도(道), 죄를 깨닫는 능력 (행 2:32-38)

성도는 십자가를 바라보면 놀라운 능력을 체험하게 됩니다. 십자가의 능력을 체험할 때 진정한 성도가 되는 것입니다. 그러나 십자가가 한낱 기독교의 상징으로 보인다면 아직도 신앙인이 아닌 종교인인 것입니다. 하나님의 말씀을 깨달으면 인생 전체가 달라집니다. 주님 한 분만으로 만족한 삶을 살게 됩니다. 십자가 도의 진리를 깨닫게 되면 인생 전체가 해결됩니다.

비전은 주님을 체험한 사람이 꾸는 꿈입니다. 비전은 내가 이루는 것이 아니라 주님이 이루시는 것입니다. 주님을 체험하면 하나님께서 자신에게 주신 사명을 깨닫게 됩니다.

십자가의 도는 세상 사람들에게는 어리석게 보입니다. 그러나 믿는 사람들에게 십자가의 도는 깨닫기만 하면 능력이 됩니다.

"십자가의 도가 멸망하는 자들에게는 미련한 것이요 구원을 받는 우리에게는 하나님의 능력이라"(고전 1:18).

예수 믿어도 성경의 약속이 막연하게 느껴지고, 충만한 삶의 체험이 없는 것은 인격적으로 주님을 만나지 못했기 때문입니다. 주님을 인격적으로 만나면 인생이 달라집니다. 성경의 모든 말씀이 내게 주시는 말씀으로 믿어지게 됩니다. 인격적으로 주님을 만나면 샘솟는 기쁨이 생깁니다. 주님과 인격적인 만남을 체험하면 세상 물을 마실 때보다 만족함을 얻게 됩니다. 주님을 만나면 누구나 수가 성 여인처럼 충만한 체험을 증언하게 됩니다.

"내가 주는 물을 마시는 자는 영원히 목마르지 아니하리니 내가 주는 물은 그 속에서 영생하도록 솟아나는 샘물이 되리라"(요 4:14).

인간의 힘으로는 자신이 그토록 갈망하는 것을 찾아도 해결되지 않습니다. 그러나 주님을 만나면 해결됩니다.

"여자가 물동이를 버려두고 동네로 들어가서 사람들에게 이르되 내가 행한 모든 일을 내게 말한 사람을 와서 보라 이는 그리스도가 아니냐 하니"(요 4:28-29).

주님을 만난 사람은 다른 사람들에게 자신이 만난 주님을 전하게 됩니다. 주님을 만나면 어떤 어려움이 올지라도 흔들리지 않는 사랑으로 세상의 환난, 핍박, 곤고, 박해, 기근, 적신, 위험, 칼 등을 넉넉히 이기게 됩니다.

"이 모든 일에 우리를 사랑하시는 이로 말미암아 우리가 넉넉히 이기느니라"
(롬 8:37).

주님과의 인격적인 만남은 십자가의 도를 통하여 체험하게 됩니다. 베드로는 오순절 마가 다락방에서 성령을 체험한 후 이스라엘 백성들에게 십자가의 도를 설명합니다.

십자가의 도를 깨달을 때 오는 하나님의 은혜와 능력에 대해 생각해 보겠습니다.

십자가의 도는 자신이 죄인이라는 것을 깨닫게 해줍니다

죄(罪)란 주인이 아닌 사람이 주인 노릇을 하는 것입니다. 십자가를 바라보면 자신이 죄인이라는 것을 깨닫게 됩니다. '주님께서 왜 십자가에서 죽으셨을까?'란 생각으로 십자가를 바라보면 성령이 조명하셔서 자신이 죄인임을 깨닫게 됩니다. 이것이 하나님의 능력입니다.

그래서 "형제들아 우리가 어찌 할꼬" 하는 회개를 하게 됩니다.

"그런즉 이스라엘 온 집은 확실히 알지니 너희가 십자가에 못 박은 이 예수를 하나님이 주와 그리스도가 되게 하셨느니라 하니라 그들이 이 말을 듣고 마음에 찔려 베드로와 다른 사도들에게 물어 이르되 형제들아 우리가 어찌할꼬 하거늘"(행 2:36-37).

사도 바울은 율법으로 완전한 사람입니다. 자신이 가장 잘 믿는 줄 알았는데 다메섹 도상에서 주님을 만난 후 오히려 자신이 주님을 핍박한 가장 큰 죄인임을 깨닫게 됩니다. 자신만 옳다고 생각하는 것이 죄입니다. 주님은 나를 위해 죽으셨습니다. 나의 죄 때문에 죽으신 것입니다. 십자가의 주님을 바라볼 때 자신의 죄를 깨닫게 됩니다.

"미쁘다 모든 사람이 받을 만한 이 말이여 그리스도 예수께서 죄인을 구원하시려고 세상에 임하셨다 하였도다 **죄인 중에 내가 괴수니라**"(딤전 1:15).

베드로 사도는 어부입니다. 밤새도록 그물을 던졌지만 한 마리도 잡지 못합니다. 어부로서의 한계를 느꼈지만 자신의 모든 생각을 내려놓고 주님의 말씀에 의지하여 그물을 내리니 그물이 터지도록 고기가 잡힙니다. 그때 베드로는 자신이 죄인임을 깨닫고 고백합니다. 주님 없이 살아온 것이 죄입니다. 자신이 주인 되어 살아온 것이 죄임을 깨닫게 됩니다.

"시몬 베드로가 이를 보고 예수의 무릎 아래에 엎드려 이르되 주여 나를 떠나소서 나는 죄인이로소이다 하니"(눅 5:8).

이처럼 십자가의 도는 자신이 죄인인 줄 깨닫게 하고, 예수 십자가 보혈의 은총을 받아 회개하게 하고, 죄 사함을 받아 구원에 이르게 합니다. 그리고 성령을 받아 능력 있는 승리의 삶을 살게 합니다. 주님은 나 때문에 죽으셨습니다. '어찌 할꼬'의 고백이 있어야 합니다. 하나님의 아들을 죽여야 할 죄가 내 속에 있습니다.

"베드로가 이르되 너희가 회개하여 각각 예수 그리스도의 이름으로 세례를 받고 죄 사함을 받으라 그리하면 성령의 선물을 받으리니"(행 2:38).

Ⅱ. 십자가의 능력, 하나님의 사랑 (요 8:1-11)

십자가의 도를 통하여 인격적인 주님을 만나면 자기 인생의 문제를 해결하는 일체의 비결을 깨닫게 됩니다. 그래서 사도 바울은 그리스도가 가장 위대한 축복의 비밀이라고 합니다(골 2:2-3). 인격적인 주님을 만나 십자가의 도를 깨달으면 하나님의 인도함을 받아 인생 전체의 길이 열립니다.

어떤 사람이 내게 심한 말을 했다면 '주님이 그를 통해 나에게 말씀하셨다'고 생각해야 합니다. 내 삶의 모든 부분을 통해 하나님의 섭리하심이 있다고 믿어야 합니다. 우리 삶의 비밀은 예수입니다. 예수를 알면 세상을 겁내지 않습니다. 그분이 세상을 이기셨기 때문에 주님 안에 있으면 어떤 환경도 이길 수 있습니다.

> "내가 궁핍하므로 말하는 것이 아니니라 어떠한 형편에든지 나는 자족하기를 배웠노니 나는 비천에 처할 줄도 알고 풍부에 처할 줄도 알아 모든 일 곧 배부름과 배고픔과 풍부와 궁핍에도 처할 줄 아는 일체의 비결을 배웠노라"(빌 4:11-12).

예수 안에 모든 지식과 보화가 들어 있습니다.

> "그 안에는 지혜와 지식의 모든 보화가 감추어져 있느니라"(골 2:3).

십자가에서 깨닫는 최고의 은혜는 우리가 돌이킬 수 없는 죄인이라는 것을 알게 해주는 것입니다. 이것은 정말 하나님의 은혜이고 능력입니다. 그 죄가 얼마나 큰지 우리 스스로 해결할 수 없고 하나님의 아들이 죽어야 할 만큼 엄청난 것입니다. 십자가는 주님을 만나는 출구입니다. 나 자신이 죄인임을 깨달아야 십자가 보혈이 나와 관계가 있습니다. 내 죄가 보일 때 주님 앞에 무릎 꿇을 수 있습니다.

"죄의 삯은 사망이요 하나님의 은사는 그리스도 예수 우리 주 안에 있는 영생이니라"(롬 6:23).

십자가의 첫 번째 능력은 죄를 깨닫는 능력입니다. 십자가에 달리신 주님이 보일 때 주님을 못 박은 자가 바로 나라는 것을 깨닫게 됩니다. 이것을 알게 될 때 주님을 만나게 됩니다.

만일 주님의 십자가가 우리의 죄를 알게 하는 것으로 끝난다면 십자가는 우리에게 절망을 줄 것입니다. 우리의 죄는 끝이 없기 때문입니다. 그러나 십자가의 능력은 거기에서 끝나지 않고 무한한 하나님의 사랑을 체험하게 합니다.

기독교는 인격의 종교입니다. 은혜를 받는 것과 주님을 만나는 것은 다른 차원입니다. 십자가를 통과할 때 주님을 만나게 됩니다. 죄를 깨달은 사람만 하나님을 만나게 됩니다.

"그리스도의 사랑이 우리를 강권하시는도다 우리가 생각하건대 한 사람이 모든 사람을 대신하여 죽었은즉 모든 사람이 죽은 것이라"(고후 5:14).

어거스틴은 "하나님의 사랑은 이 지구상에 나 한 사람만 살아 있다 해도 그분은 나를 위해 죽으실 분이다"라고 했습니다. 주님의 죽음은 인류의 죄, 아니 나의 모든 죄를 위해 죽으시고, 그 죄를 보혈로 다 씻으신 것입니다.

"우리는 그리스도 안에서 그의 은혜의 풍성함을 따라 그의 피로 말미암아 속량 곧 죄 사함을 받았느니라"(엡 1:7).

사랑(은혜)의 깊이는 죄의 깨달음의 깊이와 비례합니다. 그래서 십자가는 인간을 향한 하나님의 최고의 사랑의 표시이자 최고의 사랑의 체험의 통로입니다(요 3:16).

간음한 여인을 살리신 사건은 십자가를 통한 하나님의 사랑을 잘 나타내고 있습니다. 서기관과 바리새인들은 간음한 여인을 현장에서 붙잡아 돌로 쳐 죽여야 한다고 합니다. 그러나 주님은 "죄 없는 자가 돌로 치라"고 하십니다. 그러자 사람들이 한 사람씩 다 떠나갑니다. 주님은 여인을 살려주십니다.

이 사건을 통해 십자가를 통한 하나님의 사랑에 대해 생각해 보겠습니다.

첫 번째, 십자가를 체험한 사람은 남을 정죄하지 못합니다

"그들이 묻기를 마지 아니하는지라 이에 일어나 이르시되 너희 중에 죄 없는 자가 먼저 돌로 치라 하시고 다시 몸을 굽혀 손가락으로 땅에 쓰시니"(요 8:7-8).

누구든지 주님을 만나면 다 십자가를 체험하게 되고 자신의 죄를 보게 되어 자신이 죄인이라는 것을 깨닫게 됩니다. 그래서 십자가의 체험을 한 자는 절대로 남을 정죄하지 않습니다. 다른 사람으로부터 해방되는 것이 축복입니다.

두 번째, 예수님은 정죄하지 않고 다시는 죄를 짓지 말라고 하십니다

"대답하되 주여 없나이다 예수께서 이르시되 나도 너를 정죄하지 아니하노니 가서 다시는 죄를 범하지 말라 하시니라"(요 8:11).

모든 죄를 주님이 짊어지시기 때문에 아무도 정죄하지 말라고 합니다. 내 죄뿐 아니라 다른 사람의 죄도 주님이 짊어지셨기 때문에 다른 사람을 정죄하지 말아야 합니다. 이것이 하나님의 사랑입니다. 다시는 죄를 짓지 말라는 것은 사탄의 공격을 받지 말라는 것입니다. 이처럼 십자가 앞에서 죄를 발견하고 주님의 보혈로 죄 사함을 체험한 사람은 무한한 하나님의 사랑을 믿게 되고 체험하게 됩니다. 하나님의 사랑이 세상을 넉넉히 이깁니다(롬 8:37).

III. 십자가의 능력, 축복의 확신 (눅 15:11-24)

십자가의 도(道) 첫 번째 능력은 우리의 죄를 깨닫게 되는 복입니다. 나 때문에 주님이 죽으셨다는 깨달음입니다. 우리가 성경이 말하는 대로 '죄인 중에 괴수'(딤전 1:15), '마음에 하나님 두기를 싫어하는 자'(롬 1:28), '마귀의 자식'(요 8:44), '하나님의 원수'(롬 5:10), '진노의 자녀'(엡 2:3), '독사의 새끼'(마 23:33)로 내가 주인이 되어 나밖에 모르는 자였습니다. 그래서 '죄의 삯은 사망'(롬 6:23)이라는 말씀이 우리에게 적용되는 것입니다.

그러나 십자가의 주님은 우리 죄보다 더 크신 사랑으로 우리가 죄인일 때 우리를 위해 죽으시고 부활하셔서 죄 사함을 사랑으로 확증하신 것입니다. 주님은 내가 죄인일 때 죽으신 것입니다. 하나님과 단절은 사망입니다. 구원은 하나님과 연결되는 것입니다.

"우리가 아직 죄인 되었을 때에 그리스도께서 우리를 위하여 죽으심으로 하나님께서 우리에 대한 자기의 사랑을 확증하셨느니라"(롬 5:8).

이것이 하나님의 무조건적 사랑입니다.

우리가 예수 믿고 받은 가장 큰 복은 영원히 지옥으로 갈 자가 십자가를 통해 죄 사함을 받았다는 사랑의 확신입니다. 이때 주님이 인격적으로 믿어지고 무한한 축복의 확신이 있습니다. 모든 죄를 하나님께서 가려 주신 것입니다. 우리 자신을 들춰보면 부끄러움뿐입니다. 죄의 허물을 덮어 주셨기에 복 있는 자입니다. 이것이 예수 믿는 자의 축복입니다.

"허물의 사함을 받고 자신의 죄가 가려진 자는 복이 있도다"(시 32:1).

그렇습니다. 우리가 이 세상을 살아갈 때 가장 큰 축복은 우리의 죄를 십자가의 보혈로 사함 받은 축복입니다. 그것은 내 죄보다 하나님은 나를 더 사랑하신다는 확신의 복으로, 세상의 어떤 환난과 역경도 이기게 하십니다.

"이 모든 일에 우리를 사랑하시는 이로 말미암아 우리가 넉넉히 이기느니라"(롬 8:37).

본문은 돌아온 탕자의 이야기입니다. 탕자는 아버지의 유산을 미리 받아 세상에서 죄악으로 탕진하고 거지가 되어 돌아옵니다. 그러나 아버지는 모든 것을 용서하시고, 아들이 돌아오자 잔치를 열어 줍니다.

"아버지는 종들에게 이르되 제일 좋은 옷을 내어다가 입히고 손에 가락지를 끼우고 발에 신을 신기라 그리고 살진 송아지를 끌어다가 잡으라 우리가 먹고 즐기자"(눅 15:22-23).

돌아온 탕자의 본문에서 십자가 도를 통한 축복의 확신에 대해 생각해 보겠습니다.

첫 번째, 아버지의 사랑을 깨닫고 회개하는 축복입니다

"이에 스스로 돌이켜 이르되 내 아버지에게는 양식이 풍족한 품꾼이 얼마나 많은가 나는 여기서 주려 죽는구나"(눅 15:17).

탕자는 아버지를 생각하면서 자기가 잘못한 죄가 대단히 큰 것을 깨닫게 됩니다. 자신의 죄보다 하나님의 사랑이 크다는 것을 깨달을 때 회개할 수 있습니다.

"내가 일어나 아버지께 가서 이르기를 아버지 내가 하늘과 아버지께 죄를 지었사오니"(눅15:18).

자기 잘못보다 아버지 사랑(자기의 손해를 짊어져 주시는 십자가 사랑)이 크게 보이는 것입니다. 이것이 십자가 능력입니다. 하나님의 은혜를 깨달을 때 십자가에서 자유함을 누리게 됩니다.

두 번째, 아버지만으로 만족하는 축복입니다

이 세상보다 더 좋은 분이 아버지임을 깨달을 때 주님만으로 만족하게 됩니다.

"아버지는 종들에게 이르되 제일 좋은 옷을 내어다가 입히고 손에 가락지를 끼우고 발에 신을 신기라"(눅 15:22).

모든 것이 덤으로 주어진 것을 깨닫기 때문에 세상에 빠지지 않게 됩니다. 이제 아들은 절대로 아버지를 떠나지 않을 것입니다. 아버지의 집에서 만족하며 살아갈 것입니다. 우리도 십자가 도에서 하나님의 사랑을 체험하면 예수만으로 만족하게 됩니다. 이것이 가장 좋은 복입니다.

세 번째, 남을 용서하고 정죄하지 않는 축복입니다

"이러므로 내가 네게 말하노니 그의 많은 죄가 사하여졌도다 이는 그의 사랑함이 많음이라 사함을 받은 일이 적은 자는 적게 사랑하느니라"(눅 7:47).

자신의 죄를 사함 받고 주님의 은혜와 사랑을 체험한 사람은 남을 정죄하지 않습니다. 오히려 남을 수용하게 됩니다. 하나님께 받은 용서가 큰 사람일수록 남을 더 많이 사랑하게 됩니다. 십자가에서 자기의 죄가 클수록 죄 사함이 크므로 하나님의 사랑도 크게 받아

남을 용서하고 사랑할 수가 있는 것입니다. 사람으로부터 자유하는 것이 복입니다.

Ⅳ. 십자가의 도, 부활의 능력 (고전 15:12-19)

유대교와 기독교의 다른 점은 예수의 부활을 믿는 것입니다. 예수 십자가와 예수 부활은 연결된 진리입니다. 십자가 도(道)의 능력은 우리의 죽을 죄를 깨닫게 하고(딤전 1:15), 더 큰 능력은 십자가에서 우리의 죽을 죄를 위하여 죽으신 주님의 희생, 하나님의 사랑을 체험하게 합니다(롬 5:8). 그런데 더욱 놀라운 것은 우리의 죽을 수밖에 없는 죄(롬 6:23)보다 우리를 위하여 대속해 주신 하나님의 사랑이 더 크다는 것입니다. 이것을 체험하면 회개의 능력이 있어(눅 15:17-19), 반복의 죄를 이기며 어떤 환경도 극복하는 축복의 확신을 줍니다(롬 8:35-37). 이것이 우리 삶 속에서 은혜를 누리는 첩경이 됩니다.

십자가를 믿어야 합니다. 십자가에서 내가 죽을 죄인임을 깨닫고, 주님의 사랑을 체험하면 회개하게 됩니다. 회개할 때 예수를 주인으로 인정하게 됩니다. 자신이 죄인임을 깨닫는 사람만 예수를 주인으로 인정하게 됩니다.

"그러나 내가 나 된 것은 하나님의 은혜로 된 것이니 내게 주신 그의 은혜가 헛되지 아니하여 내가 모든 사도보다 더 많이 수고하였으나 내가 한 것이 아니요 오직 나와 함께하신 하나님의 은혜로라"(고전 15:10).

여기에 아주 중요한 영적인 진리가 있습니다. 그것은 우리 죄보다 속죄에 대한 하나님의 사랑이 더 크다는 것을 깨닫는 것입니다. 하나님의 은혜를 누리는 것은 주님의 십자가로 끝나는 것이 아니라 주님의 부활로 연결된 믿음이 있을 때 가능한 것입니다. 십자가에서 부활로 넘어갈 때 은혜에 눈이 뜨입니다. 숨 쉬는 것, 걷는 것, 모든 것이 하나님의 은혜입니다.

"내가 받은 것을 먼저 너희에게 전하였노니 이는 성경대로 그리스도께서 우리 죄를 위하여 죽으시고 장사 지낸 바 되셨다가 성경대로 사흘 만에 다시 살아나사"(고전 15:3-4).

십자가의 도는 십자가에서 반드시 예수 부활로 완성이 되는 것입니다. 그러므로 십자가의 도가 하나님의 능력인 것은 예수 부활이 있기 때문입니다. 기독교의 모든 교리는 부활과 연결됩니다. 예수님이 부활하셨기 때문에 완성된 것입니다.

"그리스도께서 만일 다시 살아나지 못하셨으면 우리가 전파하는 것도 헛것이요 또 너희 믿음도 헛것이며"(고전 15:14).

기독교는 십자가에서 죽은 예수를 믿는 죽은 종교가 아닙니다. 그분은 십자가에서 죽으시고 사망 권세를 깨뜨리고 부활하셨습니다. 그래서 십자가가 우리에게 소망이 되는 것입니다. 죽었지만 부활했기 때문에 소망이 됩니다. 그분은 부활하여 내 속에 오셔서 내 삶을 사시는 분입니다. 이제 주인이 바뀐 것입니다.

"누가 정죄하리요 죽으실 뿐 아니라 다시 살아나신 이는 그리스도 예수시니 그는 하나님 우편에 계신 자요 우리를 위하여 간구하시는 자시니라"(롬 8:34).

십자가의 도에서 부활하신 주님을 주인으로 영접할 때 우리에게 오는 축복과 능력에 대해 생각해 보겠습니다.

첫 번째, 예수 십자가 부활은 십자가에서 우리의 죄 사함을 확증해 줍니다

"예수는 우리가 범죄한 것 때문에 내줌이 되고 또한 우리를 의롭다 하시기 위하여 살아나셨느니라"(롬 4:25).

주님은 인간이기 때문에 죽으셨고, 하나님의 아들이기 때문에 부활하신 것입니다. 내가 의로운 것이 아니라 내 안에 주님이 계시기 때문에 의로운 것입니다.

내 죄가 주님의 십자가에서 확실히 속죄된 것은 주님의 부활로 확증되었습니다. 만약에 부활을 믿지 못한다면 우리의 죄는 그냥 있을 수밖에 없는 것입니다.

"그리스도께서 다시 살아나신 일이 없으면 너희의 믿음도 헛되고 너희가 여전히 죄 가운데 있을 것이요"(고전 15:17).

두 번째, 예수 십자가 부활은 우리 믿음의 근거가 됩니다

부활하셔서 하늘 보좌에 올라 우리 안에 성령으로 오셨습니다. 그분이 우리 삶의 주인으로 오신 것입니다. 이것이 우리에게 믿음의 근거가 됩니다.

"이는 정하신 사람으로 하여금 천하를 공의로 심판할 날을 작정하시고 이에

그를 죽은 자 가운데서 다시 살리신 것으로 모든 사람에게 믿을 만한 증거를 주셨음이니라 하니라"(행 17:31).

세 번째, 예수 십자가 부활은 죽음 후의 영생을 확증해 줍니다

"만일 죽은 자가 다시 살아나는 일이 없으면 그리스도도 다시 살아나신 일이 없었을 터이요"(고전 15:16).

십자가 도의 결정적인 능력은 예수 부활로 완성이 됩니다. 주님이 부활하셨기 때문에 우리도 부활에 소망을 갖게 됩니다. 그러므로 부활하신 주님을 우리 삶의 주인으로 모셔야 합니다.

V. 십자가의 도, 나는 죽고 예수로 사는 삶(롬 6:4-11; 갈 2:20-21)

우리가 신앙생활을 하면서 가장 괴로운 문제는 예수 믿고 죄 사함을 받아 구원을 받았는데 실제 삶에서 실패한다는 것입니다. 여기에는 깊은 영적 진리가 숨어 있습니다. 그것은 우리가 죄 사함을 받았지만 내 속에 죄의 온상인 자아(自我)가 처리되지 않았기 때문입니다. 그래서 사도 바울은 우리의 옛 사람(자아)이 십자가에서 처리되어야 한다고 합니다.

"우리가 알거니와 우리의 옛 사람이 예수와 함께 십자가에 못 박힌 것은 죄의 몸이 죽어 다시는 우리가 죄에게 종 노릇 하지 아니하려 함이니"(롬 6:6).

자아가 죽어야 죄의 종 노릇 하지 않는 것입니다. 주님과 연합하여 자아가 죽는 것을 체험할 때 죄가 해결됩니다. 내 자아는 살아 있을 때는 죄 덩어리지만 성령의 지배를 받으면 성령 덩어리입니다.

영적으로 해결되어야 할 두 가지가 있습니다. 하나는 죄의 문제이고, 다른 하나는 '나'라고 하는 자아(自我)의 문제입니다. 이것은 십자가로 해결됩니다. 예수 보혈(寶血)로는 죄가 해결이 되고(엡 1:7), 십자가에서는 나(자아, 옛 사람)가 처리되는 것입니다. 내 자아라는 지(知), 정(情), 의(意)는 내가 주인 노릇을 하고 있는 한 죄의 덩어리임을 알아야 합니다. 그래서 주님은 내 육신(肉身)인 자아는 고쳐서 될 문제가 아니라 죽어서 다시 거듭나야 한다고 말씀하십니다.

십자가에서 우리의 옛 사람(자아)이 주님과 함께 죽고 주님과 함께 부활할 때 새사람으로 거듭나는 것입니다. 실천 방법은 이미 십자가에서 내 옛 사람은 죽었다고 인정하면 되는 것입니다. 십자가에서 내 자아가 죽어야 하는 것은 피할 수 없는 현실입니다. 예수께서 십자가에서 죽으셨음이 믿어질 때 내 자아가 죽음에 넘겨지게 됩니다.

"그러므로 우리가 그의 죽으심과 합하여 세례를 받음으로 그와 함께 장사되었나니 이는 아버지의 영광으로 말미암아 그리스도를 죽은 자 가운데서 살리심과 같이 우리로 또한 새 생명 가운데서 행하게 하려 함이라"(롬 6:4).

십자가는 주님만 죽으신 것이 아니라 주님과 함께 내가 영적으로 죽은 것입니다. 그리고 주님이 부활하실 때 우리도 함께 부활한 것입니다. 이것이 믿어지는 것이 십자가의 도입니다. 십자가에 내가 달려 있습니다. 그 모습이 보여야 합니다.

"만일 우리가 그의 죽으심과 같은 모양으로 연합한 자가 되었으면 또한 그의 부활과 같은 모양으로 연합한 자도 되리라"(롬 6:5).

그러나 여기서 자아가 죽는 십자가의 효과가 나에게 나타나려면 믿음이 필요합니다.

첫 번째, 성경이 말한 것처럼 내가 죽어야 할 죄인이라는 것을 깨달아야 합니다

그런데 죽음조차도 나 스스로는 할 수 없습니다. 주님이 나를 끌어안고 죽으셨습니다. 우리 안에 계시는 주님을 보시고 하나님은 우리를 의인으로 보십니다.

"기록된 바 의인은 없나니 하나도 없으며 깨닫는 자도 없고 하나님을 찾는 자도 없고 다 치우쳐 함께 무익하게 되고 선을 행하는 자는 없나니 하나도 없도다"(롬 3:10-12).

성령의 은혜로 나 자신이 죄인이라는 것, 죄의 삯은 사망으로, 나는 영원히 죽을 자라는 것을 깨달아야 합니다. 성령께서 보여주셔야 내가 죄인이라는 것을 깨닫게 됩니다. 억울한 일을 당해도 자아가 죽은 사람은 억울하지 않습니다. 믿음으로 받아들이고 기도할 때 상대에 대한 긍휼한 마음이 생깁니다.

두 번째, 그러므로 내 의지로 십자가에서 나 자신이 죽었음을 믿음으로 인정해야 합니다

"이와 같이 너희도 너희 자신을 죄에 대하여는 죽은 자요 그리스도 예수 안에서 하나님께 대하여는 살아 있는 자로 여길지어다"(롬 6:11).

내가 십자가에서 주님과 함께 죽었다고 고백하고 인정해야 합니다. 예수가 믿어지면 이미 주님이 십자가에 죽으셨을 때 우리의 옛사람이 십자가에서 죽은 것입니다. 그리고 주님이 내 속에서 주님의 삶을 사시는 것입니다. 그 진리가 믿어지면 죽은 것입니다. 그래서 예수 안에는 소망이 있습니다.

"내가 그리스도와 함께 십자가에 못 박혔나니 그런즉 이제는 내가 사는 것이 아니요 오직 내 안에 그리스도께서 사시는 것이라 이제 내가 육체 가운데 사는 것은 나를 사랑하사 나를 위하여 자기 자신을 버리신 하나님의 아들을 믿는 믿음 안에서 사는 것이라"(갈 2:20).

이미 과거에 못 박힌 것입니다. 내가 주인 된 자아는 죽었습니다. 그러므로 우리는 주님이 십자가에서 죽고 부활하실 때 나의 옛 사람(내가 주인 노릇 했던 병들고 실패한 인생)은 끝이 난 것이고, 예수가 내 속에서 사시는 삶(예수가 주인이 된 복되고 승리하는 인생)이 시작이 된 것입니다. 이것이 십자가의 도, 하나님의 능력입니다.

십자가 도는 부활이 완성입니다. '나는 죽고 예수로 사는 삶'이 십자가의 확장입니다. 십자가에서 주님이 죽은 것이 아니라 나까지 죽어야 확장됩니다. 이것이 결정적인 은혜입니다. 십자가의 도로 내 인생이 끝나고 예수의 인생이 펼쳐져야 합니다.

Ⅵ. 십자가의 도, 새 생명의 삶(고후 5:14-17; 요 15:4-7)

기독교는 십자가의 종교입니다. 십자가는 예수님이 인류의 죄를 대속하시고 구원하신 하나님의 가장 큰 희생과 사랑을 잘 나타내고 있습니다. 십자가의 구속적인 죽음과 부활은 예수께서 그리스도로, 하나님의 아들로 확증된 것입니다. 그래서 기독교의 모든 진리는 십자가와 부활 속에 포함이 됩니다. 부정적인 것은 죽고, 긍정의 생명으로 태어납니다. 옛 사람은 죽고, 새 사람으로 부활합니다. 이제 부정적인 인생은 끝난 것입니다. 이제 내 속에 주님이 사십니다. 내 안에 그분의 생명이 살고 있습니다. 이제 나는 그분을 믿는 믿음으로 살아야 합니다. 그분이 내 삶의 주인이 되시면 날마다 기도 응답의 기적이 일어납니다.

"성결의 영으로는 죽은 자들 가운데서 부활하사 능력으로 하나님의 아들로 선포되셨으니 곧 우리 주 예수 그리스도시니라"(롬 1:4).

예수 부활을 믿을 때 예수가 하나님의 아들로 믿어집니다. 십자가는 예수께서 그리스도라는 것이 증명된 동시에 세상과 인간을 구원한 영원한 축복의 비밀이 다 들어 있습니다. 예수 안에 모든 지식과 보화가 들어 있습니다.

"사랑 안에서 연합하여 확실한 이해의 모든 풍성함과 하나님의 비밀인 그리스도를 깨닫게 하려 함이니 그 안에는 지혜와 지식의 모든 보화가 감추어져 있느니라"(골 2:2-3).

십자가의 도는 구원을 받은 자에게는 하나님의 능력이고, 세상 사람들에게는 어리석게 보이는 것입니다(고전 1:18). 십자가를 통과할 때 부활의 능력을 얻게 됩니다. 십자가는 믿는 자에게 우리의 죄를 대속한 보혈의 은혜가 있을 뿐 아니라(엡 1:7), 주님과 우리가 함께 죽고 함께 부활하여 옛 생명은 죽고 새 생명으로 태어나(갈 2:20; 롬 6:6-7) 새로운 피조물, 새로운 삶을 살 수가 있는 것입니다. 이것이 결정적인 십자가의 도, 십자가의 능력입니다. 십자가의 확장은 나와 함께 이루어집니다. 살아서 자신이 죽은 무덤이 있어야 십자가 체험이 일어납니다. 예수께서 나를 위해, 나와 함께 죽으신 것입니다.

> "그런즉 누구든지 그리스도 안에 있으면 새로운 피조물이라 이전 것은 지나갔으니 보라 새것이 되었도다"(고후 5:17).

새로운 피조물이란 주인이 바뀌는 것입니다. 요셉에게는 노예의 삶이 무덤이고, 바울에게는 다메섹이 무덤입니다. 우리에게도 자아가 죽은 무덤이 있어야 합니다. 십자가를 체험하여 부활에 이른 인생은(빌 3:10-11) 병들고 실패한(내가 주인 된) 인생은 끝나고 새로운 피조물의(주님이 주인 된) 인생, 즉 주님이 내 속에서 주님의 삶을 사심으로 축복과 승리의 삶이 오는 것입니다. 주님이 주인 되시는 것은 놀라운 변화입니다.

십자가와 부활로 새로운 피조물이 된 새 생명의 삶의 특징에 대하여 생각해 봅시다.

첫 번째, 평생 은혜의 삶이 열립니다

은혜의 삶이란 절로 사는 삶입니다(요 15:4). 나는 죽고 덤으로 사는 삶입니다. 은혜는 예수가 내 삶을 사시는 것입니다.

"그러나 내가 나 된 것은 하나님의 은혜로 된 것이니 내게 주신 그의 은혜가 헛되지 아니하여 내가 모든 사도보다 더 많이 수고하였으나 내가 한 것이 아니요 오직 나와 함께하신 하나님의 은혜로라"(고전 15:10).

두 번째, 약속이 이루어지는 삶이 열립니다

축복의 열매를 맺게 됩니다(요 15:5). 성경의 언약의 말씀이 '하라'가 아니고 '믿으라'로 바뀐 삶입니다.

"이는 이방인들이 복음으로 말미암아 그리스도 예수 안에서 **함께** 상속자가 되고 **함께** 지체가 되고 **함께** 약속에 참여하는 자가 됨이라"(엡 3:6).

세 번째, 평강과 안식의 삶을 누리게 됩니다

환난은 오지만 이미 주님이 세상을 이기셨습니다. 그러므로 주님 안에 있으면 나도 세상을 이긴 것입니다. 주님과 연합한 삶, 주님의 생명의 삶은 평강과 안식이 있습니다(마 11:28-30). 기독교의 안식은 일 속에 안식하는 것입니다. 그 일을 주님이 하시므로 안식할 수 있습니다.

"이것을 너희에게 이르는 것은 너희로 내 안에서 평안을 누리게 하려 함이라 세상에서는 너희가 환난을 당하나 담대하라 내가 세상을 이기었노라"(요 16:33).

네 번째, 어둠의 세력 사탄 마귀를 이기고 능력의 예수 증인의 삶을 삽니다

예수가 주인인 사람은 자연스럽게 예수 이야기가 나옵니다.

"오직 성령이 너희에게 임하시면 너희가 권능을 받고 예루살렘과 온 유대와 사마리아와 땅 끝까지 이르러 내 증인이 되리라 하시니라"(행 1:8).

이미 주님이 십자가에 죽으시고 부활하실 때 마귀 사탄의 권세를 이기셨습니다(골 2:15).

다섯 번째, 지금 여기서 영생의 삶을 살게 됩니다

예수가 나의 주인이고, 나는 그분의 지체입니다. 주님과 함께하는 시간은 빠르게 지나갑니다.

"죄의 삯은 사망이요 하나님의 은사는 그리스도 예수 우리 주 안에 있는 영생이니라"(롬 6:23).

우리가 십자가와 부활을 체험하여 내 안에 주님이 사시면 지금 영생의 삶을 사는 것입니다.

십자가의 도는 구원을 받은 자에게는 하나님의 능력이고, 세상 사람들에게는 어리석게 보이는 것입니다(고전 1:18). 십자가를 통과할 때 부활의 능력을 얻게 됩니다. 십자가는 믿는 자에게 우리의 죄를 대속한 보혈의 은혜가 있을 뿐 아니라(엡 1:7), 주님과 우리가 함께 죽고 함께 부활하여 옛 생명은 죽고 새 생명으로 태어나(갈 2:20; 롬 6:6-7) 새로운 피조물, 새로운 삶을 살 수가 있는 것입니다. 이것이 결정적인 십자가의 도, 십자가의 능력입니다. 십자가의 확장은 나와 함께 이루어집니다. 살아서 자신이 죽은 무덤이 있어야 십자가 체험이 일어납니다. 예수께서 나를 위해, 나와 함께 죽으신 것입니다.

온전케 하시는
주님을 바라보라

Ⅰ. 믿음이 바뀌어야 삽니다 (히 12:1-3)

인간은 믿음의 존재입니다. 그래서 인간은 믿음 이상도 이하도 아닌, 믿음만큼 삽니다. 복된 믿음을 가진 자는 복되게 살지만 잘못된 믿음을 가진 자는 잘못된 삶, 실패의 삶을 살아 영원히 멸망하게 됩니다. 그러므로 믿음을 고쳐야 합니다. 인간의 믿음은 죽어서까지 영향을 미치게 됩니다. 바라보는 대상의 믿음이 내게 오기 때문에 무엇을 바라보는가는 중요합니다.

"예수께서 백부장에게 이르시되 가라 네 믿은 대로 될지어다 하시니 그 즉시 하인이 나으니라"(마 8:13).

"하나님이 세상을 이처럼 사랑하사 독생자를 주셨으니 이는 그를 믿는 자마다 멸망하지 않고 영생을 얻게 하려 하심이라"(요 3:16).

예수 믿는 사람은 예수와 같은 믿음을 가진 사람입니다. 믿음생활은 주님을 바라보는 것입니다. 그러므로 인간이 복을 받고 승리하려면 믿음이 바뀌어야 합니다. 그래야 온전한 삶을 살 수 있습니다. 온전함이란 예수가 가지고 있는 믿음입니다. 온전함이란 세상과 정욕, 마귀를 정복하고 죄악에서 승리하는 삶입니다. 그래야 이 땅에서도 승리하고, 천국에 이르러 영생을 얻게 됩니다. 죄악에서 승리할 때 참 자유, 구원에 이르게 됩니다.

우리의 믿음이 바뀌려면 주님의 믿음을 가져야 합니다. 주님의 믿음을 가지려면 온전하게 하시는 예수를 바라보아야 합니다.

"믿음의 주요 또 온전하게 하시는 이인 예수를 바라보자 그는 그 앞에 있는 기쁨을 위하여 십자가를 참으사 부끄러움을 개의치 아니하시더니 하나님 보좌 우편에 앉으셨느니라"(히 12:2).

여기에서 '믿음의 주'란 믿음이 주인이라는 뜻으로 믿음의 시작이요, '온전하게 하시는 이'란 믿음을 완성하시는 분이라는 뜻입니다. 그분이 바로 예수님이시니 그분을 바라보아야 한다는 것입니다. '바라보라'는 뜻은 내 인생을 그분에게 집중하고, 그분을 믿고 목표로 삼아야 한다는 것입니다. 그러면 내 믿음은 죽고, 그분의 믿음으로 세상(마귀, 사탄, 죄악)을 이기고 천국의 승리자로 살 수 있다는 말씀입니다.

성도는 다른 사람을 바꾸려고 하지 말고, 나 자신이 바뀌어야 합니다. 믿음의 시작이요, 믿음을 완성하시는 예수를 바라보아야 합니다. 우리 안에 계시는 주님을 바라보아야 합니다. 회개란 믿음을 바꾸는 것입니다. 주님을 통해 내 속에 온 믿음으로 사는 것입니다.

> "그 이름을 믿으므로 그 이름이 너희가 보고 아는 이 사람을 성하게 하였나니 예수로 말미암아 난 믿음이 너희 모든 사람 앞에서 이같이 완전히 낫게 하였느니라"(행 3:16).

주님은 대속의 주님이시며, 지금도 내 안에서 역사하시는 주님이십니다. 주의 보혈의 능력은 영원한 것입니다. 그런 주님을 바라보아야 합니다.

어떤 주님을 바라보아야 하는지 생각해 보겠습니다.

첫 번째, 나의 죄를 위하여 죽으신 예수를 바라보아야 합니다

> "이 예수를 하나님이 그의 피로써 믿음으로 말미암는 화목제물로 세우셨으니 이는 하나님께서 길이 참으시는 중에 전에 지은 죄를 간과하심으로 자기의 의로우심을 나타내려 하심이니"(롬 3:25).

주님은 하나님과 나 사이를 중재하는 화목제물입니다. 죄를 안 지으려고 몸부림치지 말고 주님을 바라보면 됩니다. 주님을 바라보면 인생의 문제가 해결됩니다. 모든 인간은 하나님의 영광에 이르지 못하는 죄인입니다(롬 3:23). 그런데 하나님이 나를 사랑하사(요 3:16) 독생자 예수님이 피 흘려 죽으심으로 내 죄를 대속하신 것입니다(엡 1:7).

두 번째, 나와 함께 죽으신 예수를 바라보아야 합니다

십자가에 달리신 주님이 보이면 이제 십자가에 달린 나의 모습을 보아야 합니다. 주님이 죽으신 그 자리에 내가 달린 것입니다. 이제 나에게 주어진 상황 속에서 내가 죽어야 합니다. '나'라는 자아에서 벗어날 때 남이 보이게 됩니다.

"우리가 알거니와 우리의 옛 사람이 예수와 함께 십자가에 못 박힌 것은 죄의 몸이 죽어 다시는 우리가 죄에게 종 노릇 하지 아니하려 함이니"(롬 6:6).

예수님은 나의 죄를 위하여 십자가에서 죽으셔서 내 죄를 사하셨을 뿐 아니라 나(옛 사람)와 함께 십자가에서 죽으심으로 내가 죄의 종 노릇에서 해방된 것입니다(롬 6:7).

세 번째, 이제 내 속에 주인으로 사시는 주님을 바라보아야 합니다

내 안에서 나의 주인으로 살고 계신 부활의 주님을 날마다 바라보아야 합니다.

"내가 그리스도와 함께 십자가에 못 박혔나니 그런즉 이제는 내가 사는 것이 아니요 오직 내 안에 그리스도께서 사시는 것이라 이제 내가 육체 가운데 사는 것은 나를 사랑하사 나를 위하여 자기 자신을 버리신 하나님의 아들을 믿는 믿음 안에서 사는 것이라"(갈 2:20).

이제 주님은 나와 함께 죽고 나와 함께 부활하시어(롬 6:4) 내 속에 주인으로 사시는 것입니다. 그분을 믿고 바라보면 온전하게 되는 믿음이 내 속에 역사하는 것입니다(롬 6:11). 날마다 승리의 삶을 살아야 합니다.

Ⅱ. 주님 안에 거해야 합니다(요 15:4-5; 골 2:6-8)

인간은 무엇을 바라보는가에 따라 인생이 바뀝니다. 성도는 온전케 하시는 주님을 바라보아야 합니다. 인간의 영혼, 정신(마음)이 건강할 때 다른 사람을 용서하거나 사랑할 수 있습니다. 영혼이 건강한 것은 뿌리가 건강하다는 것입니다.

우리가 온전해지려면 주님을 바라보아야 합니다. 그분은 이 땅에서 모든 삶을 이기시고, 구원의 언약을 다 이루시고 완성하셔서 하늘 보좌 우편에 앉아 계십니다. 주님은 이 땅의 삶을 이미 다 마치신 분입니다. 그분은 하늘 보좌에서 온 우주를 다스립니다. 은혜는 노력으로 받는 것이 아니라 거저 받는 것입니다. 그래서 은혜를 선물이라고 합니다. 영은 위에서 아래로 흐릅니다. 부모가 기도할 때 자녀에게 좋은 영성이 전달됩니다.

> "믿음의 주요 또 온전하게 하시는 이인 예수를 바라보자 그는 그 앞에 있는 기쁨을 위하여 십자가를 참으사 부끄러움을 개의치 아니하시더니 하나님 보좌 우편에 앉으셨느니라"(히 12:2).

십자가에서 죽으시고, 승리의 자리에 앉으신 주님이십니다. 주님의 뜻은 영혼이 잘됨과 같이 범사가 잘되며 강건한 것입니다. 이미 이 세상에서의 삶을 다 이루신 그분을 바라보아야 합니다. 주님을 바라보는 것은 믿음으로 사는 것, 은혜로 사는 것입니다.

"예수께서 신 포도주를 받으신 후에 이르시되 다 이루었다 하시고 머리를 숙이니 영혼이 떠나가시니라"(요 19:30).

그분을 바라보는 삶은 주님 안에 거하는 삶입니다. 우리가 주님 안에 거할 때 주님도 우리 안에 거하시므로 많은 열매를 절로 맺게 하십니다. 주님 안에 거하는 것은 주님의 통치를 받는 것입니다. 주님의 통치를 받으면 복된 열매를 맺게 됩니다. 손대는 것마다 잘됩니다.

"내 안에 거하라 나도 너희 안에 거하리라 가지가 포도나무에 붙어 있지 아니하면 스스로 열매를 맺을 수 없음같이 너희도 내 안에 있지 아니하면 그러하리라 나는 포도나무요 너희는 가지라 그가 내 안에, 내가 그 안에 거하면 사람이 열매를 많이 맺나니 나를 떠나서는 너희가 아무것도 할 수 없음이라"(요 15:4-5).

그래서 주님은 수고하고 무거운 짐 진 자들은 다 주께 오라(마 11:28)고만 하지 않고, 내 안에 거하라(요 15:4)고 명령하시는 것입니다. 이것이 주님을 바라보는 삶이고, 온전한 삶입니다(골 1:28). 주님 안에 거하는 삶은 주님을 주인으로 모시는 삶이고, 주님의 통치를 받는 삶입니다. 본문의 말씀처럼 예수님을 주로 받고, 그 안에서 행하는 삶이 주님을 바라보는 삶입니다.

"그러므로 너희가 그리스도 예수를 주로 받았으니 그 안에서 행하되"(골 2:6).

'예수를 주로 받았다'는 것은 '예수님을 내 인생의 임금 주인으로 받았다'는 말입니다. 즉 '주님을 바라보는 삶'이란 무조건 주님만 바라보는 수동적인 삶이 아니라 적극적으로 주님을 삶의 주인으로 모시고 행하는 삶을 말하는 것입니다. 주님이 주인이시니 주님만 바라보면 됩니다.

여기에 중요한 영적 진리가 있습니다. 주 안에 거하는 삶, 주님을 주인으로 모시는 삶은 내가 주님과 함께 십자가에서 옛 사람이 죽었다는 것을 확신할 때 가능한 삶입니다. 자신이 죽은 사람만 예수를 주인으로 모실 수 있습니다. 주인은 하나입니다. 내가 주인 되어 살면 마귀가 주인인 것입니다.

> "우리가 알거니와 우리의 옛 사람이 예수와 함께 십자가에 못 박힌 것은 죄의 몸이 죽어 다시는 우리가 죄에게 종 노릇 하지 아니하려 함이니"(롬 6:6).

주님 안에 거하는 삶을 구체적으로 생각해 보겠습니다.

첫 번째, 그 안에 뿌리를 박으며 세움을 받았다는 믿음입니다

> "그 안에 **뿌리를 박으며 세움을 받아** 교훈을 받은 대로 믿음에 굳게 서서 감사함을 넘치게 하라"(골 2:7).

이 말씀은 주님은 나의 머리이고, 나는 그분의 지체로 살고, 지금 이 상황에서도 주님의 지체로 일하고 있다는 믿음입니다. 주님이 나를 통해 일하고 계신다고 믿을 때 주님의 지체가 되는 것입니다.

두 번째, 지금 여기서 주님의 교훈을 받아 살아가는 삶입니다

"그 안에 뿌리를 박으며 세움을 받아 교훈을 받은 대로 믿음에 굳게 서서 감사함을 넘치게 하라"(골 2:7).

지금 이 상황이 아무리 어렵고 힘들어도 주님은 말씀하시고, 나를 교훈하시고, 인도하신다는 확신으로 살아가는 것입니다.

세 번째, 지금 여기서 일하시는 분도 주님이시라는 믿음으로 감사하는 것입니다

지금 내가 하는 일을 주님이 하신다고 믿으면 주님은 내게 행할 힘도 주십니다. 여기서 '믿음에 굳게 서는 것'은 주님이 말씀하신 것을 나를 통하여 일하신다는 믿음으로 우리는 감사가 넘치는 삶을 살라는 것입니다.

Ⅲ. 은밀한 세계를 유지해야 합니다(마 6:5-8)

은밀한 세계는 영적이고 하나님이 체험되는 세계입니다. 은밀한 세계를 체험하게 되면서 믿음의 뿌리를 내리게 됩니다. 은밀한 세계를 체험하면 하나님을 의심하지 않기 때문에 시험에 들지 않게 됩니다.

온전하게 하시는 예수를 바라보는 것이 믿음의 기초이고, 날마다 신앙이 성장하는 길입니다. 주님을 바라보는 것이 하나님의 임재와 하나님의 은혜를 체험하는 길입니다. 이 땅에서 눈을 떼고 하나님과 눈을 맞추어야 합니다.

"내가 산을 향하여 눈을 들리라 나의 도움이 어디서 올까 나의 도움은 천지를 지으신 여호와에게서로다 여호와께서 너를 실족하지 아니하게 하시며 너를 지키시는 이가 졸지 아니하시리로다"(시 121:1-3).

우리를 돕는 분은 하나님이십니다. 하나님이 사람을 통해 역사하십니다.

"모세가 백성에게 이르되 너희는 두려워하지 말고 가만히 서서 여호와께서 오늘 너희를 위하여 행하시는 구원을 보라"(출 14:13).

주님을 바라본다는 것은 수동적인 신앙이 아니라 주님을 주인으로 모시고, 주 안에서 순종하는 적극적인 삶입니다. 그래서 주님을 만나고, 바라보는 삶은 아주 신앙적이고 분명한 체험이 되어야 합니다. 주님은 그것을 은밀한 세계에서 기도하는 삶이라고 말씀하십니다. 기도는 날마다 은밀한 세계로 들어가는 것입니다. 하나님은 영적 세계에 계십니다. 주님을 영접한 상태에서 그분의 지시를 받아야 합니다.

"너는 기도할 때에 네 골방에 들어가 문을 닫고 은밀한 중에 계신 네 아버지께 기도하라 은밀한 중에 보시는 네 아버지께서 갚으시리라"(마 6:6).

여기에서 '은밀함'이란 세상이 침투하지 못하는 영적 세계로, 하나님과 나의 일대일의 만남이 일어나는 세계입니다. 그 은밀한 공간 속에서 하나님은 우리를 만나고 응답해 주신다는 것입니다. 걱정하던 문제를 기도한 후 잊어버릴 정도가 되어야 합니다.

본문에서는 주님이 바르지 못한 기도의 자세를 지적하고 계십니다. 첫째는 외식하는 기도입니다(마 6:5). 외식하는 기도는 사람을 인식하고 사람에게 보이는 기도입니다. 이런 기도는 유익이 없고, 하나님을 체험하기 어렵습니다. 둘째는 중언부언 말을 많이 하는 기도입니다. 이런 기도는 이방인들이 하는 기도로 응답이 없는 기도입니다(마 6:7). 하나님은 우리에게 있어야 할 것을 다 아시는 분입니다. 내 사정을 다 아시는 분입니다.

"그러므로 그들을 본받지 말라 구하기 전에 너희에게 있어야 할 것을 하나님 너희 아버지께서 아시느니라"(마 6:8).

기도를 부정하는 것이 아닙니다. 은밀함 속에서 하나님을 만나 친밀함을 찾고, 그분의 뜻을 찾아 이루는 것이 기도의 목적이고, 응답의 비밀입니다. 그분은 내 사정을 다 아시는 분이십니다. 주님과의 주관적인 사랑을 체험해야 합니다.

이제 은밀한 세계를 유지하면서 주님을 바라보는 기도에 대해 생각해 보겠습니다.

첫 번째, 우리가 사는 어떤 환경에서도 하나님이 함께하신다는 믿음입니다

나에게 주어진 최악의 환경에도 나를 향하신 하나님의 뜻이 있습니다. 어려운 환경 속에 하나님이 계십니다.

"내가 주의 영을 떠나 어디로 가며 주의 앞에서 어디로 피하리이까 내가 하늘에 올라갈지라도 거기 계시며 스올에 내 자리를 펼지라도 거기 계시니이다"(시 139:7-8).

기도는 어려운 상황에서도 하나님을 의심하지 않도록 하는 것입니다. 우리가 살고 있는 어떤 삶의 현장에서도 하나님은 거기에 계시고, 우리와 함께 계십니다. 우리는 이것을 믿고 주님을 바라보아야 합니다. 주님의 임재 체험입니다.

두 번째, 나와 하나님의 은밀한 세계, 기도의 골방을 만들 줄 알아야 합니다

"너는 기도할 때에 네 골방에 들어가 문을 닫고 은밀한 중에 계신 네 아버지께 기도하라 은밀한 중에 보시는 네 아버지께서 갚으시리라"(마 6:6).

우리는 기도의 은밀한 세계를 만들 줄 알아야 합니다. 방해 받지 않는 물리적 장소도 중요하지만 우리의 의지로 내 생각과 감정의 잡동사니를 몰아내고, 주님과 나의 일대일 공간을 만들어야 하나님의 임재를 누리고 주님을 바라볼 수 있습니다(삼상 1:12-13).

세 번째, 삶을 시작하는 아침부터 하나님을 모시는 은밀한 세계를 만들어야 합니다

"내가 여호와를 항상 내 앞에 모심이여 그가 나의 오른쪽에 계시므로 내가 흔들리지 아니하리로다"(시 16:8).

하루의 삶을 시작하면서 주님께 마음을 열고 의지적으로 주님을 모시고 하루를 시작하는 방법을 깨달을 때 날마다 주님을 바라보며 승리의 삶을 살게 됩니다. 주님과의 일대일의 관계를 유지할 수 있어야 합니다.

IV. 쉬지 말고 기도하는 삶을 살아야 합니다(살전 5:16-18; 롬 8:26-27)

쉬지 않고 기도하는 것이 예수를 바라보는 삶입니다. 쉬지 않고 기도할 때 실존적 두려움을 이길 수 있습니다. 하나님의 사랑을 체험하지 못하면 하나님과 분리될 때 두려움이 찾아옵니다.

온전하게 하시는 예수를 바라보는 삶이 우리를 승리로 이끄는 삶입니다. 왜냐하면 기독교의 승리의 삶은 우리의 노력이나 힘으로 되는 것이 아니라 오직 하나님의 역사, 주님의 은혜로 이루어지기 때문입니다. 이 세상은 두려움의 바다입니다. 실존적 두려움은 이겨내면 승리하고, 실패하면 죄, 병이 듭니다. 세상(술, 쾌락, 음란)에 빠진 사람은 실존적 두려움 때문입니다. 두려움에서 벗어나는 길은 하나님의 온전한 사랑을 체험하는 것입니다.

기독교의 기도는 연속성이 있어야 합니다. 끊어지지 않는 기도, 무시로 기도하는 것이 잘하는 기도입니다. 연속성이 있는 기도는 두려움에서 벗어나게 합니다. 그리고 그다음에는 평안이 옵니다.

성도가 승리하는 은혜는 주님과 중단 없는 관계, 즉 주님과 끊임없는 교제가 이루어질 때 오는 것입니다. 그래서 성경은 우리에게 쉬지 말고 기도하라고 명령하는 것입니다. 기도는 연속성입니다. 정시

기도, 항시 기도도 할 수 있지만 쉬지 않고 지속적으로 하는 것이 중요합니다.

"**항상 기뻐하라 쉬지 말고 기도하라** 범사에 감사하라 이것이 그리스도 예수 안에서 너희를 향하신 하나님의 뜻이니라"(살전 5:16-18).

"소망 중에 즐거워하며 환난 중에 참으며 **기도에 항상 힘쓰며**"(롬 12:12).

"**기도를 계속하고 기도에 감사함으로 깨어 있으라**"(골 4:2).

주님을 바라보는 삶이란 우리가 계속 하나님의 은혜를 받아 승리하는 삶으로, 쉬지 않고 기도하는 삶입니다. 그러나 실제 우리 신앙생활에서는 주님을 바라보고 쉬지 않고 기도하는 삶은 실제적으로 불가능한 일입니다. 실제로 30분을 기도하라 해도 쉽지 않은데 어떻게 쉬지 않고 항상 기도하는 삶이 가능할까 하는 것입니다. 여기에 인간의 한계가 있으며, 영적 진리가 숨어 있습니다. 이 명령의 말씀도 은혜가 아니면 불가능한 것입니다. 쉬지 않고 기도할 때 어떤 문제도 승리할 수 있습니다.

"예수께서 그들을 보시며 이르시되 사람으로는 할 수 없으나 하나님으로서는 다 하실 수 있느니라"(마 19:26).

쉬지 않고 기도하는 삶, 주님을 바라보는 삶이 어떻게 가능한지 생각해 보겠습니다.

첫 번째, 쉬지 않고 기도하는 것은 율법이 아니라 하나님의 약속

임을 믿어야 합니다

쉬지 않고 기도하는 것을 내가 하려고 하지 말고 하나님의 약속이라는 것을 믿어야 합니다. 앤드류 머레이는 기도는 율법으로 하는 것이 아니라 하나님의 은혜로만 가능하다고 말했습니다.

> "이와 같이 성령도 우리의 연약함을 도우시나니 우리는 마땅히 기도할 바를 알지 못하나 오직 성령이 말할 수 없는 탄식으로 우리를 위하여 친히 간구하시느니라"(롬 8:26).

성령이 나를 통해 기도하십니다. 이때 은밀한 세계로 들어갈 수 있습니다. 기도가 안 될 때는 주님만 생각합니다. 그러면 기도가 됩니다. 물론 성경은 우리가 기도를 해야 하는 것 같은 명령으로 되어 있지만 성령을 통하여 우리 속에서 하나님이 이루시겠다는 약속의 말씀입니다. 이것을 믿어야 합니다.

> "하나님의 약속은 얼마든지 그리스도 안에서 예가 되니 그런즉 그로 말미암아 우리가 아멘 하여 하나님께 영광을 돌리게 되느니라"(고후 1:20).

두 번째, 쉬지 않고 기도하는 삶은 하나님과 나의 관계성을 이해할 때 자연스럽게 이루어집니다

하나님과 우리의 관계성을 깨닫고 그것을 믿을 때 자연스럽게 쉬지 않고 기도하는 삶이 이루어집니다. 다윗은 하나님과의 관계를 목자와 양에 비유합니다. 양은 목자를 바라보지 않으면 죽습니다. 양은 목자의 소리를 잘 알아듣습니다.

"여호와는 나의 목자시니 내게 부족함이 없으리로다"(시 23:1).

또 신약에서는 주님과 우리의 관계를 포도나무와 가지에 비유합니다.

"내 안에 거하라 나도 너희 안에 거하리라 가지가 포도나무에 붙어 있지 아니하면 스스로 열매를 맺을 수 없음같이 너희도 내 안에 있지 아니하면 그러하리라"(요 15:4).

포도나무 가지는 줄기에 붙어 있는 것이 자연스럽습니다. 이러한 관계성을 이해할 수 있어야 합니다.

바울은 주님과 우리의 관계를 머리와 지체로 비유합니다(고전 12:27). 이 자연스러운 믿음의 관계에서 기도할 때 쉬지 않고 기도하게 됩니다. 주님을 바라볼 때 온전해집니다.

세 번째, 겸손하게 성령을 의지하고 기도하면 쉬지 않고 기도하는 삶이 이루어집니다

어린아이가 주님을 부르는 심정으로 기도해야 합니다.

"마음을 살피시는 이가 성령의 생각을 아시나니 이는 성령이 하나님의 뜻대로 성도를 위하여 간구하심이니라"(롬 8:27).

하나님의 뜻대로 기도해야 합니다. 입술, 생각, 의지를 빌려드려야 합니다.

우리가 쉬지 않고 기도할 수는 없지만, 우리가 하는 일을 통해 주님과 연결될 수는 있습니다. 이것은 훈련으로 가능한 일입니다. 아침에 일어나 주님이 나의 주님이라는 고백을 합니다. 그리고 씻고 출근을 준비하는 동안 주님을 인식합니다. 뉴스를 보며 세상 돌아가는 것에 집중할 것이 아니라, 세상 돌아가는 상황을 통해 주님 오실 때가 가까이 왔음을 기억하며 믿지 않는 가족, 친지, 지인들을 위해 기도합니다.

식사를 하며 주님이 주신 음식에 감사하고, 음식을 먹고 건강하도록 기도합니다. 출근할 때 운전을 하게 되면 찬양을 들으며, 혹은 말씀을 들으며 출근합니다. 대중교통을 이용할 때는 말씀을 읽고 묵상하며 오늘 하루를 주님의 인도함 속에 살 수 있도록 기도합니다.

혹 사람들과 대화를 할 경우에는 대화 내용에 빠지지 말고, 머리 한쪽으로 주님을 인식하며 주님이라면 어떤 반응을 하실는지 생각하며 대화를 합니다.

업무를 시작하기 전, 주님이 이 직장에 인도하셨고, 내가 하는 일을 통해 주님이 나타나실 수 있도록 기도하고 시작합니다. 그리고 막히는 부분에서는 주님의 지혜가 나타나도록 내 생각과 경험들을 내려놓습니다. 일을 하며 주님이 이 일을 하고 계신다는 것을 인식할 때 내가 하는 일이 주님의 일이 되고, 그 일은 많은 열매를 절로 맺게 됩니다.

쉬지 않고 기도한다는 것은 입술로 주절거리는 것이 아니라 생각을 주님이 지배하시도록 주님께 맡기는 것입니다. 영화를 보면서 주님이 저 상황에서 어떻게 하실까를 생각합니다. 그러면 우리에게 주어진 모든 일이 주님의 일이 되는 것입니다. 우리의 일상의 삶을 주님과 연결시키는 삶이 바로 쉬지 않고 기도하는 삶입니다. 이런 삶은 늘 승리하게 됩니다. 혹 결과가 나쁠지라도 그 상황에서 또 다른 길을 여시는 하나님을 체험하게 되므로 결과에 영향을 받지 않게 됩니다.

쉬지 않고 기도하는 삶은 늘 다른 사람들에게 유익을 주는 삶입니다. 나 중심이 아닌 주님 중심의 삶이며, 이런 삶을 살게 되면 공동체가 살아납니다. 한 사람을 통하여 다른 사람들이 살아나게 됩니다. 주님을 늘 인식하며 쉬지 않고 기도하는 여러분이 되시기를 축원합니다.

V. 마음과 생각을 지켜야 합니다 (잠 4:20-27)

주님을 바라본다는 것은 주님을 생각하는 것입니다. 마음과 생각을 지키는 것은 주님을 바라보는 것과 직결이 됩니다. 그러므로 보는 것을 주님과 연결시켜야 합니다.

온전하게 하시는 예수님을 바라보는 삶은 믿음의 기초요, 신앙에서 승리하는 방법입니다. 신앙의 승리는 내가 얼마나 강해지느냐로 결정되는 것이 아니라 주님이 내 속에서 얼마나 강하게 역사하시는가에 의해 결정이 됩니다. 이렇게 될 때 무의식 속에서도 순간순간 주님이 의식되는 것입니다.

"끝으로 너희가 주 안에서와 그 힘의 능력으로 강건하여지고 마귀의 간계를 능히 대적하기 위하여 하나님의 전신 갑주를 입으라"(엡 6:10-11).

하나님의 은혜로 옷 입고, 주님의 능력으로 강해져야 합니다. 주님이 우리 안에서 역사하시고 강해질 수 있는 것은 우리의 마음과 생각이 하나님께 얼마나 열려 있고, 집중하고, 의지하고 있느냐에 달려 있는 것입니다. 그것이 주님을 바라보는 마음입니다. 주님을 인식할 때 주님이 내 속에서 강해집니다.

"여호와의 눈은 온 땅을 두루 감찰하사 전심으로 자기에게 향하는 자들을 위하여 능력을 베푸시나니 이 일은 왕이 망령되이 행하였은즉 이후부터는 왕에게 전쟁이 있으리이다 하매"(대하 16:9).

마음을 다해 하나님을 바라보는 자, 주님과 마음이 하나 되면 생각만 해도 이루어집니다. 주님은 자신의 마음에 드는 사람에게 능력을 주십니다. 그러므로 성도가 승리하는 삶은 마음과 생각을 지키는 일이 중요합니다. 우리가 신앙에서 실패하는 것은 늘 하찮은 일에 마음을 열고 세상을 받아들이기 때문에 마음과 생각이 복잡해지고 더러워져 사탄이 역사하여 실패하는 것입니다. 사탄의 역사는 미움 때문입니다. 자신의 마음을 지키는 것이 중요합니다. 가룟 유다는 마음을 관리하지 못했기 때문에 실패한 것입니다.

"마귀가 벌써 시몬의 아들 가룟 유다의 마음에 예수를 팔려는 생각을 넣었더라"(요 13:2).

본문의 잠언서 기자는 "모든 지킬 만한 것 중에 네 마음을 지키라"고 말하고 있습니다. 인간의 죽고 사는 것이 마음에 있다는 것입니다.

"모든 지킬 만한 것 중에 더욱 네 마음을 지키라 생명의 근원이 이에서 남이니라"(잠 4:23).

솔로몬은 처음에는 하나님을 잘 섬겼지만(왕상 3:9) 많은 여인과 가까이하다 마음을 지키는 데 실패하여 나중이 어려워진 것입니다. 신앙은 마음을 지키는 것입니다. 마음과 생각을 지키는 일에 최선을 다해야 합니다.

"솔로몬의 나이가 많을 때에 그의 여인들이 그의 마음을 돌려 다른 신들을 따르게 하였으므로 왕의 마음이 그의 아버지 다윗의 마음과 같지 아니하여 그의 하나님 여호와 앞에 온전하지 못하였으니"(왕상 11:4).

마음과 생각을 지켜 주님을 바라보는 삶에서 승리하는 길에 대해 생각해 보겠습니다.

첫 번째, 주님을 바라보는 일에 승리하려면 복된 말을 해야 합니다

감정 섞인 말을 하지 말아야 합니다. 입에서 나오는 말은 좋은 말을 사용해야 합니다.

"구부러진 말을 네 입에서 버리며 비뚤어진 말을 네 입술에서 멀리하라"(잠 4:24).

마음과 생각은 우리가 하는 말에 영향을 받습니다. 믿음의 말, 긍정의 말, 영적인 말, 소망의 말을 해야 합니다.

두 번째, 보고 듣는 말에 주의해야 합니다

하나님의 음성을 들으려고 해야 합니다. 그리고 부정적인 말을 듣지 말아야 합니다.

"내 아들아 내 말에 주의하며 내가 말하는 것에 네 귀를 기울이라 그것을 네 눈에서 떠나게 하지 말며 네 마음속에 지키라"(잠 4:20-21).

세 번째, 말씀을 가까이하고 즐거워하며 묵상해야 합니다

"오직 여호와의 율법을 즐거워하여 그의 율법을 주야로 묵상하는도다"(시 1:2).

말씀은 하나님의 생각과 하나님의 지혜 덩어리입니다. 말씀을 가까이할 때 마음과 생각을 지킬 수 있습니다. 말씀을 계속 읊조릴 때 악한 생각이 물러갑니다.

네 번째, 주님과 끊임없는 교제와 기도를 해야 합니다

"기도를 계속하고 기도에 감사함으로 깨어 있으라"(골 4:2).

"백성들아 시시로 그를 의지하고 그의 앞에 마음을 토하라 하나님은 우리의 피난처시로다(셀라)"(시 62:8).

다섯 번째, 말씀에 순종하고 선한 양심에 따라 행동해야 합니다

"네 발이 행할 길을 평탄하게 하며 네 모든 길을 든든히 하라 좌로나 우로나 치우치지 말고 네 발을 악에서 떠나게 하라"(잠 4:26-27).

말씀에 순종하고, 양심이 꺼림칙하면 하지 말아야 합니다. 양심과 마음은 직결됩니다.

VI. 주님을 바라보면 풍랑도 이깁니다 (마 14:22-33)

'온전하게 하시는 예수를 바라보라'는 말씀은 우리가 주님을 바라볼 때 이 세상 속에서 살아가면서 어둠의 세력, 죄악의 세력, 어떤 환난에서도 자유하고 승리할 수 있기 때문입니다. 풍랑을 바라보면 바다에 빠집니다. 그러나 주님을 바라보면 이길 수 있습니다. 이 세상은 풍랑의 바다입니다. 주님을 바라볼 때 환경을 이길 수 있는 믿음을 주십니다.

"이것을 너희에게 이르는 것은 너희로 내 안에서 평안을 누리게 하려 함이라 세상에서는 너희가 환난을 당하나 담대하라 **내가 세상을 이기었노라**"(요 16:33).

예수 믿어도 풍랑이 옵니다. 주님을 바라볼 때 세상을 이기는 믿음을 주십니다. 그래서 우리는 풍랑 속에서도 평강을 누리게 됩니다. 기독교의 구원은 풍랑으로부터 구원이 아니라 풍랑 속에서의 구원입니다.

그러므로 기독교인의 구원의 목적이나 기독교인의 성공은 우리가 어떤 목표를 이루는 것보다 우리에게 주어진 환경 속에서 자유를 누리는 과정이 중요합니다. 풍랑 속에서 날마다 자유해야 합니다. 성도는 결과보다 과정이 중요합니다. 세상은 결과를 중시하지만 기독교는 과정을 중시합니다.

모세의 구원, 성공을 말할 때 모세는 이스라엘에서 출애굽을 했지만 가나안에 들어가지 못했습니다. 세상의 가치관으로 보면 그는 성공을 못했다고 볼 수도 있습니다. 그러나 영원한 영적인 여정으로 볼 때 그는 세상에 붙잡히지 않고 어떤 상황에서도 구원을 누리는 과정에서 승리한 것입니다. 그래서 기독교의 구원은 과정이 중요한 것입니다. 우리의 목표는 천국에 가는 것입니다. 영원이 목표가 될 때 이 세상의 삶은 과정일 뿐입니다.

> "모세가 바다 위로 손을 내밀매 여호와께서 큰 동풍이 밤새도록 바닷물을 물러가게 하시니 물이 갈라져 바다가 마른 땅이 된지라"(출 14:21).

> "여호와의 사자가 떨기나무 가운데로부터 나오는 불꽃 안에서 그에게 나타나시니라 그가 보니 떨기나무에 불이 붙었으나 그 떨기나무가 사라지지 아니하는지라"(출 3:2).

본문에서 주님은 제자들에게 먼저 바다를 건너게 하시고, 기도하시다가 그들이 풍랑을 만나 어려움을 당하는 것을 보십니다. 주님은 바다 위를 걸어오셔서 그들을 구원하셨고, 베드로를 명하여 풍랑 위를 걷게 하십니다. 베드로가 주님을 바라볼 때는 바다를 건넜지만 풍랑을 바라봄으로 빠져서 실패하게 됩니다. 여기에 기독교인의 승리와 실패의 영적 진리가 있습니다. 주님의 의도는 풍랑을 이기라는 것입니다. 바다 위를 걸어오신 것은 구원을 설명하기 위함입니다.

첫 번째, 성도의 이 세상의 삶은 항상 바다 풍랑 위임을 알아야 합니다

"예수께서 즉시 제자들을 재촉하사 자기가 무리를 보내는 동안에 배를 타고 앞서 건너편으로 가게 하시고"(마 14:22).

"배가 이미 육지에서 수 리나 떠나서 바람이 거스르므로 물결로 말미암아 고난을 당하더라"(마 14:24).

주님이 가라고 명령하셔서 가는 길도, 심지어 주님과 함께 배를 타고 있어도(막 4:36-37), 풍랑은 있을 수 있습니다. 이 세상에는 불법으로 마귀가 세상 임금 노릇을 하고 있기 때문입니다. 그러나 주님이 십자가 부활로 세상을 이기셨습니다(골 2:14-15).

두 번째, 오직 주님만이 풍랑 위를 걸으실 수 있고 잔잔하게 하실 수 있습니다

"밤 사경에 예수께서 바다 위로 걸어서 제자들에게 오시니"(마 14:25).

"예수께서 깨어 바람을 꾸짖으시며 바다더러 이르시되 잠잠하라 고요하라 하시니 바람이 그치고 아주 잔잔하여지더라"(막 4:39).

주님만 풍랑을 잔잔케 하시는 분이십니다. 예수님만 풍랑을 일으

키는 사탄, 마귀를 결박하고 물리치고 승리하신 것입니다. 그래서 그분만 풍랑을 이기고 그 위를 걸으실 수 있고, 잔잔하게 하실 수 있습니다. 주님 안에 있으면 바람이 그칩니다.

"예수께서 즉시 손을 내밀어 그를 붙잡으시며 이르시되 믿음이 작은 자여 왜 의심하였느냐 하시고 배에 함께 오르매 바람이 그치는지라"(마 14:31-32).

세 번째, 우리도 주님의 명령에 따라 주님을 바라보면 풍랑을 이기고 걸을 수 있습니다

"오라 하시니 베드로가 배에서 내려 물 위로 걸어서 예수께로 가되"(마 14:29).

우리는 예수를 바라보면 풍랑을 이기고 걸을 수 있지만 풍랑을 바라보면 물에 빠져 실패합니다. 풍랑을 이기는 주님을 바라보아야 합니다. 그분만이 우리를 온전하게 하십니다.

우리가 온전해지려면 주님을 바라보아야 합니다. 그분은 이 땅에서 모든 삶을 이기시고, 구원의 언약을 다 이루시고 완성하셔서 하늘 보좌 우편에 앉아 계십니다. 주님은 이 땅의 삶을 이미 다 마치신 분입니다. 그분은 하늘 보좌에서 온 우주를 다스립니다. 은혜는 노력으로 받는 것이 아니라 거저 받는 것입니다. 그래서 은혜를 선물이라고 합니다. 영은 위에서 아래로 흐릅니다. 부모가 기도할 때 자녀에게 좋은 영성이 전달됩니다.

제4부
하늘에 속한 자가 되게 하소서

은혜의 세계를
누리는 삶
(롬 5:1-5)

1863년 에이브러햄 링컨 대통령이 노예해방을 선언했습니다. 노예들에게는 인생의 전환점을 이루는 놀라운 대사가 일어난 것입니다. 대부분의 사람들은 '이것이 꿈인가?' 하며 좋아했지만 일부 노예들은 자기들에게 일어난 노예해방이 믿기지 않았습니다. 그들은 자유로운 삶이 오히려 어색하고 불편하게 느껴지는 것입니다. 오랜 세월 노예의 삶이 습관화되고 남의 지배하에 살던 종살이가 몸에 밴 것입니다. 그들은 오히려 노예로서의 삶이 익숙했던 것입니다. 우리가 인생을 살아가는데 우리의 삶의 자리를 바르게 알고, 그 삶의 자리를 지키며 누리고 사는 것이 중요합니다.

특히 예수 믿는 사람은 삶의 자리가 분명해야 합니다. 그 자리를 모르면 우리가 아무리 신앙생활을 열심히 한다 해도 실패의 삶을 살게 되는 것입니다. 그래서 주님은 제자들을 부르면서 두 가지 명령을 하십니다. 첫째는 '내게로 오라'는 명령입니다.

"수고하고 무거운 짐 진 자들아 다 내게로 오라 내가 너희를 쉬게 하리라"
(마 11:28).

둘째는 '내 안에 거하라'는 것입니다.

"내 안에 거하라 나도 너희 안에 거하리라 가지가 포도나무에 붙어 있지 아니하면 스스로 열매를 맺을 수 없음같이 너희도 내 안에 있지 아니하면 그러하리라"(요 15:4).

예수 믿고 구원받은 자의 삶의 자리, 삶의 주소는 주님 안입니다. 여기에 하나님 나라가 임한 것이며, 은혜의 세계에 속한 것입니다. 그런데 우리가 구원받아 주님 안에 있지만 세상 습관이 몸에 배어 은혜의 세계를 누리지 못하고 있습니다. 율법의 행위에 붙들려 어둠의 포로가 되어 있어 삶에서 실패하는 것입니다. 그러므로 성도는 은혜의 삶을 사는 방법을 배우고 누려야 합니다.

어떤 부자 아버지에게 두 명의 아들이 있었는데, 작은아들이 아버지의 재산을 물려받고 먼 나라로 가서 독립하면 잘살 줄 알았는데 허랑방탕하여 재산을 다 날리고, 남의 집에서 돼지 쥐엄 열매를 먹고 살다 다 죽게 되니 회개하며 아버지에게 돌아옵니다. 그때 아버지는 아무런 조건 없이 아들을 받아주고 큰 잔치를 베풀며 신발, 새 옷을 입히고 가락지를 끼워 줍니다. 자식의 권세를 다 회복시켜 준 것입니다. 이 아들의 진정한 삶의 자리는 세상이 아니라 아버지 안에서 풍성함을 무조건 누리고 사는 은혜의 삶입니다. 이것을 고생 끝에 깨닫게 된 것입니다. 참 안타까운 것은 아버지 집에 살면서도 이 은혜를 누리지 못하고 빈곤하고 부정적으로 사는 큰아들입니다. 동생이 돌아왔다고 풍성한 잔치를 연 아버지를 원망합니다.

"아버지께 대답하여 이르되 내가 여러 해 아버지를 섬겨 명을 어김이 없거늘 내게는 염소 새끼라도 주어 나와 내 벗으로 즐기게 하신 일이 없더니 아버지의 살림을 창녀들과 함께 삼켜 버린 이 아들이 돌아오매 이를 위하여 살진 송아지를 잡으셨나이다"(눅 15:29-30).

이 아들은 아버지 집에 살면서도 거저 주는 은혜를 누리지 못하는 것입니다. 즉 아버지와 바른 관계를 유지하지 못하고 있는 것입니다. 이것이 오늘날 성도들의 문제입니다. 주님 안에 살면서도 은혜의 세계를 누리지 못하고 있는 것입니다.

"아버지가 이르되 얘 너는 항상 나와 함께 있으니 내 것이 다 네 것이로되"(눅 15:31).

바울을 통해 주님 안에서 누리는 은혜의 축복에 대해 생각해 보겠습니다.

첫 번째, 성도는 주님 안에서 하나님과 화평을 누리는 자입니다

"그러므로 우리가 믿음으로 의롭다 하심을 받았으니 우리 주 예수 그리스도로 말미암아 하나님과 화평을 누리자"(롬 5:1).

우리는 주님 안에서 의롭다 하심을 얻은 자입니다. 의롭다 하심을 얻은 자는 하나님과 화평을 누리게 됩니다. 이것처럼 큰 축복은 없습니다. 성도는 주님 안에서 의롭다 하심을 얻었다는 믿음이 확실해야 합니다.

"하나님이 죄를 알지도 못하신 이를 우리를 대신하여 죄로 삼으신 것은 우리로 하여금 그 안에서 하나님의 의가 되게 하려 하심이라"(고후 5:21).

기도할 때 자신의 겸손을 나타내기 위해 자신을 비하하는 사람들을 보게 됩니다. '버러지만도 못한 내가, 죄인 중에 괴수인 내가, 먼지만도 못한 내가, 마른 막대기 같은 내가' 이렇게 기도합니다. 하나님 앞에 겸손한 태도를 갖겠다는 것은 이해하지만 이것은 복음적이지 않아 하나님께 쓰임 받지 못합니다. 우리가 다 부족하고 죄인이지만 주님 안에서는 다 의인입니다. 죄가 없어서 의인이 아니라 주님 안에 있기 때문에 의인으로 보아주십니다. 이런 믿음이 있을 때 참 평강이 있고, 기도 응답이 있고, 능력이 있습니다.

돌아온 탕자의 형은 아버지와 함께 살면서도 양 새끼 한 마리를 얻을 담력이 없는 것입니다. 그만큼 아버지와 바른 관계에 있다는 확신이 없는 것입니다. 아버지의 사랑을 받고 있다는 은혜를 받지 못한 것입니다. 그러니 아버지와 한집에 살아도 평안이 없는 것입니다. 사랑하는 여러분! 성도에게 있어 가장 큰 축복은 평안이고 화평입니다. 화평이나 평안은 인간이 만들 수 없습니다. 이것은 주님만 주십니다. 주님의 마음입니다.

"평안을 너희에게 끼치노니 곧 나의 평안을 너희에게 주노라 내가 너희에게 주는 것은 세상이 주는 것과 같지 아니하니라 너희는 마음에 근심하지도 말고 두려워하지도 말라"(요 14:27).

'평안'(히: '샬롬'; 헬: '에이레네')이라는 마음은 우주를 다스리는 모든 것을 이긴 승리자만 갖고 있는 마음입니다. 주님이 십자가에서 죽고 부활하여 승리하셨기에 주님만 우주적인 평안, 평강을 갖고 계신 것입니다. 갈릴리 바닷가에서 풍랑이 일어나 제자들은 다 죽을까 두려워하는데 주님은 그 배에서 고물을 베고 주무시는 것입니다. 제자들이 주님을 깨우며 '우리가 다 죽게 되었는데 주무시고 있느냐'고 원망합니다. 그때 주님은 말씀하십니다.

"예수께서 깨어 바람을 꾸짖으시며 바다더러 이르시되 잠잠하라 고요하라 하시니 바람이 그치고 아주 잔잔하여지더라 이에 제자들에게 이르시되 어찌하여 이렇게 무서워하느냐 너희가 어찌 믿음이 없느냐 하시니"(막 4:39-40).

주님은 십자가에서 부활하여 우주의 승리자가 되셨습니다. 그분은 평강의 왕이기에 풍랑도 말씀으로 잔잔하게 하십니다. 풍랑 속에서 두려워하는 제자들에게 "왜 이렇게 무서워하느냐? 어찌 믿음이 없느냐?"고 책망하십니다. 하나님의 화평을 누리는 전제 조건은 주님 안에서 의롭다 하심을 얻는 것입니다. 우리가 부족하지만 주님의 은혜 안에서는 다 의로운 자입니다. 화평을 누리면 아버지의 것이 다 내 것이 됩니다.

두 번째, 성도는 주님의 은혜 안에서 하나님의 영광을 체험하는 축복이 있습니다

"또한 그로 말미암아 우리가 믿음으로 서 있는 이 은혜에 들어감을 얻었으며 하나님의 영광을 바라고 즐거워하느니라"(롬 5:2).

예수 믿고 구원받고 거듭나면 세상에서 주님 안으로 태어납니다. 전혀 다른 탄생이 일어나게 됩니다. 주님 안에서 새로운 피조물이 되는 것입니다. 이제는 내가 사는 것이 아니라 내 속에서 주님이 사시는 것입니다. 육체 가운데 사는 것은 주님을 믿는 믿음으로 사는 것입니다.

"내가 그리스도와 함께 십자가에 못 박혔나니 그런즉 이제는 내가 사는 것이 아니요 오직 내 안에 그리스도께서 사시는 것이라 이제 내가 육체 가운데 사는 것은 나를 사랑하사 나를 위하여 자기 자신을 버리신 하나님의 아들을 믿는 믿음 안에서 사는 것이라"(갈 2:20).

우리의 삶은 내가 사는 것 같으나 주님이 내 속에서 주님의 삶을 사시는 것입니다. 이제 우리의 삶은 거저 사는 삶입니다. 이런 삶을 은혜라고 말합니다. 주님의 말씀에 순종하면 날마다 내 속에서 주님이 역사하시는 것을 볼 수 있습니다. 이렇게 내 삶 속에서 주님이 나타나시는 삶이 하나님의 영광입니다.

베드로가 성전 미문에서 나면서부터 걷지 못하는 앉은뱅이를 만납니다. 그가 무엇을 얻을까 쳐다볼 때 베드로가 말합니다.

"베드로가 이르되 은과 금은 내게 없거니와 내게 있는 이것을 네게 주노니 나사렛 예수 그리스도의 이름으로 일어나 걸으라 하고"(행 3:6).

그러자 앉은뱅이가 걷기도 하고 뛰기도 하며 성전에 들어가 하나님께 영광을 돌립니다. 사람들이 베드로가 대단한 것처럼 바라보자 베드로가 말합니다.

"그 이름을 믿으므로 그 이름이 너희가 보고 아는 이 사람을 성하게 하였나니 예수로 말미암아 난 믿음이 너희 모든 사람 앞에서 이같이 완전히 낫게 하였느니라"(행 3:16).

이런 일을 이루신 분은 내 속에 계신 주님이라는 것입니다. 주님이 직접 역사하신 하나님의 영광을 증언하고 있습니다. 아무리 어려운 상황이라도 주님의 은혜 안에 거하면 이처럼 하나님이 역사하시는 영광을 체험하게 되는 것입니다.

세 번째, 은혜의 세계 안에 있으면 어떤 환난도 참 소망을 줍니다

"다만 이뿐 아니라 우리가 환난 중에도 즐거워하나니 이는 환난은 인내를, 인내는 연단을, 연단은 소망을 이루는 줄 앎이로다 소망이 우리를 부끄럽게 하지 아니함은 우리에게 주신 성령으로 말미암아 하나님의 사랑이 우리 마음에 부은 바 됨이니"(롬 5:3-5).

주님의 은혜 안에 있으면 날마다 주님이 내 속에 사시는 것을 체험합니다. 그래서 주님의 사랑을 깨닫고 체험하게 됩니다. 이런 사람은 어떤 환난이 와도 주님이 함께하시니 참을 수 있고, 하나님이 더 좋은 것을 주실 줄 알기에 환난 속에서도 소망을 갖게 됩니다. 그래서 본문에서 환난이 인내를, 인내가 연단을, 연단이 참 소망을 이룬다고 말하고 있습니다.

요셉은 은혜의 사람입니다. 그는 형들에게 왕따를 당할 때도 하나님이 함께하시고, 노예로 보디발의 집에 팔려갔을 때도 하나님이 함께하시니 형통한 자가 되어 오히려 열악한 환경에서 가정 총무가 됩니다. 억울한 누명을 쓰고 감옥에 갔지만 그곳에서도 하나님이 함께하시는 사랑을 체험하니 어려운 환경에서도 소망을 갖게 됩니다. 그는 결국 애굽의 총리가 됩니다.

"그의 주인이 여호와께서 그와 함께하심을 보며 또 여호와께서 그의 범사에 형통하게 하심을 보았더라"(창 39:3).

바울은 은혜 안에 있는 사람은 주님의 사랑을 확신하기 때문에 환난 속에서 인내를, 인내가 연단을, 연단이 소망을 이룬다고 말합니다. 성도는 주님 안에서 거듭난 사람입니다. 세상에서 주님 안으로 새로 태어난 전적 은혜를 누리며 사는 새로운 피조물입니다. 그 은혜의 세계에서 부족하지만 의로움을 누리며, 참 평안과 하나님의 영광의 기쁨을 누리는 자입니다. 어떤 환난에서도 참 소망을 누리는 자입니다. 은혜의 세계를 누리기를 주님의 이름으로 축원합니다.

우리가 다 부족하고 죄인이지만 주님 안에서는 다 의인입니다. 죄가 없어서 의인이 아니라 주님 안에 있기 때문에 의인으로 보아주십니다. 이런 믿음이 있을 때 참 평강이 있고, 기도 응답이 있고, 능력이 있습니다.

은혜의
세계를 열어라
(고전 15:3-11)

우리가 세상에 살면서 참 좋은 것을 기다리며 살 수 있다는 것은 가슴이 벅차고 참으로 행복한 일입니다. 반대로 일 년 내내 살아가면서 기대할 것이 없다면 참으로 허무하고 무력한 삶일 것입니다.

사도 바울은 당시 이단들에게 빠져 있는 골로새 교인들에게 주님이 유일한 소망이라는 말씀을 하고 있습니다.

"이는 그들로 마음에 위안을 받고 사랑 안에서 연합하여 확실한 이해의 모든 풍성함과 하나님의 비밀인 그리스도를 깨닫게 하려 함이니 그 안에는 지혜와 지식의 모든 보화가 감추어져 있느니라"(골 2:2-3).

하나님의 비밀은 그 안에 지혜와 지식의 모든 보화, 축복이 주님 안에 다 들어 있다고 말하는 것입니다. 주님이 오시는 대림절을 맞아 주님 속에 있는 축복의 비밀에 대해 생각해 보겠습니다.

헬렌 켈러 여사(1880-1968)는 3중 장애인입니다. 어릴 적 열병을 앓아 눈이 멀고, 말 못하고, 듣지 못하게 됩니다. 그는 커가면서 성격이 거칠어지고 부정적이고 극단으로 치닫게 됩니다. 결국 생을 비관하여 자살을 시도합니다. 그런 그녀가 결정적으로 변화하는 계기가 옵니다. 믿음이 좋은 설리번이란 가정교사를 만나 주님을 영접하게 되고, 주님을 인격적으로 만나게 되면서 그의 괴팍한 성경이 온순하고 긍정적으로 바뀌고 삶이 180도 바뀌는 역전의 인생이 시작됩니다. 어렵게 공부를 시작했고, 하나님의 은혜로 말도 조금씩 하고, 글을 쓰기 시작하면서 그녀는 14세에 농아학교에서 수학, 지리, 역사, 프랑스어, 독일어를 배웠습니다. 그리고 1899년 하버드 대학에 들어가 24세에 최우등으로 졸업을 했습니다.

그 후 그는 장애인들의 사회복지사업에 관심이 있어 미국 최초의 맹인을 위한 도서관을 세웠고, 전 세계 장애인들의 빛이 되는 소망의 일꾼으로 살았습니다. 1937년에 우리나라에도 와서 강연을 했고, 미국 최초의 자유훈장을 받기도 했습니다. 그는 평생을 어려운 장애인들에게 꿈과 소망, 은혜의 삶을 전하며 살았습니다.

그는 평소에 "나는 세상의 빛은 보지 못했지만 주님 나라의 은혜의 빛을 보게 된 것을 하나님께 감사한다"고 했습니다.

사랑하는 여러분! 이 사람에게서 놀라운 삶의 변화를 발견할 수 있습니다. 그는 처음에 3중 장애인으로 살면서 과격하고 부정적이며 수없이 자살을 시행하는 극단적 어둠의 삶을 살았습니다. 그런데 주님을 만나고 체험하게 되면서 전혀 다른 은혜의 삶을 살게 됩니다. 성경은 말합니다.

"우리가 다 그의 충만한 데서 받으니 은혜 위에 은혜러라 율법은 모세로 말미암아 주어진 것이요 은혜와 진리는 예수 그리스도로 말미암아 온 것이라"(요 1:16-17).

여기에서 중요한 영적 진리를 깨닫게 됩니다. 그것은 이 세상은 영적으로 볼 때 두 종류의 세계로 나누어져 있다는 것입니다. 하나는 죄와 사망, 율법의 세계이고, 또 다른 세계는 은혜와 사랑의 생명의 세계입니다. 그러므로 우리가 어느 세계에서 사느냐가 인생의 운명을 좌우하는 것입니다.

성경은 두 세계를 소개하고 있습니다. 아브라함과 롯은 둘이 같이 살다 헤어지게 됩니다. 롯은 보이는 것 중심의 율법의 세계로 찾아간 것이 소돔과 고모라입니다. 결국 다 죽음으로 끝나는 것입니다. 그러나 아브라함은 하나님의 명령에 따라 은혜의 세계로 찾아간 곳이 바로 헤브론입니다. 그의 운명은 180도 바뀌게 됩니다. 롯의 끝은 사망이고, 아브라함은 318명의 대군을 이끄는 왕 같은 삶을 살게 됩니다. 그리고 롯을 구해냅니다. 이것이 은혜의 세계입니다.

헬렌 켈러도 그녀가 주님을 만나기 전에는 철저히 죄와 율법의 세계에서 살았지만 주님을 만나 은혜의 세계를 체험한 후 전혀 다른 삶을 살게 됩니다. 이 세상의 삶이 아무리 어려워도 날마다 은혜의 세계를 찾아야 합니다. 본문의 사도 바울은 율법의 세계에서 살던 중 다메섹 도상에서 부활의 주님을 만나 영적인 눈이 열리고 철저한 은혜의 삶을 살게 됩니다. 그래서 본문을 통해 자신의 삶을 간증하고 있습니다.

"그러나 내가 나 된 것은 하나님의 은혜로 된 것이니 내게 주신 그의 은혜가

헛되지 아니하여 내가 모든 사도보다 더 많이 수고하였으나 내가 한 것이 아니요 오직 나와 함께하신 하나님의 은혜로라"(고전 15:10).

은혜의 세계를 찾아가는 길에 대해 생각해 보겠습니다.

첫 번째, 부활의 주님을 영접해야 합니다

"내가 받은 것을 먼저 너희에게 전하였노니 이는 성경대로 그리스도께서 우리 죄를 위하여 죽으시고 장사 지낸 바 되셨다가 성경대로 사흘 만에 다시 살아나사 게바에게 보이시고 후에 열두 제자에게와 그 후에 오백여 형제에게 일시에 보이셨나니 그중에 지금까지 대다수는 살아 있고 어떤 사람은 잠들었으며 그 후에 야고보에게 보이셨으며 그 후에 모든 사도에게와 맨 나중에 만삭 되지 못하여 난 자 같은 내게도 보이셨느니라"(고전 15:3-8).

하나님의 아들이신 예수님이 어둠과 죄악의 땅에 오셔서 인류의 죄를 지고 십자가에서 죽으시고 우리의 죄를 사하여 주신 것입니다. 그리고 부활하여 우리 믿는 자 속에 우리를 대신하여 살아 주시는 것입니다. 그래서 우리 성도의 삶은 은혜, 선물이 되는 것입니다.

'은혜'는 헬라어로 '에이레네'라는 말로, 하나님의 특별한 은총이나 사랑을 말합니다. 또 은혜는 '카리스'라고 하는데 이 은혜는 거저 주시는 선물로, 주님을 영접하면 우리가 살아가는 삶 자체가 다 선물이고 은혜입니다. 즉 부활의 영이 임하면 거듭나게 되어 하나님의 생명을 얻게 되어 하나님의 자녀가 되어 은혜의 세계로 들어가는 것입니다.

"영접하는 자 곧 그 이름을 믿는 자들에게는 하나님의 자녀가 되는 권세를 주셨으니 이는 혈통으로나 육정으로나 사람의 뜻으로 나지 아니하고 오직 하나님께로부터 난 자들이니라"(요 1:12-13).

하나님의 자녀가 되면 부활의 주님이 오셔서 대신 은혜로 살아주시므로 아무리 어려워도 감사하며 살 수 있는 것입니다.

미국의 찬송작가 크로스비는 어릴 때 열병을 앓게 되면서 의사의 실수로 눈이 멀게 되었습니다. 그러나 믿음이 좋은 할머니 밑에서 신앙을 전수 받아 성령 체험을 하게 되면서 감사의 시를 썼습니다. 그것이 모여 3,000곡이 넘는 찬송시를 쓴 것입니다. 그는 "나는 장애를 한 번도 원망한 적이 없습니다. 오직 나를 사망에서 건지어 생명을 주신 하나님 은혜에 감사할 뿐입니다"라고 했습니다. 그는 평생 은혜의 세계에서 산 것입니다.

그러나 불후의 명작을 쓴 소설가 헤밍웨이는 《노인과 바다》, 《누구를 위하여 종은 울리나》, 《무기여 잘 있거라》 등 인간의 낭만과 휴머니즘의 최고 작가로 노벨 문학상을 받았으나 나중에 자살로 인생을 마치게 됩니다. 그는 죽으면서 "내 머리는 필라멘트가 끊어진 것 같다"고 했습니다. 그렇습니다. 아무리 유명하고 능력이 있어도 은혜의 세계를 모르면 율법의 사망의 세계에서 나중은 망하게 되는 것입니다.

두 번째, 성도는 지금까지 산 것이 전적인 하나님의 은혜임을 깨달아야 합니다

"그러나 내가 나 된 것은 하나님의 은혜로 된 것이니 내게 주신 그의 은혜가

헛되지 아니하여 내가 모든 사도보다 더 많이 수고하였으나 내가 한 것이 아니요 오직 나와 함께하신 하나님의 은혜로라"(고전 15:10).

내가 나 된 것, 여기까지 살아온 것이 다 하나님의 은혜로 된 것입니다. 사도 바울은 자신이 하나님의 최고의 사람이 된 것도 다 하나님의 은혜, 하나님의 선물이라고 고백하는 것입니다. 처음에는 하나님을 거역하고 예수 믿는 사람을 잡아 죽이는 일에 증인까지 선 사람이 예수 때문에 순교까지 하게 된 것입니다. 이것이 하나님의 은혜입니다.

아브라함이 믿음의 조상이 된 것도 다 하나님의 은혜입니다. 그가 우상숭배자로 갈대아 우르에서 태어나 철저한 이방 사람인데 그를 택해서 유대인의 조상으로 삼아 주신 것이 다 하나님의 은혜이지 그가 남보다 잘난 것이 아닙니다. 모세가 지도자로 뽑힌 것도 다 하나님의 은혜입니다. 그가 살인을 했지만 하나님은 광야에서 40년 훈련을 시켜 거룩한 지도자가 되도록 하신 것입니다.

성경에 보면 하나님이 야곱을 사랑하고 에서를 미워했다고 하는데 인간은 그 이유를 잘 모릅니다. 단 야곱은 하나님이 은혜를 주신 것이고, 에서는 하나님의 은혜를 받지 못한 것입니다. 그래서 내가 나 된 것은 내 장점이 나 되게 한 것이 아니라 은혜가 나 되게 하는 것입니다.

"여호와께서 이르시되 내가 내 모든 선한 것을 네 앞으로 지나가게 하고 여호와의 이름을 네 앞에 선포하리라 나는 은혜 베풀 자에게 은혜를 베풀고 긍휼히 여길 자에게 긍휼을 베푸느니라"(출 33:19).

종교개혁자 루터의 종교개혁 캐치프레이는 "오직 은혜"(솔라 그라티아: SOLA GRATIA)라고 외친 것입니다.

우리에게 은혜의 세계가 열리면 두 눈을 가지고, 두 다리를 가지고, 두 귀가 건강하다는 것이 참으로 복입니다. 남산에 가면 시각장애인들이 두 손을 잡고 산책하는 것을 종종 보게 됩니다. 그들은 눈이 보이지 않아 지팡이를 짚고 동료의 손을 잡고 가지만 밝은 얼굴로 찬송을 부르며 갑니다. 그러나 건강한 우리의 얼굴은 참으로 일그러진 모습입니다. 참으로 부끄럽다는 생각이 듭니다. 에머슨이라는 사상가는 "당신이 그렇게 불평하고 원망하는 오늘은 어제 죽어 간 사람들이 그렇게 살고 싶었던 내일이다"라고 했습니다. 사랑하는 여러분! 하루하루를 기뻐하십시오. 이것이 축복입니다.

세 번째, 미래의 남은 생애도 은혜의 삶임을 확신할 수 있습니다

"내가 그리스도와 함께 십자가에 못 박혔나니 그런즉 이제는 내가 사는 것이 아니요 오직 내 안에 그리스도께서 사시는 것이라 이제 내가 육체 가운데 사는 것은 나를 사랑하사 나를 위하여 자기 자신을 버리신 하나님의 아들을 믿는 믿음 안에서 사는 것이라"(갈 2:20).

내가 나 된 것과 하나님의 은혜로 지금까지 살게 된 것을 깨달은 사람은 남은 생애도 하나님의 은혜임을 확신할 수 있습니다. 내 속에 사시는 분은 부활하신 주님이시기 때문입니다. 그분은 과거, 현재, 미래가 같은 분이시기 때문입니다.

"예수 그리스도는 어제나 오늘이나 영원토록 동일하시니라"(히 13:8).

사랑하는 여러분! 은혜의 세계를 찾았다면 아무리 현실이 어렵고 불확실하다 해도 날마다 감사와 찬양을 하면서 살 수 있습니다. 왜냐하면 내 속에 사시는 분은 오직 주님이시기 때문입니다. 은혜의 세계가 열린 사람은 평생 감사하며 승리하게 됩니다.

"내가 너희에게 분부한 모든 것을 가르쳐 지키게 하라 볼지어다 내가 세상 끝 날까지 너희와 항상 함께 있으리라 하시니라"(마 28:20).

'은혜'는 헬라어로 '에이레네'라는 말로, 하나님의 특별한 은총이나 사랑을 말합니다. 또 은혜는 '카리스'라고 하는데 이 은혜는 거저 주시는 선물로, 주님을 영접하면 우리가 살아가는 삶 자체가 다 선물이고 은혜입니다. 즉 부활의 영이 임하면 거듭나게 되어 하나님의 생명을 얻게 되어 하나님의 자녀가 되어 은혜의 세계로 들어가는 것입니다.

하나님의
가장 큰 사랑
(요 3:16-21)

　중국에서 토후세력에 의해 나라가 개편이 되면서 가장 혼란스러울 때 전해오는 이야기입니다. 부정부패가 심하고 탐관오리들의 방탕한 삶이 백성들의 삶을 아주 어렵게 할 때 강직하고 현명한 왕이 등극을 했습니다. 그 왕이 모든 귀족, 고관, 지방 관리들에게 농번기에 사냥, 향응의 행사를 금하는 명령을 내렸습니다.
　당시에 귀족, 탐관오리들이 농민들이 가장 바쁜 시기에 수많은 병사를 대동하여 사냥을 한 것입니다. 그리고 풍악을 울리는 잔치를 벌인 것입니다. 그러니 힘없는 농부들의 피해가 심하고, 농민들의 원망이 하늘을 찌렀던 것입니다. 보고를 받은 왕이 고민을 하다가 아주 강력한 명령을 내렸습니다. 신분고하를 막론하고 농번기에 사냥을 하는 자는 두 눈을 뽑아 버리는 벌을 주겠다고 전국 방방곡곡 방을 붙인 것입니다.
　그러던 어느 날 법이 발생한 후 처음으로 한 사람이 사냥을 하다 붙잡혀 왔습니다. 왕이 그 사람을 재판하려고 불러 엄히 책망을 하고 두 눈을 빼라고 명령을 내렸습니다. 그런데 문제가 생긴 것입니다. 범인의 얼굴을 자세히 들여다보니 자신의 외아들이었습니다. 왕은 형 집행을 잠시 보류한 후 고민을 합니다. 그리고 얼마 후 명령을 내렸습니다. "법은 지엄하고 엄정해야 하니 반드시 두 눈을 빼야 한다. 그러나 저자의 눈을 하나 빼고 대신 내 한 눈을 빼어라" 하는 것입니다. 그 후에 아들은 아버지의 사랑에 감동하여 훌륭한 왕이 되었다고 합니다. 이 이야기는 법과 정의를 지키고, 아버지의 사랑, 용서의 위대함을 잘 나타내 주고 있습니다.

그러나 이 아버지보다 더 크고 위대한 사랑이 있습니다. 그것은 죄로 말미암아 저주 받아 영원히 멸망당할 지옥에 떨어질 인간을 구원하려고 독생자 예수를 십자가에 죽게 하여 우리를 살리신 하나님의 사랑입니다.

"하나님이 세상을 이처럼 사랑하사 독생자를 주셨으니 이는 그를 믿는 자마다 멸망하지 않고 영생을 얻게 하려 하심이라"(요 3:16).

하나님이 사랑이시기 때문에 우리가 사는 이 세상이 살기가 어렵고 힘들어도 소망이 있고, 꿈이 있는 것입니다. 그것은 사랑이신 하나님이 우주를 섭리하시고 이끌어 주시기 때문입니다. 그 하나님이 우리가 살고 있는 이 땅에 때를 따라 비를 내려주시고, 햇빛을 주시고, 모든 생명체를 살리고 계십니다.

"여호와께서 너희의 땅에 이른 비, 늦은 비를 적당한 때에 내리시리니 너희가 곡식과 포도주와 기름을 얻을 것이요"(신 11:14).

이것은 이 세상에 사는 모든 인간, 우주 만물에게 똑같이 베풀어 주시는 하나님의 사랑이고, 은혜입니다. 이것을 신학적으로 '하나님의 일반 은혜, 일반적 사랑'이라고 합니다. 그러나 인간의 구원은 하나님의 아들 예수께서 인간의 몸을 입고 이 땅에 오셔서 십자가에서 피 흘려 죽으심으로 대속의 은혜를 베푸신 것, 즉 '하나님의 특별 은혜, 특별 사랑'입니다. 이것이 하나님의 최고의 사랑이고, 이것을 믿고 받아들일 때 구원이 옵니다.

> "하나님의 사랑이 우리에게 이렇게 나타난 바 되었으니 하나님이 자기의 독생자를 세상에 보내심은 그로 말미암아 우리를 살리려 하심이라 사랑은 여기 있으니 우리가 하나님을 사랑한 것이 아니요 하나님이 우리를 사랑하사 우리 죄를 속하기 위하여 화목제물로 그 아들을 보내셨음이라"(요일 4:9-10).

하나님의 특별 사랑을 믿어야 하고, 받아들여야 합니다. 그래야 구원이 옵니다.

하나님의 십자가 사랑을 받아들일 때 오는 축복에 대해 생각해 보겠습니다.

첫 번째, 하나님의 사랑을 믿으면 예수 생명인 영생을 받아 천국에 갑니다

> "하나님이 세상을 이처럼 사랑하사 독생자를 주셨으니 이는 그를 믿는 자마다 멸망하지 않고 영생을 얻게 하려 하심이라"(요 3:16).

'그를 믿는 자마다'란 주님의 십자가 대속을 믿을 때 죄 사함을 받고 영생을 받는 것입니다.

"이 예수를 하나님이 그의 피로써 믿음으로 말미암는 화목제물로 세우셨으니 이는 하나님께서 길이 참으시는 중에 전에 지은 죄를 간과하심으로 자기의 의로우심을 나타내려 하심이니"(롬 3:25).

예수 믿고 세례를 받을 때 주님과 함께 옛 사람이 죽고, 예수가 부활할 때 우리의 영도 부활하여 주님의 생명이 내 속에 들어옴으로 영생을 받는 것입니다. 천국은 죽어서 가는 것이 아니라 예수 생명을 받으면 이 땅에 온 하나님 나라에 살게 되는 것입니다.

"바리새인들이 하나님의 나라가 어느 때에 임하나이까 묻거늘 예수께서 대답하여 이르시되 하나님의 나라는 볼 수 있게 임하는 것이 아니요 또 여기 있다 저기 있다고도 못하리니 하나님의 나라는 너희 안에 있느니라"(눅 17:20-21).

우리는 지금 죽어도 영생 천국에 갑니다. 그리고 이 땅에 살면서 아무리 어렵고 힘들어도 주님을 믿고 순종하면 예수 생명으로 실패하지 않고, 날마다 하나님의 뜻을 이루며 축복과 승리의 삶을 살게 됩니다.

사도 바울은 예수를 핍박하던 사람이었으나 부활의 주님을 만나 거듭남을 체험한 후 예수 생명으로 살게 됩니다. 그는 항상 기뻐하고 천국을 누리고 살았으며, 빌립보 감옥에 갇혔지만 기도와 찬미로 나아갔고 주님이 함께하시니 지진이 일어나 옥문이 열리고, 간수가 하나님을 믿게 되는 기적으로 빌립보 선교에 승리하게 됩니다. 주님의 사랑을 받으면 누구든지 죄 사함을 받고 영생을 누리게 되고, 결국은 천국에 가게 됩니다.

1975년 전국을 공포의 도가니로 몰아넣었던 연쇄 살인강도 김대두(15명이나 죽이고 3명은 중상)는 용서받을 수 없는 사람입니다. 그는 처음에는 복음을 받아들이지 않았지만 나중에 예수를 영접한 후 조금만 일찍 예수를 알았다면 이런 일은 없었을 것이라며 회한의 눈물을 흘렸고, 천국에 가서도 평생 자기 때문에 죽은 사람들과 유가족들에게 용서를 빌며 살겠다고 하면서 찬양을 하며 두려움 없이 형장으로 갔다고 전해집니다.

사랑하는 여러분! 주님의 사랑을 믿으면 죄 사함 받고, 어떤 사람도 구원받고 영생을 누리게 됩니다.

두 번째, 하나님의 사랑을 믿으면 심판을 이기는 축복을 받습니다

> "하나님이 그 아들을 세상에 보내신 것은 세상을 심판하려 하심이 아니요 그로 말미암아 세상이 구원을 받게 하려 하심이라 그를 믿는 자는 심판을 받지 아니하는 것이요 믿지 아니하는 자는 하나님의 독생자의 이름을 믿지 아니하므로 벌써 심판을 받은 것이니라"(요 3:17-18).

우리가 사는 이 세상은 우연히 되고, 절로 되는 것 같지만 그렇지 않습니다. 또 사람의 뜻대로 되는 것 같지만 그렇지 않습니다. 모든 것은 하나님의 뜻에 의해 되는 것이며, 인간은 자기 뜻대로 살았다고 하지만 그 결과는 반드시 하나님의 심판과 결산으로 자신이 책임져야 하는 것입니다.

> "한 번 죽는 것은 사람에게 정해진 것이요 그 후에는 심판이 있으리니"(히 9:27).

그러나 우리가 예수 믿으면 주님은 우리 죄를 다 해결해 주시고, 심판에서 면제해 주시는 것입니다. 그리고 우리에게 천국의 상급 심판만 있는 것입니다. 그러나 예수 믿지 않으면 지금 살아 있지만 이미 하나님의 심판을 받은 것입니다. 그러나 하나님의 사랑을 믿고 받아들여 예수를 영접하면 하나님의 높으신 하나님의 희생적 십자가 사랑이 심판을 이긴 것입니다. 이런 사람은 이 세상을 살아가는데도 두려움이 없는 것입니다.

감리교 창시자이며 세계적 전도자였던 존 웨슬리 목사가 미국에서 선교를 하다가 실패하고 돌아오는 길에 큰 풍랑을 만났습니다. 다들 배 밑으로 피신했는데 배의 갑판 위에서 힘찬 찬양 소리가 들리는 것입니다. '이렇게 무서운 풍랑 속에서 누가 찬양을 하는가?' 하고 웨슬리가 갑판 위로 올라가 보니 그곳에 어떤 사람들이 풍랑 속에서 돛대를 쥐고 찬양을 하고 있는 것입니다. 웨슬리가 그들에게 "당신들은 누굽니까? 이 풍랑이 무섭지도 않습니까?"라고 물었습니다. 그러자 그들이 "우리는 모라비안 교도입니다. 사랑의 하나님이 우리와 함께하시는데 무서울 것이 무엇입니까"라고 대답했다고 합니다. 그는 평신도들이 하나님의 사랑을 믿고 저렇게 담대한데 자신은 절망 속에서 두려워하고 있는 모습이 목사로서 부끄러웠습니다. 그 후 웨슬리는 모라비안 교도의 교회에 찾아가 예배를 드리던 중 로마서 서문을 듣고 성령 체험을 하게 되었고, 하나님의 사랑에 붙잡혀 세계적인 전도자가 되었습니다.

"사랑 안에 두려움이 없고 온전한 사랑이 두려움을 내쫓나니 두려움에는 형벌이 있음이라 두려워하는 자는 사랑 안에서 온전히 이루지 못하였느니라"(요일 4:18).

그렇습니다. 예수 믿고 주님의 사랑을 체험하면 이미 지옥 심판에서 벗어났고, 이 땅에서도 심판의 두려움에서 해방 받게 됩니다.

세 번째, 하나님의 사랑을 받아들이면 어둠을 이길 수 있습니다

"그 정죄는 이것이니 곧 빛이 세상에 왔으되 사람들이 자기 행위가 악하므로 빛보다 어둠을 더 사랑한 것이니라 악을 행하는 자마다 빛을 미워하여 빛으로 오지 아니하나니 이는 그 행위가 드러날까 함이요 진리를 따르는 자는 빛으로 오나니 이는 그 행위가 하나님 안에서 행한 것임을 나타내려 함이라 하시니라"(요 3:19-21).

인간은 생명 이상 살 수 없습니다. 이 세상에 태어나면서 세상 생명, 마귀 생명, 어둠의 생명을 가지고 태어났기 때문에 세상을 좋아하고, 쾌락과 죄악을 좋아하는 것입니다. 그래서 예수님은 유대인들에게 마귀의 자식이라고 하신 것입니다.

"너희는 너희 아비 마귀에게서 났으니 너희 아비의 욕심대로 너희도 행하고자 하느니라 그는 처음부터 살인한 자요 진리가 그 속에 없으므로 진리에 서지 못하고 거짓을 말할 때마다 제 것으로 말하나니 이는 그가 거짓말쟁이요 거짓의 아비가 되었음이라"(요 8:44).

예수님은 가룟 유다에게 그가 실수해서 주님을 팔아먹는 죄를 짓는 것이 아니라 그의 생명이 마귀의 생명, 어둠의 생명이기 때문에 주님을 파는 죄를 짓게 된 것이라고 하십니다.

"예수께서 대답하시되 내가 너희 열둘을 택하지 아니하였느냐 그러나 너희

중의 한 사람은 마귀니라 하시니"(요 6:70).

하나님의 크신 사랑, 예수의 대속을 믿고 영접하여 예수 생명으로 거듭나야 합니다. 생명이 바뀌어야 합니다. 세상 생명이 예수 생명으로 바뀌어야 합니다. 그래야 어둠, 죄악, 세상을 이길 수 있습니다.

막달라 마리아는 일곱 귀신 들려 마귀 생명으로 창기 노릇을 한 것입니다. 그러나 주님을 만나 일곱 귀신은 쫓겨 나가고 예수 생명을 받으니 가장 거룩한 여인, 빛의 여인이 되어 예수 부활의 첫 증인으로 승리의 삶을 살게 됩니다.

사랑하는 여러분! 하나님의 세상 최고의 사랑이신 독생자 예수를 믿으십시오. 당신의 운명이 바뀝니다.

우리는 지금 죽어도 영생 천국에 갑니다. 그리고 이 땅에 살면서 아무리 어렵고 힘들어도 주님을 믿고 순종하면 예수 생명으로 실패하지 않고, 날마다 하나님의 뜻을 이루며 축복과 승리의 삶을 살게 됩니다.

하늘을 체험한 자들
(행 7:54-60)

성도가 예수 믿고 받는 가장 큰 복은 성령 받고 거듭나는 것입니다. 그러면 하나님의 생명을 받아 하나님의 자녀가 되는 것입니다. 우리의 육신(肉身)은 땅(육신의 부모)으로부터 태어나지만 영혼은 하늘로부터 태어나는 것입니다. 그러면 하늘로부터 거듭나면서 하늘이 믿어지고 하늘을 체험하게 됩니다. 이것이 구원이고 축복입니다. 인간의 불행은 하나님의 피조물로서 죄로 말미암아 하늘이 막혀 있고, 땅만 바라보고 사는 데 있습니다.

"그들의 마침은 멸망이요 그들의 신은 배요 그 영광은 그들의 부끄러움에 있고 땅의 일을 생각하는 자라"(빌 3:19).

구원받아 거듭나면 그때부터 하늘이 믿어지고 열리게 됩니다.

"그러나 우리의 시민권은 하늘에 있는지라 거기로부터 구원하는 자 곧 주 예수 그리스도를 기다리노니"(빌 3:20).

영적으로 설명하면, 구원받지 못하면 마귀의 종으로 공중권세 잡은 자에게 속하여 하늘을 볼 수 없고 하늘이 막혀 있다는 것입니다.

"그때에 너희는 그 가운데서 행하여 이 세상 풍조를 따르고 공중의 권세 잡은 자를 따랐으니 곧 지금 불순종의 아들들 가운데서 역사하는 영이라 전에는 우리도 다 그 가운데서 우리 육체의 욕심을 따라 지내며 육체와 마음의 원하는 것을 하여 다른 이들과 같이 본질상 진노의 자녀이었더니 긍휼이 풍성하신 하나님이 우리를 사랑하신 그 큰 사랑을 인하여 허물로 죽은 우리를 그리스도와 함께 살리셨고 (너희는 은혜로 구원을 받은 것이라)"(엡 2:2-5).

하늘이 열린 것입니다. 본문은 하늘이 열린 사람으로 죽음이 와도 구원에 이르는 승리의 사람을 소개합니다. 그는 스데반으로, 성령 충만한 믿음의 사람입니다.

"스데반이 은혜와 권능이 충만하여 큰 기사와 표적을 민간에 행하니"(행 6:8).

스데반 집사는 유대인들에게 복음을 전하다가 돌에 맞아 엄청난 공포 속에서 죽어가고 있습니다. 그런데 오히려 그의 얼굴이 천사의 얼굴과 같은 것입니다.

"공회 중에 앉은 사람들이 다 스데반을 주목하여 보니 그 얼굴이 천사의 얼굴과 같더라"(행 6:15).

스데반이 성령 충만하여 하늘이 열리고 하나님 우편에 주님이 서신 것을 보라고 외치고 있습니다.

"그들이 이 말을 듣고 마음에 찔려 그를 향하여 이를 갈거늘 스데반이 성령 충만하여 하늘을 우러러 주목하여 하나님의 영광과 및 예수께서 하나님 우편에 서신 것을 보고 말하되 보라 하늘이 열리고 인자가 하나님 우편에 서신 것을 보노라 한대"(행 7:54-56).

이것이 놀라운 사건입니다. 그는 예수님이 하나님 우편에 서신 것을 보면서 죽음 앞에서도 조금도 두려움 없이 천사의 얼굴로 승리의 삶을 살고 있습니다.

스데반의 삶을 통해 승리의 길에 대해 생각해 보겠습니다.

첫 번째, 죽음의 공포를 넘어서 영원한 하늘의 참 소망을 갖게 되는 것입니다

"그들이 큰 소리를 지르며 귀를 막고 일제히 그에게 달려들어 성 밖으로 내치고 돌로 칠새 증인들이 옷을 벗어 사울이라 하는 청년의 발 앞에 두니라"(행 7:57-58).

그때 스데반은 하늘을 보라고 소리를 지릅니다.

"스데반이 성령 충만하여 하늘을 우러러 주목하여 하나님의 영광과 및 예수께서 하나님 우편에 서신 것을 보고 말하되 보라 하늘이 열리고 인자가 하나님 우편에 서신 것을 보노라 한대"(행 7:55-56).

그렇습니다. 이 세상에서 가장 큰 공포는 죽음입니다. 그것을 이기는 길은 하나님의 생명을 얻어 하늘의 체험을 하는 것입니다. 우리는 기도를 통해 공중권세 잡은 마귀를 이기고 죽음의 공포에서 벗어나 하늘 소망을 가져야 합니다.

사도 바울은 하늘을 체험한 사람입니다.

"무익하나마 내가 부득불 자랑하노니 주의 환상과 계시를 말하리라 내가 그리스도 안에 있는 한 사람을 아노니 그는 십사 년 전에 셋째 하늘에 이끌려 간 자라 (그가 몸 안에 있었는지 몸 밖에 있었는지 나는 모르거니와 하나님은 아시느니라) 내가 이런 사람을 아노니 (그가 몸 안에 있었는지 몸 밖에 있었는지 나는 모르거니와 하나님은 아시느니라)"(고후 12:1-3).

그러니까 죽음이 온다 해도 그는 하늘의 소망으로 이 세상의 죽음의 공포를 넉넉히 이기고 있는 것입니다.

"보라 이제 나는 성령에 매여 예루살렘으로 가는데 거기서 무슨 일을 당할는지 알지 못하노라 오직 성령이 각 성에서 내게 증언하여 결박과 환난이 나를 기다린다 하시나 내가 달려갈 길과 주 예수께 받은 사명 곧 하나님의 은혜의 복음을 증언하는 일을 마치려 함에는 나의 생명조차 조금도 귀한 것으로 여기지 아니하노라"(행 20:22-24).

두 번째, 하늘을 체험한 자는 진정 귀한 것(진정한 나, 영혼)을 하늘에 맡깁니다

"그들이 돌로 스데반을 치니 스데반이 부르짖어 이르되 주 예수여 내 영혼을 받으시옵소서 하고"(행 7:59).

사랑하는 여러분! 세상을 살아가면서 가장 중요한 것은 자기 자신입니다. 그런데 나 자신은 육신을 말하는 것이 아니라 영혼입니다. 눈에 보이는 육신(나)은 자꾸 늙고 후패합니다. 그것을 서러워할 필요는 없습니다. 진정한 나는 영혼이기에 하늘을 체험하면 영혼이 하늘로 이사 가면 되는 것입니다. 즉 죽어서 몸이 깨어질지라도 영혼은 영원한 천국으로 옮겨 가기 때문에 죽음을 두려워할 필요가 없다는 것입니다.

사도 바울이 말합니다.

"그러므로 우리가 낙심하지 아니하노니 우리의 겉사람은 낡아지나 우리의 속사람은 날로 새로워지도다 우리가 잠시 받는 환난의 경한 것이 지극히 크고 영원한 영광의 중한 것을 우리에게 이루게 함이니 우리가 주목하는 것은 보이는 것이 아니요 보이지 않는 것이니 보이는 것은 잠깐이요 보이지 않는 것은 영원함이라"(고후 4:16-18).

여기서 속사람은 육체가 아니라 영혼임을 알아야 합니다.

세 번째, 하늘을 체험하면 이 땅의 원수를 용서함으로 가장 행복한 사람이 됩니다

"이에 예수께서 이르시되 아버지 저들을 사하여 주옵소서 자기들이 하는 것을 알지 못함이니이다 하시더라 그들이 그의 옷을 나눠 제비 뽑을새"(눅 23:34).

이 기도는 주님께서 자신을 십자가에 못 박는 유대인들을 위해 용서하며 하신 기도입니다. 그러나 스데반도 똑같은 기도를 합니다. 이것은 주님의 생명을 받아 이미 천국을 보았기 때문에 이 땅의 삶에서 자신을 죽이는 유대인들을 용서하는 기도를 할 수 있는 것입니다.

> "무릎을 꿇고 크게 불러 이르되 주여 이 죄를 그들에게 돌리지 마옵소서 이 말을 하고 자니라"(행 7:60).

이처럼 자신을 죽이려는 사람을 용서할 수 있다면 이 세상에서 두려운 것은 없을 것입니다. 우리가 두렵다는 것은 누가 나를 위협하기 때문에 두려운 것이 아니라 남을 용서하지 못하기 때문입니다. 두려움에서 해방되고 이 땅에서 참 평안을 이루는 삶은 하늘을 체험하여 주님의 생명을 얻고 주님의 사랑을 체험하고 소유할 때 가능한 것입니다.

사랑하는 여러분! 예수 믿고 거듭남을 통해 하늘의 생명을 얻어 하늘을 체험하시기 바랍니다. 그러면 공중권세를 이기고 하늘이 체험되면서 기도가 응답될 때 어떤 고난 속에서도 참 평안을 누리게 됩니다. 이것은 죽음을 이기는 평안과 권능을 주시기 때문입니다.

이 세상에서 가장 큰 공포는 죽음입니다. 그것을 이기는 길은 하나님의 생명을 얻어 하늘의 체험을 하는 것입니다. 우리는 기도를 통해 공중권세 잡은 마귀를 이기고 죽음의 공포에서 벗어나 하늘 소망을 가져야 합니다.

고난이라는 선물
(창 50:15-21)

    20세기부터 이 시대 최고의 복음 전도자 빌리 그레이엄 목사님이 향년 100세로 소천하셨습니다. 그는 우리나라 복음사업에 지대한 영향을 주었습니다. 그는 "인간에게 주신 가장 큰 축복은 구원인데, 그것은 예수 십자가 희생에서 오는 사랑의 선물"이라고 하였습니다. 그래서 평소에 십자가 말씀을 귀하게 여기었습니다. 지옥에 갈 수밖에 없는 우리에게 천국이 열리게 한 것이 바로 예수 십자가 고난입니다. 그는 가난과 시련, 고난을 믿음으로 극복하면서 복음을 전하여 금세기 가장 위대한 전도자가 되었습니다.

> "그러나 내게는 우리 주 예수 그리스도의 십자가 외에 결코 자랑할 것이 없으니 그리스도로 말미암아 세상이 나를 대하여 십자가에 못 박히고 내가 또한 세상을 대하여 그러하니라"(갈 6:14).

    인간의 진정한 구원과 축복은 다 선물로 오지만 바로 주님의 십자가 고난을 통해 우리에게 오는 것입니다. 그래서 하나님을 믿는 성도들은 고난을 부정적으로 보지 않습니다. 오히려 고난은 구원을 이루는 축복의 선물이고, 주님의 남겨진 고난에 동참하는 것을 영광이라고 확신하며 즐거워하는 것입니다. 바울 사도는 말하고 있습니다.

"나는 이제 너희를 위하여 받는 괴로움을 기뻐하고 그리스도의 남은 고난을 그의 몸 된 교회를 위하여 내 육체에 채우노라"(골 1:24).

세상 사람들은 고난을 축복이라고 생각하지 않습니다. 고난 그 자체는 불행이고 저주입니다. 그러나 성도들은 고난이 영적 성장을 가져다준다는 확신이 있습니다. 욥은 하나님을 경외하면서 이유 없이 당하는 자신의 고난과 시련의 의미를 잘 알고 있습니다.

"그러나 내가 가는 길을 그가 아시나니 그가 나를 단련하신 후에는 내가 순금 같이 되어 나오리라"(욥 23:10).

이런 원리를 영적으로 깨닫지 못하면 어린아이와 같아 고난이란 진리를 놓치므로 우리 삶에 난조가 있고 나중이 어려워집니다. 선물은 좋은 것입니다. 입에 단 것만 선물이 아니라 진정으로 주님을 믿는 자에게 십자가란 선물을 통해 주님을 만나는 축복을 체험하게 되는 것입니다. 설교의 황태자로 알려진 스펄전 목사님은 "성도의 진정한 축복은 고난이란 보자기에 싸여 있다"고 했습니다.

요셉이 고난을 통해 받은 선물에 대해 생각해 보겠습니다.

첫 번째, 성도의 모든 고난에는 하나님의 섭리가 있습니다

"너희는 이같이 요셉에게 이르라 네 형들이 네게 악을 행하였을지라도 이제 바라건대 그들의 허물과 죄를 용서하라 하셨나니 당신 아버지의 하나님의 종들인 우리 죄를 이제 용서하소서 하매 요셉이 그들이 그에게 하는 말을 들을 때에 울었더라 그의 형들이 또 친히 와서 요셉의 앞에 엎드려 이르되 우리는 당신의 종들이니이다 요셉이 그들에게 이르되 두려워하지 마소서 내가 하나님을 대신하리이까"(창 50:17-19).

야곱이 죽자 형들은 요셉이 자신들에게 보복할까 봐 두려워합니다. 요셉은 형들이 자신을 팔게 된 것은 하나님의 섭리였다고 말합니다. 이렇게 믿어야 축복입니다. 우리가 살아가면서 '내가 무엇을 잘못해서 이런 어려움이 왔는가?' 혹은 사탄의 역사로 탓을 돌릴 수 있습니다. 물론 우리가 잘못해서 오는 고난은 철저히 회개하면 되지만 그 일까지도 하나님의 섭리였다고 믿어야 합니다.

요셉의 생애에 큰 트라우마가 있습니다. 그것은 형제들의 배신입니다. 같은 피를 나눈 형제들이 자신을 미워하고 시기하여 죽이려 했고, 결국 노예로 팔았습니다. 형들에 대한 미움이 있을 수 있지만 요셉은 형들을 원망하지 않고 하나님의 섭리였다고 믿고 있습니다. 이런 믿음을 가지면 고난이 오히려 복이 되어 길을 열어 줍니다.

"당신들이 나를 이곳에 팔았다고 해서 근심하지 마소서 한탄하지 마소서 하나님이 생명을 구원하시려고 나를 당신들보다 먼저 보내셨나이다"(창 45:5).

모세는 미디안 광야에서 40년 동안 고난의 삶을 삽니다. 물론 그 일은 모세의 잘못으로 생긴 일입니다. 회개해야 할 일입니다. 그러나 그 일도 하나님의 복된 섭리가 있었습니다. 모세를 미리 미디안 광야에서 훈련하신 것입니다. 그 후 모세는 200만의 이스라엘 백성을 출애굽시키는 믿음의 영웅이 된 것입니다. 우리에게 오는 고난을 긍정화할 때 고난은 최고의 선물이 됩니다.

두 번째, 성도의 고난은 믿음으로 극복하면 반드시 선을 이룹니다

"당신들은 나를 해하려 하였으나 하나님은 그것을 선으로 바꾸사 오늘과 같이 많은 백성의 생명을 구원하게 하시려 하셨나니"(창 50:20).

이런 일은 오직 하나님만 이루실 수 있습니다. 형제들이 요셉을 시기하여 죽이려 하고 미디안 상인들에게 팔아 버린 것은 나쁘고 악한 일입니다. 그런데 그 악한 일도 하나님은 선으로 바꾸십니다. 그분만이 사랑의 하나님이시고 전지전능한 분이시기 때문입니다. 그분을 믿어야 고난이 선물이 될 수 있습니다.

가롯 유다가 은 30에 예수님을 팔았습니다. 이것은 악이고 나쁜 일입니다. 가롯 유다가 사탄에게 속아 지은 죄입니다. 하나님은 이러한 악한 일을 통해서도 인류를 구원하시는 선한 섭리를 이루십니다.

"마귀가 벌써 시몬의 아들 가롯 유다의 마음에 예수를 팔려는 생각을 넣었더라"(요 13:2).

바사의 아하수에로 왕의 왕비 에스더는 하만이 유대인을 죽이려 하자, 죽으면 죽으리란 믿음으로 기도합니다. 그리고 왕께 나아가 유대인이 처한 상황을 고합니다. 그래서 하만은 죽게 되고 유대인이 살아나는 부림절을 맞게 됩니다. 죽음에서 살아나는 절기가 된 것입니다. 그들은 죽음의 현실에서 부활을 배우게 됩니다. 즉 부활의 생명은 죽음이란 고난 속에서 피어나는 것입니다. 즉 우리가 고난 속에서 믿음만 있다면 하나님은 어떤 어려움 속에서도 반드시 선을 이루어 주십니다.

"우리가 알거니와 하나님을 사랑하는 자 곧 그의 뜻대로 부르심을 입은 자들에게는 모든 것이 합력하여 선을 이루느니라"(롬 8:28).

세 번째, 성도는 고난 속에서 주님을 만남으로 참된 믿음의 사람이 됩니다

"당신들은 두려워하지 마소서 내가 당신들과 당신들의 자녀를 기르리이다 하고 그들을 간곡한 말로 위로하였더라"(창 50:21).

요셉은 고난 속에서 하나님을 체험한 믿음의 사람입니다. 그래서 두려움도 없고 형제들에 대한 미움도 없습니다. 하나님이 시키시는 일에 순종할 뿐입니다.

믿음은 기독교의 본질입니다. 성도들은 믿음으로 구원, 능력, 성령을 받아 세상을 이길 수 있습니다. 그런데 그 믿음은 고난이란 선물을 타고 옵니다. 고난을 통해 하나님을 만나게 되고, 말씀이 믿어지고 체험되는 것입니다.

마르틴 루터는 '인간의 구원은 율법이 아니라 오직 믿음으로 이루어진다'는 진리에 눈이 뜨여 95개조의 반박문을 내걸고 당시 절대 권력자 교황의 주권에 정면으로 맞서게 됩니다. 결국 그는 파면을 당하고 사형 선고를 받는 재판 자리에 불려갑니다. 그러나 그는 "보름스 재판장 지붕의 기왓장이 다 마귀의 졸개라 해도 나는 두려움이 없다"는 담대함으로 나아가 자신의 믿음을 주장한 뒤 극적으로 살아나 종교개혁에 승리하게 됩니다.

믿음의 위력은 대단합니다. 믿음은 고난 속에서 자랍니다. 그 고난 속에서 하나님을 체험할 수 있고, 그 믿음은 참 믿음이 됩니다. 믿음은 나는 제로(0)이고 하나님은 백(100)이라는 것을 터득해야 배워지는 것입니다. 그런데 인간은 타락한 아담의 씨를 받아 태어났기에 참 믿음을 깨달을 수 없는 것입니다. 그래서 하나님께서 인간에게 고난이라는 환경을 허락하신 것입니다. 인간 스스로는 아무것도 할 수 없다는 것을 알게 될 때 하나님이 보이고, 믿음이 자라게 됩니다. 그래서 고난은 우리에게 축복의 선물입니다.

아브라함은 75세에 이삭을 주신다는 하나님의 약속을 받았지만 85세가 되어 인간의 힘으로 해보겠다고 생각하여 사라의 몸종 하갈을 통해 이스마엘을 낳게 됩니다. 그 일로 큰 어려움을 당합니다. 그러나 100세가 되어 비로소 인간 스스로 아무것도 할 수 없다는 것을 깨닫게 됩니다. 이때 영적인 눈이 열리고 하나님의 은혜로 송장과 같은 사라의 태에서 생명을 얻게 됩니다.

욥은 수많은 고난을 통하여 귀로만 듣던 하나님을 눈으로 보게 되었다고 증언합니다. 그래서 배가의 복을 받았습니다.

사랑하는 여러분! 오스왈드 챔버스는 "믿음은 십자가의 죽음의 다리를 타고 온다"고 했습니다. 고난을 좋아하는 사람은 없습니다. 그러나 믿음의 눈이 열리면 고난은 하나님의 더 크신 섭리를 깨닫게 하고 하나님의 더 큰 축복을 여는 징검다리가 됩니다.

믿음은 기독교의 본질입니다. 성도들은 믿음으로 구원, 능력, 성령을 받아 세상을 이길 수 있습니다. 그런데 그 믿음은 고난이란 선물을 타고 옵니다. 고난을 통해 하나님을 만나게 되고, 말씀이 믿어지고 체험되는 것입니다.

세상에서
가장 큰 사랑
(요 3:16-17)

　세상이 각박하다고 하지만 눈물겹도록 지고지순한 사랑의 이야기도 있습니다. 1936년에 영국의 에드워드 8세의 이야기는 국제적으로 화제가 되었던 사랑의 스토리입니다.
　영국의 에드워드 8세는 독신주의였습니다. 어느 날 여행을 하던 중에 미국 출신의 웰리스 심프슨을 만납니다. 그리고 운명적인 사랑에 빠지게 되었습니다. 그런데 에드워드 8세가 이혼녀인 심프슨과 결혼을 선포하자 왕실의 반대에 부딪히게 되었습니다. 그는 큰 딜레마에 빠지게 되었지만 왕의 자리를 포기하고 사랑하는 여인을 선택합니다. "짐은 사랑하는 여인을 멀리하고서는 본인에게 부여된 임무를 도저히 수행할 수 없음을 깨닫게 되었다. 또한 이런 마음가짐으로는 국왕으로서의 의무도 이행할 자신이 없어 국왕의 자리에서 물러날 것임을 만 국민 앞에 천명하는 바이다."
　그때 세계 사람들은 물론 온 영국 국민들까지 그들의 사랑에 감탄하며 축복했습니다. 진정한 사랑의 힘이 얼마나 위대한지를 잘 나타내 주고 있습니다.

인간의 사랑이 이처럼 귀하고 아름답지만 더 놀랍고 엄청난 사랑이 있습니다. 그것은 구주 예수 그리스도의 사랑입니다. 그분의 사랑은 하늘 보좌를 버리고 이 땅에 오셔서 십자가에서 죽으신 사랑입니다. 이 사랑은 감히 우리가 헤아릴 수 없는 이 세상에서 가장 큰 사랑입니다. 이 사랑은 놀라운 하나님의 사랑을 말씀하고 있습니다.

"하나님이 세상을 이처럼 사랑하사 독생자를 주셨으니 이는 그를 믿는 자마다 멸망하지 않고 영생을 얻게 하려 하심이라 하나님이 그 아들을 세상에 보내신 것은 세상을 심판하려 하심이 아니요 그로 말미암아 세상이 구원을 받게 하려 하심이라"(요 3:16-17).

하나님의 큰 사랑을 깊이 생각해 보겠습니다.

첫 번째, 하나님의 사랑은 조건 없이 이 세상을 영원히 사랑하신 것입니다

"하나님이 세상을 이처럼 사랑하사 독생자를 주셨으니 이는 그를 믿는 자마다 멸망하지 않고 영생을 얻게 하려 하심이라"(요 3:16).

우리는 우리가 잘해서 이렇게 잘살고 있다고 생각합니다. 그러나 하나님이 세상을 사랑하시기에 우리가 존재하고 잘살고 있습니다. 우리가 살아갈 힘은 오직 하나님의 사랑입니다. 그 은혜가 아니면 도저히 살 수 없습니다.

"나는 너희에게 이르노니 너희 원수를 사랑하며 너희를 박해하는 자를 위하여 기도하라 이같이 한즉 하늘에 계신 너희 아버지의 아들이 되리니 이는 하나님이 그 해를 악인과 선인에게 비추시며 비를 의로운 자와 불의한 자에게 내려주심이라"(마 5:44-45).

세상 사람들은 사람을 구별하여 사랑하지만 하나님은 이 세상을 구별 없이 사랑하십니다. 죄인이든 의인이든 다 사랑하십니다. 그래서 우리는 세상을 숨 쉬고 살아갈 수 있는 것입니다.

종교개혁자 마르틴 루터는 "인간이 죄를 지을 때마다 공의의 하나님이 심판하신다면 한 사람도 살아남지 못했을 것"이라고 했습니다. 하나님이 끝까지 참아 주셔서 우리가 존재하는 것입니다. 그런데 사람들이 믿지 않기 때문에 하나님의 사랑을 체험하지 못하는 것입니다. 하나님의 사랑을 믿어야 합니다.

사랑하는 여러분! 우리가 수없이 갈망하며 찾는 것은 돈, 권력, 명예, 지식, 쾌락이 아닙니다. 우리가 그렇게 찾고 갈망하는 것은 절대적인 사랑입니다. 분명한 사실은 하나님의 사랑을 만나면 어떤 어려움 속에서도 살아갈 수 있습니다.

두 번째, 하나님의 사랑은 독생자 예수님을 주신 것입니다

"하나님이 세상을 이처럼 사랑하사 독생자를 주셨으니 이는 그를 믿는 자마다 멸망하지 않고 영생을 얻게 하려 하심이라"(요 3:16).

이 말씀은 인간의 이성으로는 다 알 수 없지만, 이해할 수 없는 하나님의 무한한 사랑을 잘 나타내고 있습니다. 죄로 말미암아 영원한 지옥으로 갈 수밖에 없는 운명에 처한 자들에게 하나님은 죄 없는 독생자 예수를 이 땅에 보내어 십자가에 죽게 하면서 인간의 죄를 대속하신 것입니다. 예수를 믿는 자는 다 죄 사함을 받고 살아나게 됩니다. 이 세상에 이처럼 위대한 사랑은 없습니다. 진정한 사랑은 순전한 희생인 십자가 사랑입니다.

> "하나님의 사랑이 우리에게 이렇게 나타난 바 되었으니 하나님이 자기의 독생자를 세상에 보내심은 그로 말미암아 우리를 살리려 하심이라"(요일 4:9).

독생자 예수를 이 땅에 보내신 것은 인간의 삶을 책임지시는 하나님의 사랑을 나타내고 있습니다. 죄로 인해 영원한 지옥에 갈 수밖에 없는 인간을 위해 창조주 하나님이 독생자 예수를 십자가에서 죽게 하여 그 죄 값을 치르신 최고의 사랑입니다.

> "찬송하리로다 주 이스라엘의 하나님이여 그 백성을 돌보사 속량하시며"(눅 1:68).

사랑은 책임입니다. 부모는 자신의 자식을 아무리 힘들어도 끝까지 책임지려고 합니다. 그런데 인간에게는 그런 능력이 없습니다. 인간은 유한한 존재이기 때문입니다. 그러나 하나님은 끝까지 책임져 주십니다. 하나님의 사랑은 영원하기 때문입니다.

> "내가 너희에게 분부한 모든 것을 가르쳐 지키게 하라 볼지어다 내가 세상 끝 날까지 너희와 항상 함께 있으리라 하시니라"(마 28:20).

하나님은 예수를 보내어 우리의 죄를 책임져 주셨고, 성령을 보내어 믿는 자 속에 주인으로 오셔서 우리의 삶을 책임져 주십니다. 우리는 그 사랑의 은혜로 살게 됩니다.

"그러나 내가 나 된 것은 하나님의 은혜로 된 것이니 내게 주신 그의 은혜가 헛되지 아니하여 내가 모든 사도보다 더 많이 수고하였으나 내가 한 것이 아니요 오직 나와 함께하신 하나님의 은혜로라"(고전 15:10).

세 번째, 하나님의 사랑은 믿는 자를 멸망치 않고 천국 영생을 얻게 하십니다

"하나님이 세상을 이처럼 사랑하사 독생자를 주셨으니 이는 그를 믿는 자마다 멸망하지 않고 영생을 얻게 하려 하심이라"(요 3:16).

그렇습니다. 세상의 사랑은 아무리 좋은 것 같아도 그것을 좇아가면 다 죄짓고 타락하여 결국 병들어 죽게 됩니다. 그리고 나중은 지옥입니다. 그러나 예수 믿으면 지옥으로 가지 않고 천국에 갑니다. 진정한 사랑은 나중이 잘되게 하는 참사랑입니다.

엘비스 프레슬리, 마이클 잭슨, 마릴린 먼로 등 이들은 세기의 사랑을 받은 사람들입니다. 그들이 세상을 떠난 지 오랜 시간이 지났지만 아직도 그들의 인기는 식지 않고 많은 사람들의 사랑을 받고 있습니다. 그러나 정작 당사자들은 외롭고 힘들어 약물 중독이나 자살로 생을 마감한 것입니다. 세상의 사랑은 이처럼 목마르고 파멸로 끝나게 됩니다. 이것은 진정한 사랑이 아닙니다.

"예수께서 대답하여 이르시되 이 물을 마시는 자마다 다시 목마르려니와 내가 주는 물을 마시는 자는 영원히 목마르지 아니하리니 내가 주는 물은 그 속에서 영생하도록 솟아나는 샘물이 되리라"(요 4:13-14).

부자와 나사로의 이야기에서 부자는 세상에서 살아갈 때 많은 축복을 받고 살았지만 결국 물 한 방울도 먹을 수 없는 지옥으로 갔습니다. 그러나 나사로는 비록 이 세상에서 거지로 살았지만 죽어서 영원한 천국, 아브라함의 품에서 위로와 축복, 영생의 삶을 살게 됩니다. 이 하나님의 사랑이 귀합니다.

세상 사랑에 속지 마시기 바랍니다. 예수 믿어야 나중이 잘되고 영생과 천국의 삶을 살게 됩니다. 예수 믿는 것도 육신이 있을 때만 가능합니다. 우리는 언제 죽을지 모릅니다. 오늘이 바로 구원 얻을 수 있는 기회의 시간입니다. 이 기회를 놓치지 마시기 바랍니다.

중요한 영적 진리는 하나님의 사랑은 무한하고 영원하지만 구원은 조건부 사랑입니다. 예수 믿으면 영생 천국, 예수 믿지 않으면 멸망 지옥입니다. 오늘 당신의 선택이 당신의 운명을 결정합니다. 당신의 운명을 영원한 축복으로 바꿀 수 있기를 축원합니다.

우리는 우리가 잘해서 이렇게 잘살고 있다고 생각합니다. 그러나 하나님이 세상을 사랑하시기에 우리가 존재하고 잘살고 있습니다. 우리가 살아갈 힘은 오직 하나님의 사랑입니다. 그 은혜가 아니면 도저히 살 수 없습니다.

세상 사람들은 사람을 구별하여 사랑하지만 하나님은 이 세상을 구별 없이 사랑하십니다. 죄인이든 의인이든 다 사랑하십니다. 그래서 우리는 세상을 숨 쉬고 살아갈 수 있는 것입니다.

신앙의 정석
(수 5:13-15)

우리 삶의 방향에는 정석의 길이 있고 꼼수의 길이 있습니다. 마찬가지로 바둑에도 길이 있다고 합니다. 바둑의 고수들은 바둑의 정석을 두지만 가끔은 꼼수를 부리는 사람들이 있다고 합니다. 바둑은 길이 있어 정석으로 두면 복귀가 가능하다고 합니다.

우리 신앙에도 정석과 꼼수가 있습니다. 정석 신앙을 가질 때 하나님의 역사하심을 체험할 수 있습니다. 성경의 인물 중 야곱이나 시몬은 꼼수 신앙을 가진 사람들입니다. 꼼수 신앙의 종말은 사망입니다.

"어떤 길은 사람이 보기에 바르나 필경은 사망의 길이니라"(잠 16:25).

그러므로 정석 신앙을 가져야 합니다.

꼼수 신앙은 신앙의 목적이 자기중심입니다. 내가 성공하기 위해 하나님을 이용하는 것입니다. 기도 응답의 목적도 자기 유익입니다. 꼼수 신앙이 망하는 것은 그 주인이 사탄이기 때문입니다. 정석 신앙은 하나님 중심 신앙입니다. 하나님의 영광을 위해 타인의 유익을 위해 구하는 신앙입니다.

성경 본문은 모세가 그의 시종 여호수아에게 지도자의 자리를 물려준 후의 이야기입니다. 여호수아는 모세의 부재로 인해 이스라엘 백성들을 가나안으로 인도할 중대한 책임을 맡게 된 것입니다. 여호수아는 정석 신앙일 때 큰 성인 여리고 성을 하나님의 은혜로 무너뜨립니다. 그러나 꼼수 신앙인 아이 성에서는 크게 실패하게 됩니다.

신앙의 정석에 대해 생각해 보겠습니다.

첫 번째, 우리의 신앙은 하나님 편밖에 없다는 것을 알아야 합니다

"여호수아가 여리고에 가까이 이르렀을 때에 눈을 들어 본즉 한 사람이 칼을 빼어 손에 들고 마주 서 있는지라 여호수아가 나아가서 그에게 묻되 너는 우리를 위하느냐 우리의 적들을 위하느냐 하니 그가 이르되 아니라 나는 여호와의 군대 대장으로 지금 왔느니라 하는지라"(수 5:13-14상).

이 세상은 하나님 편밖에 없습니다. 그러나 인간은 나 중심으로 된다는 망상에 빠지곤 합니다. 십자가를 통해 '나'라는 '자아'가 죽는 것이 신앙의 정석입니다. 신앙의 꼼수를 쓰지 말아야 합니다. 자기 중심의 생각이 바로 꼼수입니다.

주님이 십자가에서 죽어야 한다고 하실 때 베드로가 절대로 그렇게 되어서는 안 된다고 하자 주님은 베드로에게 "사탄아 물러가라"고 하십니다. 어떻게 보면 베드로는 주님을 위하는 것 같지만 그것이 인간의 생각이라는 것입니다. 하나님의 일은 하나님이 하십니다. 엘리야가 갈멜 산에서 대승을 거둔 후 이세벨이 죽이겠다고 하자 도망하여 로뎀 나무 아래서 죽기를 청할 때 하나님께서 남겨 둔 자가 7천 명이 된다고 하시며 위로하십니다. 하나님만 모든 일의 시작과 끝이 되십니다. 우리의 생각을 하나님께 돌려야 합니다.

두 번째, 종으로서 하나님의 말씀을 받아서 행해야 합니다

우리의 신앙은 하나님의 종으로서 주인이신 하나님의 말씀을 받아서 행하는 것이어야 합니다.

"내 주여 종에게 무슨 말씀을 하려 하시나이까"(수 5:14하).

신앙의 정석은 늘 종의 자세를 취하는 것입니다. 내 뜻대로 행하는 것이 아니라 하나님의 뜻대로 행해야 합니다. 내 생각대로 하려는 것이 꼼수이고, 하나님의 말씀을 받아서 행하는 것이 정석입니다. 그 대표적인 이야기가 여리고 성을 무너뜨린 것입니다. 여리고 성을 무너뜨린 것은 인간의 생각으로는 도저히 이해할 수 없는 방법입니다. 하나님은 반드시 하나님의 방법으로 일하심을 믿어야 합니다. 하나님의 말씀에 순종하는 것이 비록 인간의 눈에 실패로 보일지라도 그것이 정석입니다. 이사야는 비록 톱으로 켜서 죽임을 당했지만 그것이 하나님의 뜻이므로 정석인 것입니다. 우리의 시각이 바뀌어야 합니다.

세 번째, 삶의 현장에서 신발을 벗어야 합니다

"네 발에서 신을 벗으라"(수 5:15).

여호수아의 삶의 현장은 진퇴양난의 길에 있습니다. 신발을 벗는다는 것은 두 가지의 뜻이 있습니다. 하나는 아무리 어려운 현장이라도 하나님이 다스리신다는 것입니다. 현장의 지배권을 하나님이 가지고 계신다는 것입니다. 요셉은 감옥에 들어갔으나 불평하지 않았습니다. 그곳에도 하나님이 계신다고 믿었기 때문입니다. 감옥의 간수장에게 은혜를 받았고, 요셉은 감옥의 일을 맡아서 하게 됩니다.

신발을 벗는다는 것은 권리 포기를 뜻합니다. 룻기를 보면 신발을 벗어서 자신의 권리를 포기하는 것을 증명하는 이야기가 나옵니다. 권리 포기란 종이란 의미입니다. 종은 자기 의지가 없습니다. 주인이 가라면 가고, 오라면 옵니다. 하나님께서 여호수아에게 여리고 성을 돌라고 하시면 왜 그러시는지 묻지 않고 그냥 돌면 됩니다. 하나님의 말씀에 절대 순종입니다.

모세가 광야 40년 동안 배운 것은 신발을 벗고 자신의 권리를 포기한 것입니다. 이스라엘의 지도자로 바로에게 나갈 때 '너는 입만 벌려라. 할 말은 내가 하겠다'고 하셨습니다(출 4:12). 하나님의 종으로 살라는 것입니다.

"여호와께서 모세를 향하여 노하여 이르시되 레위 사람 네 형 아론이 있지 아니하냐 그가 말 잘하는 것을 내가 아노라 그가 너를 만나러 나오나니 그가 너를 볼 때에 그의 마음에 기쁨이 있을 것이라"(출 4:14).

이 세상이 살기 힘든 것은 꼼수가 많기 때문입니다. 교회에 나와도 삶이 실패하는 것은 신앙의 정석을 걷는 것이 아니라 하나님을 이용하는 꼼수를 쓰기 때문입니다. 길이요, 진리요, 생명이신 주님을 주인으로 모시기 바랍니다.

신앙은 늘 초심을 잃지 않아야 승리할 수 있습니다. 하나님의 은혜를 받아 매일 하나님의 기적을 체험하는 사람들을 보면 참 부러울 때가 있습니다. 과거 신앙이 어릴 적 하나님은 구하는 것뿐 아니라 생각만 해도 응답을 해주셨습니다. 그래서 기도하는 것이 기쁨이었고, 하나님만 바라보며 살아야겠다는 다짐을 하기도 했습니다. 그런데 그 단계를 지나 지금의 위치에서 보니 부모의 마음을 아는 철은 들었을지 모르지만 순간순간의 감격을 누리지 못하고 있는 자신을 발견하곤 합니다. 그래서 하나님의 긍휼을 구하고, 은혜를 구하게 됩니다. 갈수록 갈증을 느끼게 됩니다. 더 큰 은혜가 필요한 것 같습니다.

그래도 물리적인 환경을 통해 하나님의 끈을 놓지 않게 해주시는 은혜에 감사한 마음입니다. 건강을 주셔서 새벽에 기도하게 하시니 감사하고, 매일 말씀을 보내면서 아무리 바빠도 말씀 안에 머물게 하시니 감사할 뿐입니다. 말씀을 정리하며 지금까지 함께하신 하나님의 은혜에 눈물짓곤 합니다. 이 일을 허락하신 것은 다른 사람을 위해서가 아니라 결국 나를 위한 일임에 감사 또 감사할 뿐입니다.

어린 집사님들의 "아멘~" 하는 화답에 힘을 얻습니다. 마치 아기 병아리가 어미가 주는 모이를 받아먹는 것과 같습니다. 그들이 말씀을 하나씩 깨닫고 답을 줄 때 내 기쁨이 주님의 기쁨이라는 마음을 갖습니다. "주님, 제가 신앙의 정석을 걷고 있는 것인가요?" 주님께 묻습니다. 단 한 사람만이라도 하나님 편으로 가까워질 수만 있다면 그것만으로도 감사해야 할 일입니다. 가만 생각해 보니 제가 가장 큰 은혜를 받았던 시절이 가장 큰 풍랑 속에 있을 때였습니다. 그래서 풍랑이 축복이라는 말씀이 가슴에 닿습니다.

신앙은 현재입니다. 과거에 받았던 은혜가 현재에 영향을 주지 않습니다. 오늘의 삶은 오늘의 은혜를 받아야 이겨낼 수 있습니다. 시대는 갈수록 악해지기 때문에 어제보다 오늘 더 큰 은혜가 필요한 것입니다. 그래야 날마다 우는 사자와 같이 덤비는 사탄을 이겨낼 수 있습니다. 우리가 구해야 할 더 큰 은혜는 '내가 죽고 내 속에 예수가 사는 은혜'입니다. 자꾸만 꿈틀대는 내 자아가 죽도록 나를 내려놓는 일에 최선을 다합니다. 신앙의 정석은 내가 죽고 예수가 사는 것입니다. 신앙의 정석을 걷는 우리 모두가 되었으면 좋겠습니다.

신앙의 정석은 늘 종의 자세를 취하는 것입니다. 내 뜻대로 행하는 것이 아니라 하나님의 뜻대로 행해야 합니다. 내 생각대로 하려는 것이 꼼수이고, 하나님의 말씀을 받아서 행하는 것이 정석입니다. 하나님은 반드시 하나님의 방법으로 일하심을 믿어야 합니다. 하나님의 말씀에 순종하는 것이 비록 인간의 눈에 실패로 보일지라도 그것이 정석입니다.

인생의 짐이 무겁거든 주님께 오라
(마 11:28-30)

어느 나라를 막론하고 사람들은 빠른 현대 문명에 빠져들고 있습니다. 그래서 현대인들의 삶의 특징은 '스피드'로 결정합니다. 얼마나 빠른가? 그것이 최소의 선을 결정하는 시대가 되고 있습니다. 컴퓨터, 핸드폰, 인터넷, 다 속도가 관건입니다. 그래서 통신매체도 아날로그에서 디지털, 영상 통신, 인터넷 통신 등으로 우리가 상상할 수 없는 속도 매체로 전 세계에서 일어나는 일들을 옆 동네에서 일어나는 것처럼 느끼며 살고 있습니다. 이런 변화에 우리의 육신은 편할 수 있지만 정작 우리 마음은 속도를 쫓다 보니 영혼이 안식을 잃어 인생의 짐이 무거워지고 있습니다. 그 안식의 탈출구가 보이지 않는다는 것이 오늘을 사는 현대인의 문제인 것입니다.

현대인은 빠름이 선이고 느림은 게으름이라고 정죄할 수 있지만 전 세계인의 주목을 끌었던 피에르 쌍소의 《느리게 산다는 것의 의미》란 책에서 저자는 오히려 느림이 미덕이라고 주장합니다. 느림은 삶을 훨씬 객관적으로 조명하고 깊이 있게 성찰할 수 있으며, 모든 사물을 관찰할 때도 허상에서 벗어나 실체를 보게 한다고 합니다.

저자는 책을 통해 우리에게 "아침마다 떠오르는 해를 바라보는 감동을 아는가? 그리고 저녁마다 어둠을 맞아들이는 행복을 아는가? 연못에 어두운 물과 밤이 뒤섞일 때 그것을 느긋이 들여다보며 조금씩 늙어가는 자기 모습을 비추어 본 적이 있는가?"라고 묻고 있습니다. 현대인이 추구하는 속도 문화의 가장 큰 비극은 '안식의 상실'이란 현대병을 촉진시키고 있을 뿐이라고 주장하고 있습니다.

작가의 철학적인 상상력과 혜안은 우리가 사는 현대의 병리적 원인을 예리하게 지적하고 있습니다. 현대인은 가장 편리하고 빠른 문화에 살면서 안식을 상실하여 삶의 무게가 점점 무거워져, 그것으로 인해 현대인은 질병(고혈압, 심장마비, 위궤양, 당뇨, 불면증, 강박증, 알코올 중독, 게임 중독, 마약, 성 도착증, 우울증, 심지어 자살)의 그늘에서 신음하고 있는 것입니다. 참으로 일리가 있는 것 같습니다.

우리나라도 예외는 아닌 것 같습니다. 한 해 자살 숫자가 만 명을 넘어 OECD 선진 경제 국가 중 자살률 1위라는 불명예를 벗어나지 못하고 있습니다. 이처럼 우리 삶의 무게가 무거운 현대병에서 벗어나는 길은 주님이 초대하시는 안식의 길로 가는 것입니다.

> "수고하고 무거운 짐 진 자들아 다 내게로 오라 내가 너희를 쉬게 하리라 나는 마음이 온유하고 겸손하니 나의 멍에를 메고 내게 배우라 그리하면 너희 마음이 쉼을 얻으리니 이는 내 멍에는 쉽고 내 짐은 가벼움이라 하시니라"(마 11:28-30).

우리 인생의 무거운 짐에서 해방되는 길에 대해 생각해 보겠습니다.

첫 번째, 인생의 무거운 짐에서 해방되려면 주님께 나아와 주님과 함께 살아야 합니다

"수고하고 무거운 짐 진 자들아 다 내게로 오라 내가 너희를 쉬게 하리라"(마 11:28).

'수고하고 무거운 짐 진 사람들'은 모두 주님께 나오라고 합니다. 우리를 근본적으로 안식하게 할 수 있는 것은 여가나 휴식, 놀이, 술, 도박이 아니라 우리 주님이십니다. 왜냐하면 창조주이신 주님만 인간의 짐이 무엇인지 아시기 때문입니다. 그래서 인간의 무거운 짐을 벗겨 주실 분도 오직 예수님뿐이십니다. 인간의 수고하고 무거운 짐의 실체는 육체적인 노동이나 일이 아닌 죄(罪)라는 것입니다. 첫 인간 아담의 타락으로 모든 인간은 죄인으로 의인은 하나도 없으며(롬 3:10), 그 죄의 삯은 사망입니다. 사망은 창조주 하나님과 단절을 말합니다. 피조물은 날마다 창조주 하나님으로부터 은혜를 받고 힘을 받아야 하는 존재인데, 죄로 단절되어 약해져 이 세상의 일들이 다 짐이 되고 힘들어 병에 걸리게 되는 것입니다.

"죄의 삯은 사망이요 하나님의 은사는 그리스도 예수 우리 주 안에 있는 영생이니라"(롬 6:23).

러시아의 문학가 도스토예프스키는 《죄와 벌》에서 "죄인에게는 산다는 것 자체가 힘겨운 짐"이라고 말합니다. 참으로 공감이 가는 이야기입니다. 그래서 하나님은 우리의 근본적인 죄를 해결해 주기 위해 독생자 예수를 보내어 십자가에서 피 흘려 죽게 하셔서 우리의 죄를 속량해 주신 것입니다. 그리고 믿는 자 속에 오셔서 함께 살며 날마다 기도에 응답해 주시고, 세상을 이기는 사랑과 은혜를 베풀어 주십니다. 여기에 구원이 있고 참 안식이 있습니다.

> "하나님의 사랑이 우리에게 이렇게 나타난 바 되었으니 하나님이 자기의 독생자를 세상에 보내심은 그로 말미암아 우리를 살리려 하심이라 사랑은 여기 있으니 우리가 하나님을 사랑한 것이 아니요 하나님이 우리를 사랑하사 우리 죄를 속하기 위하여 화목제물로 그 아들을 보내셨음이라"(요일 4:9-10).

우리가 힘든 것은 일이 많아서가 아니라 날마다 하나님의 사랑과 은혜를 공급받지 못해 안식이 없기 때문입니다. 주님과 함께하는 하나님의 사랑만 죄를 이기고 세상을 이길 수 있습니다. 우리가 하는 일 속에 사랑만 있다면 그 일은 힘들지 않고 오히려 그 일속에 행복과 안식이 있는 것입니다. 하나님의 사랑이 세상을 이기고 안식을 줍니다.

두 번째, 인생의 무거운 짐에서 해방되려면 주님의 마음을 배워야 합니다

주님께서 나와 함께하시니 이제 주님의 마음을 배우면 무거운 인생의 짐에서 벗어나 참 안식을 누리게 됩니다. 주님의 마음은 온유와 겸손입니다. '온유'는 우리의 상황이 어렵고 힘들어 도저히 이해가 안 되어도 그 상황 속에 하나님의 뜻이 있고 하나님이 역사하신다는 믿음입니다. 그래서 상황에 따라 마음이 급변하지 않는 평온을 찾아 안식하는 마음입니다.

> "나는 마음이 온유하고 겸손하니 나의 멍에를 메고 내게 배우라 그리하면 너

희 마음이 쉼을 얻으리니"(마 11:29).

모세는 애굽의 왕자로 있을 때 이스라엘 백성이 애굽 사람에게 핍박을 받자 동족을 구한다는 마음으로 애굽 사람을 죽입니다. 그 일이 발각되어 그는 미디안 광야에서 40년간 목동으로 살아갑니다. 그러던 어느 날 하나님의 산 호렙에 올라 기도하던 중 가시떨기 나무가 불에 타는데 타지 않는 것을 보며 하나님의 음성을 듣습니다.

"네가 선 곳은 거룩한 땅이니 네 발에서 신을 벗으라"(출 3:5).

모세는 그곳에서 자신의 억울했던 지난날의 삶이 하나님의 섭리 안에 있었던 것을 깨닫고 온유를 배우고 안식을 체험하며 세상에서 승리하게 됩니다. 그래서 세상에서 가장 온유한 자로 성경에 소개되고 있습니다.

"이 사람 모세는 온유함이 지면의 모든 사람보다 더하더라"(민 12:3).

주님의 마음인 '겸손'은 하나님이 창조하신 원래의 목적과 용도에 맞도록 자리를 지키고 순종하는 마음입니다. 이런 마음을 가질 때 어려운 일도 주님이 역사하심으로 감당하게 되며, 안식을 누리게 됩니다. 그러나 사탄은 사명을 잊게 하고, 남의 자리를 넘보게 하며, 다른 사람과 삶을 비교하여 겸손의 자세를 깨뜨리게 하는 것입니다. 이것이 사탄의 작전입니다.

인격이 좋고 우애가 있는 형제 신부가 있었습니다. 마귀들이 회합을 하며 형제 신부를 자기 편으로 만들어 보라고 했습니다. 늙은 마귀가 염려하지 말라며 형 신부의 귀에 속삭였습니다. 그러자 갑자기 형 신부가 화를 내며 동생에게 나갔습니다. 대장 마귀가 늙은 마귀에게 무슨 말을 했기에 그러느냐고 물었습니다. 그때 늙은 마귀가 빙그레 웃으며 "네 동생이 너보다 먼저 주교가 되었다"고 하니 저렇게 화를 내는 것입니다. 웃지 못할 이야기인 것 같지만 인간은 누구나 자기와 다른 사람을 비교하는 비교의식으로 살아가게 됩니다. 우리가 주님을 모실 때만 우리의 자리를 지키는 겸손으로 승리하게 됩니다.

"그러므로 하나님의 능하신 손 아래에서 겸손하라 때가 되면 너희를 높이시리라"(벧전 5:6).

세 번째, 인생의 무거운 짐에서 해방되려면 주님과 함께 주님의 멍에를 져야 합니다

"나는 마음이 온유하고 겸손하니 나의 멍에를 메고 내게 배우라 그리하면 너희 마음이 쉼을 얻으리니 이는 내 멍에는 쉽고 내 짐은 가벼움이라 하시니라"(마 11:29-30).

이스라엘의 지방에는 두 마리의 소가 멍에를 메고 밭을 갈고 있습니다. 어미 소와 새끼 소가 같이 멍에를 메고 밭을 갈면 어미 소의 어깨에 메여 있는 멍에로 인해 새끼 소는 그냥 따라가기만 하면 되는 것입니다. 이렇게 할 때 새끼 소에게 안식과 쉼이 있는 것입니다. 이처럼 인간은 원래 혼자 살도록 되어 있지 않고 주님과 함께 연합하여 살도록 창조된 것입니다. 그런데 인간이 주님과 함께 멍에를 지지 않고 자기 스스로 만들고 주님께 져달라고 하니 신앙도 짐이 되는 것입니다.

멍에는 '~의 뜻'을 말하는 것으로 자기의 뜻(자기 멍에)을 내려놓고 주님의 멍에(주님의 뜻)를 같이 멜 때 주님이 그 멍에를 져 주심으로 우리에게 안식이 있는 것입니다. 이는 "내 멍에는 쉽고 내 짐은 가벼움이라 하시니라" 하시는 것입니다.

어느 신앙이 좋은 안수집사님의 사업이 불같이 일어났습니다. 사업이 잘되니 바쁘고 사업을 확장하는 데 정신을 빼앗기다 보니 점점 예배의 횟수도 줄어들고 하나님과 멀어지기 시작했습니다. 급기야 주일도 빠지고, 기도하는 것도 다 잃어버리고 말았습니다. 마음에 '머니머니 해도 머니가 최고야' 하며 잘나가다 덜컥 위기를 맞게 되었습니다. 욕심을 내다 크게 부도를 맞게 된 것입니다. 한순간에 빚쟁이가 되어 쫓겨 다니는 신세가 되었습니다.

결국 실망하여 자살하려고 청평댐을 찾아갔습니다. 지난 시간을 돌이키니 눈물이 나고 '이렇게 죽으려고 그렇게 악착같이 살았던가?' 하는 생각이 들었습니다. 돈, 명예 모두 헛것이란 생각이 들었습니다. 몇 번을 강물에 뛰어들려다가 실패하게 되었습니다. 가족들이 생각나고, 자살하면 지옥에 간다는 설교가 떠올랐습니다. 그래서 결심하고 경찰에 자수하여 교도소에 수감되었습니다. 그리고 자신의 거짓 믿음, 병든 뜻을 위한 자신의 삶을 회개하니 주님의 음성이 들렸습니다.

"수고하고 무거운 짐 진 자들아 다 내게로 오라 내가 너희를 쉬게 하리라 나는 마음이 온유하고 겸손하니 나의 멍에를 메고 내게 배우라 그리하면 너희 마음이 쉼을 얻으리니"(마11:28-29).

돈도 명예도 다 잃고 감옥에 갇힌 신세가 되었지만 주님 품 안에 안기어 주님 뜻대로 살겠다고 고백하니 참 평안과 안식을 찾게 된 것입니다.

인생의 짐이 무겁습니까? 주님께 나오십시오. 이 세상이 아무리 찬란해 보여도 세상은 광야입니다. 오직 주님 안에 생수의 강이 흐르고, 주님 안에서만 세상이 알지 못하는 참 평안과 참 안식을 누릴 수 있습니다.

주님께서 나와 함께하시니 이제 주님의 마음을 배우면 무거운 인생의 짐에서 벗어나 참 안식을 누리게 됩니다. 주님의 마음은 온유와 겸손입니다. '온유'는 우리의 상황이 어렵고 힘들어 도저히 이해가 안 되어도 그 상황 속에 하나님의 뜻이 있고 하나님이 역사하신다는 믿음입니다. 그래서 상황에 따라 마음이 급변하지 않는 평온을 찾아 안식하는 마음입니다.

인생의 짐이 무겁거든 주님께 오라 (마 11:28-30)

제5부

영광의 소망,
내 안에 사시는 주님을 보라

나중이
잘되는 삶
(갈 6:6-10)

빌리 그레이엄 목사님은 그의 저서 《홈을 앞두고》(Nearing Home)를 통해 하나님을 믿는 사람들은 단순히 늙지 않고 우아하게 늙도록 기도해야 한다고 말합니다. 저자가 말하는 홈이란 야구에서 홈런을 치고 베이스 러닝을 해서 홈으로 들어가는 것을 상징하지만 다른 의미도 있습니다. 영적인 의미로 홈으로 향하는 것은 인간이 죽음에서 끝나는 것이 아니라 영원한 집 천국으로 향하고 있다는 것입니다. 그리고 진정한 승리는 지금보다 나중이 복되고 우아한 삶을 살아야 한다고 강조하면서, 늙는 것을 슬퍼하지 말고 늙어서 약해지는 것을 이길 수 있는 영적 능력을 받아야 한다고 말하고 있습니다.

그는 우아하고 복되게 살아가는 비결 네 가지를 말합니다. 첫째는 시간이라는 선물을 이해하고 시간의 사명을 다해야 한다고 강조합니다. 둘째는 은퇴 등 그 후의 삶의 변화에 적응할 수 있는 영적인 능력을 받아야 한다고 말합니다. 셋째는 순간순간 현명한 판단을 해서 하나님의 뜻을 분별해야 한다고 말합니다. 넷째는 끝까지 하나님을 의지하는 삶으로 하나님의 영광을 위하고 남을 위해 봉사하는 삶을 사는 것이라고 말하고 있습니다.

인간의 삶은 지금도 중요하지만 나중이 잘되고 복된 삶을 살아야 합니다. 그렇지 못하면 인간의 삶은 승리한 것이 아닙니다. 왜냐하면 이 세상은 다 변하고 육신은 늙어가도 영적으로 인간은 영원히 사는 존재이기 때문입니다.

"그러므로 우리가 낙심하지 아니하노니 우리의 겉사람은 낡아지나 우리의 속사람은 날로 새로워지도다 우리가 잠시 받는 환난의 경한 것이 지극히 크고 영원한 영광의 중한 것을 우리에게 이루게 함이니 우리가 주목하는 것은 보이는 것이 아니요 보이지 않는 것이니 보이는 것은 잠깐이요 보이지 않는 것은 영원함이라"(고후 4:16-18).

본문의 말씀을 통해 나중이 복되게 잘되는 삶에 대해 생각해 보겠습니다.

"너희는 그 은혜에 의하여 믿음으로 말미암아 구원을 받았으니 이것은 너희에게서 난 것이 아니요 하나님의 선물이라"(엡 2:8).

성경은 분명히 말씀합니다. 구원은 믿음으로 받는 것이며, 인간이 축복을 받는 것은 믿음을 기초로 행함으로 복을 받는 것입니다.

"스스로 속이지 말라 하나님은 업신여김을 받지 아니하시나니 사람이 무엇으로 심든지 그대로 거두리라"(갈 6:7).

인간은 지금 무엇을 심는가에 미래가 결정된다는 것입니다. 오늘의 결과는 과거의 삶의 결과이고, 미래는 오늘 심은 결과가 된다는 것입니다. 그래서 힘들어도 오늘을 열심히 바르게 살아야 합니다. 어떻게 살아야 나중이 잘되는 삶인지 생각해 보겠습니다.

첫 번째, 나중이 잘되는 삶은 성령을 위하여 심어야 합니다

"자기의 육체를 위하여 심는 자는 육체로부터 썩어질 것을 거두고 성령을 위하여 심는 자는 성령으로부터 영생을 거두리라"(갈 6:8).

우주 만물은 하나님이 심은 대로 거두게 하신 것입니다. 그래서 인간은 과거에 무엇을 심었느냐에 따라 미래가 결정됩니다. 육체를 위해 심은 자는 썩어질 것을 거두고, 성령을 위해 심은 자는 영생을 거둔다고 했습니다. 여기서 심는다는 것은 무슨 일을 하든 그 목적이 어디에 있느냐에 따라 결정이 된다는 것입니다. 자신의 육신, 정욕을 위해 심은 일은 시간이 지나면 썩어질 것을 거두고 의미 없는 열매를 거두므로 나중이 나빠진다는 것입니다. 그러나 하나님을 위해 성령의 인도함을 받아 하는 일은 무슨 일이든 영생을 거둔다는 것입니다. 이런 삶은 영원히 의미 있고 축복 받는 삶이 됩니다.

아브라함과 롯이 서로 헤어질 때 롯은 눈에 보이는 대로 소돔과 고모라를 선택합니다. 그곳이 눈에 보기에도 좋으나 육신적인 삶에 초점을 둔 것입니다.

"네 앞에 온 땅이 있지 아니하냐 나를 떠나가라 네가 좌하면 나는 우하고 네가 우하면 나는 좌하리라 이에 롯이 눈을 들어 요단 지역을 바라본즉 소알까지 온 땅에 물이 넉넉하니 여호와께서 소돔과 고모라를 멸하시기 전이었으므로 여호와의 동산 같고 애굽 땅과 같았더라"(창 13:9-10).

그러나 그곳은 죄악의 온상이었습니다. 롯은 유황불 심판을 받아 재산을 다 날리고 사위가 죽고 자기 아내는 소금 기둥이 됩니다. 그러나 하나님을 위해 살았던 아브라함은 비록 헤브론 계곡에서 살았지만 축복을 받아 믿음의 조상, 복의 씨가 된 것입니다.

성도의 삶은 세상에서 일을 많이 하고 출세를 하는 것도 중요하지만 성령을 위하여, 하나님의 영광을 위하여 오늘 심어야 합니다. 그래야 영생을 얻어 나중이 잘되는 것입니다.

두 번째, 나중이 잘되는 삶은 선을 행하되 낙심하지 말아야 합니다

"우리가 선을 행하되 낙심하지 말지니 포기하지 아니하면 때가 이르매 거두리라"(갈 6:9).

우리가 선한 일, 하나님의 일을 할 때 여러 가지 시험에 들고 어려운 일이 많습니다. 사탄이 그렇게 방해를 합니다. 성도는 사탄의 방해를 이겨야 합니다. 모든 것에는 시간이 필요합니다.

씨를 뿌리면 그것이 싹이 나고 자라서 열매를 맺을 때까지 많은 어려움이 있습니다. 비바람도 있고 돌풍도 있고 풍랑도 있습니다. 그것을 이겨야 축복의 열매를 맺게 되는 것입니다. 마찬가지로 인간도 선한 일, 하나님의 일을 할 때 많은 시험 거리, 환난, 풍파가 있는 것입니다 그것을 믿음으로 이겨야 합니다. 그러면 반드시 나중에 선한 열매를 맺게 되는 것입니다.

요셉은 하나님의 뜻대로 살려고 했으나 많은 시험을 만나게 됩니다. 억울한 누명을 쓰고 지하 감옥에 들어갔으나 그곳에서 복음을 전하고 선한 일을 합니다. 결국 애굽의 총리가 됩니다. 그는 자신을 해롭게 한 형들에게 이렇게 말합니다.

"당신들은 나를 해하려 하였으나 하나님은 그것을 선으로 바꾸사 오늘과 같이 많은 백성의 생명을 구원하게 하시려 하셨나니"(창 50:20).

욥은 믿음을 인정받은 동방의 의인입니다. 그러나 그는 사탄의 역사로 큰 시험을 당합니다. 열 명의 자식과 전 재산을 잃어버리고 병까지 얻어 부인마저 돌아섭니다. 처음에는 신앙이 흔들리는 듯했으나 끝까지 인내하고 믿음으로 시련을 이김으로 배가의 복을 받게 됩니다.

"여호와께서 욥의 말년에 욥에게 처음보다 더 복을 주시니 그가 양 만 사천과 낙타 육천과 소 천 겨리와 암나귀 천을 두었고 또 아들 일곱과 딸 셋을 두었으며"(욥 42:12-13).

성도는 시련을 이겨내야 합니다. 시험을 이기는 자는 복이 있습니다. 아무리 힘들어도 끝까지 선을 행해야 합니다. 포기하지 않으면 나중이 잘되는 것입니다. 처음은 미약하지만 나중이 창대해집니다.

세 번째, 나중이 잘되는 삶은 하나님 나라를 위하여 믿음의 가정들에게 더욱 선을 행하여야 합니다

"그러므로 우리는 기회 있는 대로 모든 이에게 착한 일을 하되 더욱 믿음의 가정들에게 할지니라"(갈 6:10).

선을 행하되 하나님의 나라를 우선해서 해야 합니다. 물론 우리가 어려운 이웃, 소외된 사람, 북한 동포를 위하여 선한 일을 해야 합니다. 그러나 나중이 잘되고 복을 받으려면 선을 행하는 목적이 있어야 한다는 것입니다. 즉 하나님 나라를 위해 선을 행해야 한다는 것입니다. 그래서 믿음의 가정을 위해 하라는 것입니다. 더 많은 사람들이 하나님을 믿도록 해야 합니다. 하나님 나라의 복음이 전파되도록 하는 것이 나중이 잘되고 천국에서도 복 받게 되는 것입니다. 이것은 참 중요합니다. 그래서 여기서 사도는 한 발 더 나아가 주의 종과 좋은 것을 같이하라고 합니다.

"가르침을 받는 자는 말씀을 가르치는 자와 모든 좋은 것을 함께하라"(갈 6:6).

다윗은 자신을 죽이려 하고 힘들게 했던 사울 왕을 지극 정성으로 섬깁니다. 그를 죽일 수도 있었지만 하나님이 기름 부워 세우신 종을 사람이 해하는 것은 아니라는 것입니다. 그가 죽었을 때 그를 위해 장사를 지냅니다. 그리고 손자 므비보셋을 잘 보살핍니다.

"폐하시고 다윗을 왕으로 세우시고 증언하여 이르시되 내가 이새의 아들 다윗을 만나니 내 마음에 맞는 사람이라 내 뜻을 다 이루리라 하시더니"(행 13:22).

백낙준 박사의 집안은 참으로 가난했습니다. 그의 아버지는 머슴이었습니다. 그런데 선교사를 통해 은혜를 받고 자신의 집을 교회로 사용하였습니다. 그리고 사찰의 일을 아주 열심히 하였습니다. 선교사가 그 아들 중 하나를 미국에 보내어 공부를 시켰습니다. 그가 연세대학교 총장, 국회 참의원을 지낸 백낙준 박사입니다. 그의 집안에서 박사, 목사가 수십 명이 나왔다고 합니다. 머슴이었던 아버지가 교회를 위해 헌신하고 주의 종을 잘 섬기니 자손이 잘된 것입니다.

사랑하는 여러분, 하나님의 나라를 위하여 선을 행하시길 축원합니다. 노년이 아름답고 나중이 잘되는 여러분이 되길 바랍니다.

성도의 삶은 세상에서 일을 많이 하고 출세를 하는 것도 중요하지만 성령을 위하여, 하나님의 영광을 위하여 오늘 심어야 합니다. 그래야 영생을 얻어 나중이 잘되는 것입니다.

복된 순례자
(히 11:13-16; 고후 4:16-18)

　우리나라의 최고의 산악인으로 알려진 박영석 대장이 안나푸르나 산벽(8,091미터)의 새로운 길을 열겠다고 떠난 지 얼마 되지 않아 산악의 기후가 나빠 하산하던 중 동료 산악인과 함께 조난당한 후 실종되었습니다. 산 사나이 박영석 대장은 에베레스트 산 8,000미터 되는 14좌 등반을 했고, 세계 7대륙 최정상을 정복했고, 지구의 세 극점(남극, 북극, 원점)을 다 정복하여 한국인으로는 세계의 유일하게 그랜드슬램을 이룬 분이라고 합니다.
　가족들의 염려를 뒤로하고 왜 목숨을 건 위험한 일에 도전을 하는지, 인생에 대해 의문을 갖게 됩니다. 그분들은 가족들에게 이번 한 번만 가면 절대로 다시는 안 간다고 합니다. 그러나 막상 시간이 지나면 견디지 못하고 또다시 그곳에 올라야 살 것 같다는 것입니다.
　참으로 아이러니한 것이, 살기 위해 오른 산에서 결국 죽음으로 끝낸다는 것입니다. 영적인 의미로 생각해 보면 인간은 이 땅에 살고 있지만 어딘가에 우리가 가야 할 영원한 세계가 있음을 암시하고 있다고 봅니다. 그것은 이 땅이 순례의 길이라는 것을 말해 주고 있습니다. 단, 그들이 영안이 열리지 않아 보지 못하고 육신의 몸부림을 치고 있는 것입니다.

사랑하는 여러분! 우리에게 영원한 순례의 길과 도착할 곳을 알려주려고 오신 분이 바로 우리 주님이십니다.

"예수께서 이르시되 내가 곧 길이요 진리요 생명이니 나로 말미암지 않고는 아버지께로 올 자가 없느니라"(요 14:6).

"내가 너희를 위하여 거처를 예비하러 가노니 가서 너희를 위하여 거처를 예비하면 내가 다시 와서 너희를 내게로 영접하여 나 있는 곳에 너희도 있게 하리라"(요 14:2-3).

이 땅의 삶이 우리의 진정한 거처가 아니라 하늘 아버지의 집인 천국이 우리의 본향이며 우리의 영원한 거처라는 것입니다. 이것을 아는 사람은 복된 사람이고, 이들이 복된 순례자가 되는 것입니다.

본문은 믿음의 조상 아브라함이 이 세상에 살면서 영원한 본향을 찾아가는 복된 순례의 삶을 말하고 있습니다.

"이 사람들은 다 믿음을 따라 죽었으며 약속을 받지 못하였으되 그것들을 멀리서 보고 환영하며 또 땅에서는 외국인과 나그네임을 증언하였으니 그들이 이같이 말하는 것은 자기들이 본향 찾는 자임을 나타냄이라"(히 11:13-14).

본문을 통하여 복된 순례자의 삶에 대하여 생각해 보겠습니다.

첫 번째, 복된 순례자의 삶은 이 땅은 나그네의 삶으로 본향을 바라보아야 합니다

"그들이 나온 바 본향을 생각하였더라면 돌아갈 기회가 있었으려니와 그들이 이제는 더 나은 본향을 사모하니 곧 하늘에 있는 것이라 이러므로 하나님이 그들의 하나님이라 일컬음 받으심을 부끄러워하지 아니하시고 그들을 위하여 한 성을 예비하셨느니라"(히 11:15-16).

아브라함과 그 자손들은 고향 친척 아버지의 집인 갈대아 우르를 떠나 하나님이 지시하신 곳으로 찾아갑니다. 그들은 하나님의 인도를 받으며 이 땅은 진정한 고향이 아니라 하늘에 있는 천국이 자기 본향이라는 것을 깨닫게 됩니다. 그들은 가나안 땅에 살면서 텐트를 치고 살았습니다. 영원한 본향을 바라보았기 때문입니다. 본향인 천국을 바라보는 삶이 복된 순례의 삶인 것입니다.

"믿음으로 그가 이방의 땅에 있는 것같이 약속의 땅에 거류하여 동일한 약속을 유업으로 함께 받은 이삭 및 야곱과 더불어 장막에 거하였으니 이는 그가 하나님이 계획하시고 지으실 터가 있는 성을 바랐음이라"(히 11:9-10).

존 번연 목사는 복음을 증거하다가 12년 동안 옥에 갇히게 됩니다. 옥고를 치르던 중 아내가 죽고 자녀들은 고아가 되어 어려운 삶을 살았지만 그가 소망을 가진 것은 하나님의 계시로 성도의 삶이 천국을 찾아 순례하는 삶이라는 것을 깨달았기 때문입니다. 그는 이런 깨달음을 바탕으로 《천로역정》이란 책을 쓰게 되었고, 출옥 후에도 평생 복음을 전하며 천국으로 가는 길을 소개했습니다.

그가 설교를 하다 폐렴으로 쓰러지자 사람들이 무엇이 필요한지 물었습니다. 그때 그는 "이제 치료하지 마세요. 이제 우리 아버지 집으로 가도록 기도해 주세요. 저기 주님이 꽃마차를 보냈습니다. 주님, 저를 받아주세요" 하며 편안한 얼굴로 환한 미소를 지으며 눈을 감았습니다.

이처럼 본향이 있는 사람은 복된 순례자입니다. 이런 사람은 이 땅의 삶을 나그네처럼 살아가게 되어 있는 것입니다.

두 번째, 복된 순례자의 삶은 속사람이 강해져야 합니다

"그러므로 우리가 낙심하지 아니하노니 우리의 겉사람은 낡아지나 우리의 속사람은 날로 새로워지도다 우리가 잠시 받는 환난의 경한 것이 지극히 크고 영원한 영광의 중한 것을 우리에게 이루게 함이니"(고후 4:16-17).

우리는 누구나 시간 속에 살고 있기 때문에 보이는 겉사람은 낡고 후패하지만 속사람은 날마다 강건하고 새로워집니다.

'새로워진다'는 말은 헬라어로 '아나카이 누타이'로서 '속사람을 인식한다', '속사람을 강하게 북돋워서 살아야 한다'는 것입니다.

사도 바울은 이렇게 설명을 합니다.

"그의 영광의 풍성함을 따라 그의 성령으로 말미암아 너희 속사람을 능력으로 강건하게 하시오며 믿음으로 말미암아 그리스도께서 너희 마음에 계시게 하시옵고 너희가 사랑 가운데서 뿌리가 박히고 터가 굳어져서"(엡 3:16-17).

날마다 우리 마음에 주님을 모시고 뿌리를 박아 사랑의 터가 굳건해지는 것을 말하는 것입니다. 주님의 임재를 누리며 주님과 연합하여 살아갈 때 우리는 겉사람이 낡아지는 것을 이겨낼 수 있습니다.

20세기 최고의 설교자로 알려진 로이드 존스 박사는 "우리의 겉사람이 늙어서 무너지면 우리의 속사람으로 이사를 가라"고 말했습니다.

사랑하는 여러분, 겉사람은 낡아지지만 주님을 믿으면 속사람이 새로워집니다. 주님이 없는 사람은 겉사람이 깨어질 때 갈 곳이 없어 지옥으로 가게 됩니다.

우리는 스스로 본향을 찾아갈 수 없습니다. 날마다 속사람이 강건하여 주님을 삶의 주인으로 모실 때 영원한 본향을 찾아가게 되는 것입니다.

세 번째, 복된 순례자의 삶은 말씀의 나침반을 소유해야 합니다

"믿음으로 아브라함은 부르심을 받았을 때에 순종하여 장래의 유업으로 받을 땅에 나아갈새 갈 바를 알지 못하고 나아갔으며"(히 11:8).

복된 순례자는 갈 곳을 모른 채 믿음으로 나아갔다고 합니다. 성도가 말씀을 믿고 나아갈 때 천국으로 가는 길을 인도받는 것입니다.

"그러므로 믿음은 들음에서 나며 들음은 그리스도의 말씀으로 말미암았느니라"(롬 10:17).

천국의 순례자는 말씀을 들어야 믿음이 생기고, 천국으로 인도하는 주님의 나침반이 되는 것입니다.

> "우리가 주목하는 것은 보이는 것이 아니요 보이지 않는 것이니 보이는 것은 잠깐이요 보이지 않는 것은 영원함이라"(고후 4:18).

우리가 말씀을 듣고 믿음이 생기면 보이는 것에 치우치지 않고 말씀을 따라 천국에 이르게 됩니다. 보이는 것은 다 속은 것입니다. 말씀이라는 나침반이 천국으로 인도하는 순례자의 내비게이션이 되는 것입니다.

헨리 모리슨이라는 미국인 선교사가 아프리카에 모든 청춘을 다 바친 후 선교 40년을 마치고 고국에 돌아갔습니다. 가족과 건강을 잃고 늙은 몸으로 쓸쓸히 귀향하던 중 코끼리 사냥을 마치고 돌아오는 대통령과 함께 배에 타게 되었습니다. 배가 항구에 닿자 수많은 환영인파가 팡파르를 울리며 대통령을 환영했습니다. 대통령의 행렬 때문에 배에서 내리기도 힘들었습니다. 그러나 배에서 내린 선교사를 마중 나온 사람은 한 사람도 없었습니다. 그는 하늘을 향해 "이것이 40년 청춘을 바친 결과입니까?"라고 외치고 싶었습니다. 그때 조용히 주님의 음성이 들렸습니다. "헨리, 내 아들아, 너는 아직 너의 진정한 고향에 오지 않았단다. 네가 하늘 고향에 돌아오는 날 황금 카펫으로 천사들의 나팔 소리와 함께 내가 마중 나가마."

그렇습니다. 이런 본향이 있는 사람은 복된 순례자입니다. 오직 주님이 천국의 나침반입니다.

아브라함과 그 자손들은 고향 친척 아버지의 집인 갈대아 우르를 떠나 하나님이 지시하신 곳으로 찾아갑니다. 그들은 하나님의 인도를 받으며 이 땅은 진정한 고향이 아니라 하늘에 있는 천국이 자기 본향이라는 것을 깨닫게 됩니다. 그들은 가나안 땅에 살면서 텐트를 치고 살았습니다. 영원한 본향을 바라보았기 때문입니다. 본향인 천국을 바라보는 삶이 복된 순례의 삶인 것입니다.

복된 순례자 (히 11:13-16; 고후 4:16-18)

영광의 소망,
내 안에 사시는 주님을 보라
(골 1:24-29)

　오래전에 러시아의 수도 페테르부르크에 '아카키에비치'란 노인이 살았습니다. 사람들이 노인에게 평생소원이 무엇인지 물으면 그는 "내 인생의 목표는 아주 고급 외투를 갖는 것입니다"라고 말했습니다. 노인은 그 목표를 달성하기 위해 열심히 일하고 저축하였습니다. 오직 고급 외투를 사기 위해 열심히 노동을 한 것입니다. 그리고 드디어 80루블을 모아 꿈에도 그리던 외투를 샀습니다. 노인은 그 고급 외투를 입고 사교 파티장에 가서 그곳에 모인 사람들에게 외투를 자랑하고 싶었습니다.
　그런데 집으로 돌아오던 중 강도를 만나게 되었습니다. 힘없는 노인은 강도에게 비싼 코트를 강탈당했습니다. 노인은 매우 낙망했습니다. 노인은 단순하게 고급 외투를 강탈당한 것이 아니라 평생의 성공을 강탈당했고, 그의 행복을 빼앗긴 것입니다. 그는 백방으로 외투를 찾으려고 노력했지만 허사였습니다. 그날 이후 노인은 좌절에 빠졌고 마음이 상해 몸져누웠습니다. 그리고 시름시름 앓다가 결국 죽고 말았습니다.

그 후 페테르부르크에서 이상한 소문이 돌았습니다. 추운 겨울이 되면 노인의 유령이 나타나 "내 외투 찾아줘"라고 한다는 것입니다. 좀 으스스하게 들리긴 하지만 이 이야기는 러시아의 유명한 소설가 니콜라이 바실리예비치 고골이 쓴 단편소설 《외투》에 나오는 이야기입니다. 니콜라이 고골은 러시아에서 푸시킨과 문학의 양대 산맥을 이루는 유명한 작가입니다.

동화처럼 들리는 이 작품에서 니콜라이 고골은 '인생의 헛된 목표가 우리 인생의 허무한 삶을 만들어 낸다'는 이야기를 나타내고 싶었던 것입니다. 혹자는 그 당시 러시아의 냉소적인 사회분위기를 꼬집고 있다고 합니다. 그러나 영적 의미도 있습니다. 우리가 이 땅에서 바라보고 사는 삶의 목표나 꿈, 소망이 이 땅의 삶만 좌우하는 것이 아니라 영원을 좌우한다는 것입니다.

지금 당신이 소망하는 것이 당신의 영원을 좌우합니다. 그래서 인간은 지금 잘사는 것이 중요한 것이 아니라 무엇을 바라보고 무엇을 소망하느냐가 훨씬 중요합니다.

"자기의 육체를 위하여 심는 자는 육체로부터 썩어질 것을 거두고 성령을 위하여 심는 자는 성령으로부터 영생을 거두리라"(갈 6:8).

성경에 나오는 세상에서 가장 영광을 누리고 살았던 솔로몬 왕이 전도서에서 자기 일생의 삶에 대해 간증합니다.

"전도자가 이르되 헛되고 헛되며 헛되고 헛되니 모든 것이 헛되도다 해 아래에서 수고하는 모든 수고가 사람에게 무엇이 유익한가"(전 1:2-3).

성경은 영원하신 주님을 바라보아야 온전한 삶이 된다고 말합니다.

"믿음의 주요 또 온전하게 하시는 이인 예수를 바라보자 그는 그 앞에 있는 기쁨을 위하여 십자가를 참으사 부끄러움을 개의치 아니하시더니 하나님 보좌 우편에 앉으셨느니라"(히 12:2).

사도 바울은 우리가 바라볼 주님은 우리 안에 살고 계시며, 우리가 그분을 바라보고 그분에게 순종할 때 영광의 소망이 이루어진다고 합니다.

"하나님이 그들로 하여금 이 비밀의 영광이 이방인 가운데 얼마나 풍성한지를 알게 하려 하심이라 이 비밀은 너희 안에 계신 그리스도시니 곧 영광의 소망이니라"(골 1:27).

영광의 소망이신 주님을 바라보며 순종할 때 오는 축복에 대해 생각해 보겠습니다.

첫 번째, 하나님의 풍성한 축복의 비밀을 누릴 수 있습니다

"이 비밀은 만세와 만대로부터 감추어졌던 것인데 이제는 그의 성도들에게 나타났고 하나님이 그들로 하여금 이 비밀의 영광이 이방인 가운데 얼마나 풍성한지를 알게 하려 하심이라 이 비밀은 너희 안에 계신 그리스도시니 곧 영광의 소망이니라"(골 1:26-27).

우리가 세상을 살아가면서 가장 큰 복음은 영광의 소망이신 주님이 내 속에 살아 계신 것입니다. 이것은 어둠의 세력인 사탄이 속여 우리가 알 수 없었습니다. 그런데 주님이 오셔서 십자가에 죽으시고 부활하셔서 믿는 사람들 속에 오심으로 하나님의 풍성한 축복의 비밀이 알려진 것입니다. 그래서 비밀의 복이라고 합니다.

"이 비밀은 만세와 만대로부터 감추어졌던 것인데 이제는 그의 성도들에게 나타났고"(골 1:26).

우리는 태어날 때부터 아담에게 죄를 전가 받아 사탄의 통치를 받게 되어 우리의 삶은 죄악과 실패, 저주, 그리고 마지막은 지옥입니다. 그런데 주님이 오셔서 내 안에 사신다는 것은 말할 수 없는 축복입니다. 우리가 예수를 영접하면 주님이 마귀를 내쫓고 직접 내 삶을 통치하시므로 풍성한 복을 받게 됩니다. 이것이 영광의 소망입니다. 주님이 우리 안에 사시면 가장 부요한 자가 됩니다. 예수님은 하나님의 아들이요, 창조자이시며, 만물의 실체가 되십니다. 그래서 주님이 우리 안에 사시면 내 속에 우주가 들어 있는 것입니다.

"거기에는 헬라인이나 유대인이나 할례파나 무할례파나 야만인이나 스구디아인이나 종이나 자유인이 차별이 있을 수 없나니 오직 그리스도는 만유시요 만유 안에 계시니라"(골 3:11).

이 말씀은 예수님이 모든 것의 실체라는 것입니다. 영어성경으로 말하면 'Only, Christ is all and is in all'입니다. 예수는 모든 것 중에 모든 것이 되시니 내 속에 예수가 있으면 세상이 다 있는 것이고, 예수가 없으면 다 없는 것입니다. 이것을 믿는 사람은 마음이 부요해집니다. 세상에서 물질이 풍부해도 그 마음에 주님이 없으면 가난뱅이가 되어 평생 남을 돕지 못하고 불행하게 죽어갑니다. 그러나 환경이 어려워도 마음에 주님을 모시면 부요하여 환경을 지배하고 풍성한 삶을 누리게 됩니다. 이것이 성경이 말하는 풍성한 축복의 비밀입니다.

구약에 롯과 아브라함 이야기가 나옵니다. 롯은 마음에 하나님이 없고 물질만 가득합니다. 그는 마음이 가난하여 감사가 없고 만족하지 못합니다. 아브라함과 헤어질 때 겉만 화려한 소돔과 고모라를 택해 모든 것을 다 잃어버리고 부인은 소금 기둥이 됩니다. 그러나 아브라함은 비록 환경이 어렵지만 하나님 말씀에 순종합니다. 사막과 같은 헤브론 골짜기를 하나님이 축복하시니 오아시스와 같은 풍성한 환경으로 변화됩니다. 그리고 사병을 318명이나 거느린 왕 같은 풍성한 삶을 누리게 됩니다. 이것이 내 안에 계시는 주님과 함께 사는 축복입니다.

두 번째, 예수님 안에서 온전한 자가 되는 축복입니다

"우리가 그를 전파하여 각 사람을 권하고 모든 지혜로 각 사람을 가르침은 각 사람을 그리스도 안에서 완전한 자로 세우려 함이니"(골 1:28).

인간은 원래 하나님의 형상, 그릇으로 창조되었습니다. 그런데 사탄에게 속아 선악과를 따 먹음으로 죄악의 포로가 되어 죄를 이길 수 없게 된 것입니다. 죄의 삯은 사망으로 고통, 걱정, 질병, 가난, 실패, 미움, 시기 등 인생의 무거운 짐이 떠나지 않습니다. 부자면 부자일수록 짐이 무겁고, 가난하면 가난할수록 짐이 무거운 것입니다. 또 인생은 높으면 높을수록 짐이 무겁고, 낮으면 낮을수록 힘이 드는 것입니다. 무거운 죄악의 짐을 벗고 온전한 자가 되려면 주님과 함께해야 합니다.

"수고하고 무거운 짐 진 자들아 다 내게로 오라 내가 너희를 쉬게 하리라 나는 마음이 온유하고 겸손하니 나의 멍에를 메고 내게 배우라 그리하면 너희 마음이 쉼을 얻으리니 이는 내 멍에는 쉽고 내 짐은 가벼움이라 하시니라"(마 11:28-30).

우리가 이 땅에서 죄를 이기고 참 자유와 참 안식을 누리는 것은 주님과 함께 멍에를 매는 것입니다. 예수 믿는 사람이 힘들고 그 삶이 어렵게 느껴지는 것은 주님을 벗어났기 때문입니다. 주님을 떠난 것이 죄악이고 짐이 되는 것입니다. 인간은 원래 스스로 살 수 없고 주님과 함께 살도록 하나님께서 창조하신 것입니다. 그런데 탕자가 유산을 받아 아버지를 떠나니 삶이 쉬울 것 같고 자유를 찾을 것 같지만 재산을 다 탕진하고 다 죽게 됩니다.

로만 그럽 목사님은 "당신이 하는 일이 무겁고 힘들다면 당신은 기차의 철로에서 이탈된 것"이라고 했습니다. 철로는 주님을 가리킵니다. 내 안에 계신 주님과 함께할 때만 철로로 달리는 것과 같습니다.

세 번째, 주님 안에서 주님의 능력을 체험하여 기적의 승리의 삶을 살 수 있습니다

"이를 위하여 나도 내 속에서 능력으로 역사하시는 이의 역사를 따라 힘을 다하여 수고하노라"(골 1:29).

이 세상에서 자기 힘으로는 절대 승리할 수 없습니다. 만일 하나님 없이 강한 자라면 그 힘으로는 실패합니다. 그 힘은 마귀가 준 힘이기 때문입니다. 그래서 하나님이 없는 힘은 교만하여 죄만 더 짓게 되고 결국 망하게 됩니다.

북한의 김정은의 힘은 대단하지만 하나님이 주신 힘이 아니기 때문에 죄를 못 이깁니다. 오히려 죄악의 포로가 되어 정적을 수천 명이나 죽이고 형제, 부모와 같은 친척들을 다 숙청한 것입니다. 어떤 힘도 하나님이 주신 힘이 되어야 평화가 오고 사람을 살리는 능력이 나타납니다. 우리가 하나님의 능력을 체험하게 되는 비결입니다.

내 속에 주님이 사시고, 그분이 역사하시는 능력에 내가 힘을 더하는 순종할 때 죄악의 세력을 이기고 사람을 살리는 하나님의 기적의 역사가 일어납니다.

베드로가 성전 미문에서 앉은뱅이를 주님의 능력으로 일으켰습니다.

"베드로가 이르되 은과 금은 내게 없거니와 내게 있는 이것을 네게 주노니 나사렛 예수 그리스도의 이름으로 일어나 걸으라 하고"(행 3:6).

베드로의 순종을 통해 주님이 앉은뱅이를 일으키신 것입니다. 베드로는 주님의 능력을 나타내는 도구가 된 것입니다. 이것은 베드로 속에 나타난 주님의 능력으로 이루어진 기적의 영광의 삶입니다.

사랑하는 여러분! 영광의 소망, 내 안에 사시는 주님을 바라보십시오. 그리고 그분이 하시고자 하는 뜻에 철저히 순종하십시오. 그러면 날마다 주님이 역사하여 영광의 소망의 삶이 일어날 것입니다.

"이 비밀은 만세와 만대로부터 감추어졌던 것인데 이제는 그의 성도들에게 나타났고 하나님이 그들로 하여금 이 비밀의 영광이 이방인 가운데 얼마나 풍성한지를 알게 하려 하심이라 이 비밀은 너희 안에 계신 그리스도시니 곧 영광의 소망이니라"(골 1:26-27).

세상 끝 날까지
배워야 할 진리
(딤후 4:6-8; 고전 13:11-13)

지난해도 이제 사라지고 있습니다. 여러 가지 어려운 일들을 겪었지만 잘 극복하게 하신 것은 전적인 하나님의 은혜입니다. 진정으로 하나님께 영광과 감사를 드립니다. 그리고 사도 바울의 영광스런 고백이 생각납니다. 한 해를 보내면서 우리가 끝까지 배워야 할 진리가 무엇인지 깊이 새겨봅니다.

"그러나 내가 나 된 것은 하나님의 은혜로 된 것이니 내게 주신 그의 은혜가 헛되지 아니하여 내가 모든 사도보다 더 많이 수고하였으나 내가 한 것이 아니요 오직 나와 함께하신 하나님의 은혜로라"(고전 15:10).

강릉시 홍제동에 갈바리 병원이 있습니다. 크지 않은 의원급 병원이지만 강릉시 명소로 알려져 많은 사람들이 방문하고 있습니다. 이 병원은 1963년 11월 호주의 수녀 단체에서 세웠으나 지금은 마리아 작은 수녀회에서 운영하는 최초의 호스피스 병원입니다. 이 병원의 특징은 죽음이 임박한 환자들에게 한 달 전부터 촬영을 하여 가족들에게 임종을 준비하는 모습을 보여줍니다. 이런 모습을 어느 방송에서 방영하였습니다. 죽음을 앞둔 그들의 모습이 너무 절절하여 가슴이 아프고 참 안타까웠습니다. 그중에는 젊은 나이에 암에 걸려 죽음을 맞이하는 사람도 의외로 많았습니다. 이 세상을 떠나가면서 사랑하는 남편이 아내에게, 아내가 남편에게, 부모가 자식에게, 자식이 부모에게 하는 말이 너무 슬프고 가슴이 저렸지만 그들이 공통적으로 많이 쓰는 말이 있었습니다.

"사랑한다, 미안하다, 나와 함께 살아 주어서 감사합니다, 천국에서 만납시다, 그 나라에 가서 평안히 쉬세요, 하나님께 맡깁니다, 믿음을 가지세요" 등등입니다. 그 방송을 보며 세상이 끝날 때까지 꼭 배워야 할 진리가 있다는 생각을 하였습니다.

이제 작년은 피안의 세계로 사라질 것입니다. 우리에게 세상의 끝이 온다면 이 세상 끝 날까지 우리가 무엇을 생각하고, 무엇을 배워야 할지 깊이 생각해 보아야 합니다. 본문의 사도 바울은 순교의 시간이 다가오자 사랑하는 아들과 같은 제자 디모데에게 이 세상 끝 날 까지 지키고 배워야 할 영원한 진리를 말씀하고 있습니다.

세상 끝 날까지 배워야 할 진리에 대해 생각해 보겠습니다.

첫 번째, 하나님이 주신 믿음입니다

"전제와 같이 내가 벌써 부어지고 나의 떠날 시각이 가까웠도다 나는 선한 싸움을 싸우고 나의 달려갈 길을 마치고 믿음을 지켰으니"(딤후 4:6-7).

사도 바울은 자기 삶에 대한 분명한 해석을 하고 있습니다. 자신은 복음을 전하다 전제로 드려지듯 죽어간다는 것입니다. 바울은 하나님과 계약을 하고 이 세상에 왔는데 이제 하나님께 돌아갈 시간이 되었다는 것입니다. 이처럼 자신의 삶에 대한 분명한 믿음이 있습니다. 그래서 선한 싸움을 다 싸우고 달려갈 길을 마치고 믿음을 지켰다는 것입니다.

중요한 영적 진리는, 인간에게 가장 중요한 것은 믿음인데 이 믿음은 인간이 만드는 것이 아니라 하나님께서 주신 것이기 때문에 끝까지 지켜야 한다는 것입니다. 하나님이 우리에게 주신 믿음은 끝까지 지키고 키워야 합니다. 그런데 세상에 빠져 살다 믿음을 잃어버리는 것이 문제입니다. 믿음을 마귀에게 빼앗기면 실패자가 되고 하나님의 심판을 받게 됩니다. 구원받은 성도는 오직 믿음으로 살아야 합니다. 그래서 성도에게 믿음은 가장 귀한 보배입니다.

"복음에는 하나님의 의가 나타나서 믿음으로 믿음에 이르게 하나니 기록된 바 오직 의인은 믿음으로 말미암아 살리라 함과 같으니라"(롬 1:17).

믿음은 하나님이 우리에게 주신 최고의 선물입니다. 우리는 그 믿음으로 구원받고, 그 믿음으로 성령 받고, 그 믿음으로 천국에 갑니다. 그래서 사탄은 우리에게서 믿음을 빼앗아 가려고 합니다. 사탄의 목적은 우리의 믿음을 빼앗는 것입니다. 믿음을 빼앗기면 사탄의 노예가 되어 지옥에 가게 됩니다. 믿음이 없으면 하나님이 계셔도 역사할 수 없습니다. 믿음은 하나님이 주신 선물이기에 천국에 가서 주님께 돌려드려야 합니다. 그때 하나님의 영광이 됩니다.

"너희 믿음의 확실함은 불로 연단하여도 없어질 금보다 더 귀하여 예수 그리스도께서 나타나실 때에 칭찬과 영광과 존귀를 얻게 할 것이니라"(벧전 1:7).

종교개혁자 루터가 너무 힘들고 어려우니 얼굴에 수심이 가득합니다. 그런 어느 날 집에 가니 부인이 상복을 입고 있습니다. 루터가 "누가 죽었느냐?"고 물으니 부인이 "하나님이 돌아가셨으니 당신의 얼굴이 다 죽어가는 사람의 얼굴과 같다"고 대답합니다. 루터는 부인의 말에 크게 회개하고 하나님을 굳게 믿고 종교개혁에 성공합니다. 우리가 이 세상 끝 날까지 배워야 할 진리는 오직 믿음입니다. 믿음이 최고의 진리요, 그 믿음이 영생을 줍니다.

두 번째, 천국에 대한 소망입니다

"이제 후로는 나를 위하여 의의 면류관이 예비되었으므로 주 곧 의로우신 재판장이 그날에 내게 주실 것이며 **내게만 아니라 주의 나타나심을 사모하는 모든 자에게도니라**"(딤후 4:8).

사도 바울은 이 세상을 떠날 시간이 돌아오자 그가 끝까지 붙잡고 있는 꿈과 희망이 천국에 대한 소망이라고 말합니다. 천국에 대한 상급, 의의 면류관을 바라보고 있습니다. 이 세상에서의 삶이 영원한 줄 알지만 그것은 다 허상입니다. 언젠가는 끝나고 사라지게 됩니다.

이 세상에서 살았던 인간 중 가장 부귀영화를 누리고 산 사람은 솔로몬입니다. 부인만 3천 명이고, 은을 돌처럼 흔하게 썼고, 상아로 만든 의자에 백향목을 뽕나무처럼 사용하였습니다. 이런 부귀영화를 누린 솔로몬이 고백합니다.

"다윗의 아들 예루살렘 왕 전도자의 말씀이라 전도자가 이르되 헛되고 헛되며 헛되고 헛되니 모든 것이 헛되도다 해 아래에서 수고하는 모든 수고가 사람에게 무엇이 유익한가"(전1:1-3).

이 세상이 전부인 줄 알고 살았던 사람들은 나중이 무너져 이 세상의 삶이 헛되다는 것을 알려주고 있습니다. 한 해를 마무리하면서 이런 진리를 빨리 아는 것이 축복입니다.

모세는 이스라엘 백성 200만을 이끌고 애굽을 나와 광야를 지납니다. 광야에서 백성들이 물이 없어 원망을 하자 하나님은 그에게 바위를 가리켜 물을 내라고 합니다. 그런데 그가 바위를 두 번 쳐서 물을 내면서 하나님의 거룩함을 드러내지 못함으로 가나안에 들어가지 못했습니다. 모세를 통해 주는 메시지는 우리가 바라보는 목표는 젖과 꿀이 흐르는 가나안이지만 사실 그것도 그림자라는 것입니다. 가나안 땅의 실체는 천국입니다. 그래서 천국을 바라보라고 합니다. 성도의 삶의 목적지는 가나안이 아닌 천국입니다. 우리에게 천국의 소망이 없다면 참 만족도, 참 소망도 없습니다.

C.S. 루이스 교수는 "내가 이 땅에서 모든 것을 가져도 만족할 수 없고, 세상이 채워 줄 수 없는 갈망이 있는 것은 내가 다른 세상을 위하여 지음 받았기 때문이다"라는 말을 했습니다.

세 번째, 하나님이 주신 사랑입니다

"이제 후로는 나를 위하여 의의 면류관이 예비되었으므로 주 곧 의로우신 재판장이 그날에 내게 주실 것이며 내게만 아니라 주의 나타나심을 사모하는 모든 자에게도니라"(딤후 4:8).

사도 바울은 죽어가면서 소망의 말을 합니다. 이것이 참사랑입니다. 남에게 소망을 주고, 꿈을 주는 것이 하나님이 주신 사랑입니다. 이것을 세상 끝 날까지 배우고 찾아야 합니다. 이 사랑만 영원합니다.

몇 년 전 KBS 성탄절 특집으로 '사랑의 원자탄'으로 불리는 손양원 목사님의 일대기를 방영하였습니다. 제목은 "죽음보다 강한 사랑"이었습니다. 손양원 목사님은 순천의 애양원(한센인)교회에서 평생 목회를 했습니다. 현재 애양원에 살고 있는 김판임(86세) 노인은 이렇게 증언했습니다. "그분은 그 누구도 할 수 없는 문둥병 환자의 환부에서 고름을 입으로 빨아냈다"고 합니다. 그는 손 목사님은 예수님의 환생이라고 했습니다.

손양원 목사님은 1948년 여순반란사건으로 공산당에 의해 사랑하는 아들 둘을 잃게 되었습니다. 그러나 자기 아들을 죽인 안재선을 구명운동을 하여 살려내고 양아들로 받아들입니다. 그리고 그를 회심시켜 예수 믿게 하여 주의 종이 되게 하였습니다. 이것은 인간이 만든 사랑이 아니고 하나님이 주신 사랑입니다.

손양원 목사님의 기도는 "내 아들을 죽인 사람을 용서하여 아들을 삼게 할 수 있는 사랑을 주신 하나님께 감사한다"는 내용입니다. 이것은 죽음보다 강한 사랑입니다. 이 사랑은 천국에 계신 하나님의 속성 그 자체입니다.

"우리가 지금은 거울로 보는 것같이 희미하나 그때에는 얼굴과 얼굴을 대하여 볼 것이요 지금은 내가 부분적으로 아나 그때에는 주께서 나를 아신 것같이 내가 온전히 알리라 그런즉 믿음, 소망, 사랑, 이 세 가지는 항상 있을 것인데 그중의 제일은 사랑이라"(고전 13:12-13).

하나님이 주신 사랑은 죽음보다 강합니다. 이 사랑의 진리를 이 세상 끝 날까지 배우고 지켜야 합니다. 이 사랑은 사람이 만들 수 있는 것이 아니라 주님을 믿고 순종할 때 내 안에 계시는 주님이 성령을 통해 주시는 것입니다. 이 세상 끝 날까지 배워야 할 진리는 하나님이 주시는 믿음, 소망, 사랑입니다.

중요한 영적 진리는, 인간에게 가장 중요한 것은 믿음인데 이 믿음은 인간이 만드는 것이 아니라 하나님께서 주신 것이기 때문에 끝까지 지켜야 한다는 것입니다. 하나님이 우리에게 주신 믿음은 끝까지 지키고 키워야 합니다.

불확실한 시대에서 승리하는 삶
(요 20:19-23)

　미국의 제41대 조지 허버트 부시 대통령이 1991년 1월 걸프만 전쟁을 시작하면서 "우리의 적은 이라크 군대도 아니요 사막도 아닙니다. 우리의 진정한 적은 우리에게 닥친 전혀 예측 불가능한 미래의 불확실성입니다"라고 연설했습니다. 그런데 며칠 전 어느 일간지에서 세계적인 정치학자들이 모이는 국제 세미나의 주제가 "초 불확실 시대의 대처 방안"이었습니다. 26년 전이나 현재나 우리가 당면한 문제는 앞날을 전혀 예측할 수 없는 불확실성이 점점 심화되고 있다는 것입니다.

　우리가 당한 현실을 보면 더욱 피부에 와 닿습니다. 대통령의 탄핵으로 새로운 대통령이 선출되었고, 미국, 중국, 일본, 러시아 4대 강국 간의 외교는 예측할 수 없는 상황으로 돌아가고 있습니다. 지금 우리나라에 최고의 위기를 주는 것은 북한 김정은 정권입니다. 그는 국민들은 토탄에 빠져 있는데 핵 개발과 각종 미사일을 쏘아 올려 우리나라를 힘들게 하고 있습니다. 이처럼 한 치 앞도 내다볼 수 없는 국내외적 상황에서 우리가 살아갈 방법은 주님께 나아가는 것입니다.

"수고하고 무거운 짐 진 자들아 다 내게로 오라 내가 너희를 쉬게 하리라" (마 11:28).

어둡고 불확실한 시대에서 환난을 극복하고 승리하는 길은 주님께 나아가는 것입니다.

"이것을 너희에게 이르는 것은 너희로 내 안에서 평안을 누리게 하려 함이라 세상에서는 너희가 환난을 당하나 담대하라 내가 세상을 이기었노라"(요 16:33).

우리가 당한 현실이나 미래가 어둡고 힘들어도 이미 주님이 다 이기셨다는 것입니다. 그분은 죽음에서 부활하신 분이기 때문에 우리의 과거, 현재, 미래의 모든 문제를 다 이루고 해결하신 것입니다.

"예수께서 신 포도주를 받으신 후에 이르시되 다 이루었다 하시고 머리를 숙이니 영혼이 떠나가시니라"(요 19:30).

우리가 어렵고 힘든 불확실한 시대를 극복하고 승리하는 길은 부활의 주님을 만나 그분을 주님으로 영접하는 것입니다.

제자들이 주님과 3년간 공생애를 살면서 어려움도 있었지만 꿈같은 세월을 보냈습니다. 병들면 병을 고쳐 주시고, 배고프면 기적을 일으켜 배를 불려 주시고, 풍랑이 일면 잔잔하라고 명령하셔서 평온

하게 하셨습니다. 주님과 함께만 있으면 만사형통입니다. 그런데 갑자기 주님께서 대제사장과 유대의 장로들에게 핍박 받고 십자가에서 죽으신다는 말은 들은 제자들이 충격이 빠졌습니다. 더구나 죽은 지 3일 만에 부활하신다는 말씀은 그들에게 더욱 이해가 되지 않았습니다. 그러나 그 사건은 현실로 이루어졌고 제자들은 멘붕에 빠진 것입니다. 그래서 무섭고 두려워 밖에 나가지 못하고 숨어 있습니다. 그런데 부활의 주님이 그곳에 찾아오셔서 평강을 선포하십니다. 이 불확실한 시대의 두려움에 싸인 현대인들에게 승리하는 길을 말씀하십니다.

> "이날 곧 안식 후 첫날 저녁때에 제자들이 유대인들을 두려워하여 모인 곳의 문들을 닫았더니 예수께서 오사 가운데 서서 이르시되 너희에게 **평강이 있을지어다**"(요 20:19).

부활의 주님을 믿을 때 어떤 축복이 오는지 생각해 보겠습니다.

첫 번째, 부활의 주님을 믿으면 막혀 있는 담을 허물어 주십니다

> "이날 곧 안식 후 첫날 저녁때에 제자들이 **유대인들을 두려워하여 모인 곳의 문들을 닫았더니** 예수께서 오사 가운데 서서 이르시되 너희에게 평강이 있을지어다"(요 20:19).

제자들은 그렇게 믿고 따르던 주님이 갑자기 죽고 사라지니 참으로 황당했습니다. 갑자기 주님이 없어지니 두려워 문을 굳게 닫고 숨어 있을 때 부활의 주님이 나타나셨습니다.

"이 말씀을 하시고 손과 옆구리를 보이시니 제자들이 주를 보고 기뻐하더라"
(요 20:20).

부활의 주님은 닫히고 막힌 곳을 열고 허물어 자유하게 하십니다. 사도행전 3장에 나면서부터 앉은뱅이인 걸인이 나옵니다. 그의 모든 길이 다 막혀 있습니다. 스스로 걷는 일, 활동하는 일, 경제 활동, 성전에서 예배드리는 일 등 모두 막혀 있습니다. 그런데 베드로를 통해 주님을 만난 후 그의 삶에 막힌 담이 허물어진 것입니다.

"베드로가 이르되 은과 금은 내게 없거니와 내게 있는 이것을 네게 주노니 나사렛 예수 그리스도의 이름으로 일어나 걸으라 하고 오른손을 잡아 일으키니 발과 발목이 곧 힘을 얻고 뛰어 서서 걸으며 그들과 함께 성전으로 들어가면서 걷기도 하고 뛰기도 하며 하나님을 찬송하니"(행 3:6-8).

그는 주님을 만난 후 하나님께 예배드릴 수 있게 되었습니다.

사도 바울은 빌립보 감옥에 갇혔지만 부활의 주님이 함께하시니 옥문이 열리고 쇠사슬이 풀어져 참 자유인이 되었습니다.

"한밤중에 바울과 실라가 기도하고 하나님을 찬송하매 죄수들이 듣더라 이에 갑자기 큰 지진이 나서 옥터가 움직이고 문이 곧 다 열리며 모든 사람의 매인 것이 다 벗어진지라"(행 16:25-26).

주님만이 닫히고 막힌 문을 여시고 허무십니다. 이것이 축복입니다. 우리의 경제적인 문제, 자식 문제, 배우자 문제, 사업 문제, 건강 문제는 부활의 주님을 영접하면 모든 문이 열립니다.

두 번째, 부활의 주님을 믿으면 평강(평안)의 복을 받습니다

"이날 곧 안식 후 첫날 저녁 때에 제자들이 유대인들을 두려워하여 모인 곳의 문들을 닫았더니 예수께서 오사 가운데 서서 이르시되 **너희에게 평강이 있을지어다**"(요 20:19).

불확실성 시대에 사는 우리에게 가장 큰 축복은 평강의 복입니다. 평강은 어떤 환경에서도 흔들리지 않는 평온한 마음입니다. 이 마음은 절대 승자가 가지는 마음입니다. 부활의 주님은 죽음에서 살아나 죽음의 권세를 깨뜨리고 승리하신 분입니다. 그분이 가지고 있는 마음이 샬롬이고, 그분이 주실 수 있는 마음이 평안입니다.

"평안을 너희에게 끼치노니 곧 나의 평안을 너희에게 주노라 내가 너희에게 주는 것은 세상이 주는 것과 같지 아니하니라 너희는 마음에 근심하지도 말고 두려워하지도 말라"(요 14:27).

인간이 아무리 현명해도 평안을 놓치면 정상적인 지혜를 쓸 수가 없습니다. 그래서 우리는 날마다 평안의 복을 위해 기도해야 합니다. 이 불확실한 시대에 평안의 마음을 갖지 못하면 정상적인 지혜를 활용하지 못합니다. 그래서 죄를 짓고 모든 일을 망치게 됩니다. 이 불확실한 시대에 승리하는 길은 부활의 주님께 평안을 구하는 것입니다.

"아무것도 염려하지 말고 다만 모든 일에 기도와 간구로, 너희 구할 것을 감사함으로 하나님께 아뢰라 그리하면 모든 지각에 뛰어난 하나님의 평강이 그리스도 예수 안에서 너희 마음과 생각을 지키시리라"(빌 4:6-7).

세 번째, 부활의 주님을 믿으면 불확실한 미래를 뚫고 나갈 능력을 주십니다

"이 말씀을 하시고 그들을 향하사 숨을 내쉬며 이르시되 성령을 받으라"(요 20:22).

불확실한 시대에서 미래를 예측할 수 없기 때문에 염려와 근심이 우리를 불안하게 합니다. 그런데 성령이 오시면 어떤 상황도 극복하고 길을 찾게 됩니다.

"오직 성령이 너희에게 임하시면 너희가 **권능**을 받고 예루살렘과 온 유대와 사마리아와 땅 끝까지 이르러 내 증인이 되리라 하시니라"(행 1:8).

'권능'이란 헬라어로 '뒤나민'인데 그 뜻은 '다이너마이트'로 어떤 상황도 돌파해 나간다는 것입니다. 그 속에서 길을 찾아가는 것입니다.

모세가 하나님의 은혜로 200만 백성을 이끌고 출애굽 하였지만 그 길은 한 번도 순탄하지 않았습니다. 뒤에는 바로 군대가 쫓아오고 앞에는 홍해 바다가 넘실거립니다. 그가 할 수 있는 일은 하나님께 부르짖는 것입니다. 하나님의 지시로 지팡이를 짚고 나가 바다를 가르니 동풍이 일면서 바다가 갈라져 길이 열리게 됩니다.

"모세가 바다 위로 손을 내밀매 여호와께서 큰 동풍이 밤새도록 바닷물을 물러가게 하시니 물이 갈라져 바다가 마른 땅이 된지라"(출 14:21).

요셉은 억울한 누명을 쓰고 감옥에 들어갑니다. 그곳에서 감사하며 기도하니 하나님이 역사하셔서 간수장이 은혜를 받아 요셉을 도와 국무총리가 되는 길이 열립니다. 우리의 미래는 환경이 두려운 것이 아니라 성령 받지 못한 것이 문제입니다.

무디 목사는 "성령 받고 3년 일하는 것이 30년간 그냥 일한 것보다 더 큰 일을 할 수 있다"고 했습니다.

사랑하는 여러분! 미래가 불확실하다고 불안해하거나 염려하지 마십시오. 부활의 주님만 믿으면 그분이 길이 되어 불확실한 미래를 뚫고 천국까지 길이 열리게 됩니다.

우리가 어렵고 힘든 불확실한 시대를 극복하고 승리하는 길은 부활의 주님을 만나 그분을 주님으로 영접하는 것입니다.

성도의 시험
이렇게 이기라

(마 4:1-11)

유대 사람들이 유월절이 되면 즐겨 부르는 노래가 있습니다. 그 노래는 "아니 마아민"(Ani maamin)이라는 노래입니다. 이 노래의 뜻은 '나는 믿는다'입니다. 그런데 이 노래는 슬픈 유래를 갖고 있습니다. 2차 대전 때 독일의 독재자 히틀러가 광기를 부리던 시절, 악명 높은 아우슈비츠 수용소에서 갇혀 있던 유대인 외과의사가 있었습니다. 모든 수용소에 있는 수용자들이 절망 속에서 날마다 가스실에 끌려가 인간의 기름을 짜고 생체실험의 도구로 죽어갔습니다. 절대 절망의 시험 속에서 모든 사람들이 생을 포기하고 살아가고 있을 때 믿음 있는 외과의사는 속으로 이 노래를 부른 것입니다. "아니 마아민", '나는 믿는다'는 노래를 부르며 믿음과 소망으로 그 칠흑같은 시험을 극복하였습니다. "나는 믿네, 메시아 오심을 온전히 믿네, 그의 오심이 더딜지라도, 나는 날마다 그를 믿고 기다리네" 하는 노래입니다.

외과의사는 이 믿음의 노래를 부르며 매일 아침 그가 숨겨 둔 유리 조각으로 피가 나도록 면도를 했습니다. 대부분 사람들은 모든 것을 포기하고 절망 속에서 두려움에 떠는 순서대로 가스실로 끌려갔습니다. 그런데 면도를 깨끗이 하고 눈을 부릅뜬 이 외과의사를 가스실로 보낼 수는 없었습니다. 결국 이 외과의사는 전쟁이 끝나고 아우슈비츠 수용소에서 살아나 스페인에서 병원을 개업했고, 그는 믿음의 영웅으로 인정을 받았습니다. 그 후 유대인들은 해마다 유월절이 되면 이 노래를 부르게 되었고, 이 노래는 어려운 시험을 이기는 상징적 노래가 된 것입니다.

시험은 어렵고 힘들지만 믿음으로 극복하면 우리를 강하게 하고 온전하게 합니다. 야고보 선지자는 믿음의 시험을 이렇게 말합니다.

"내 형제들아 너희가 여러 가지 시험을 당하거든 온전히 기쁘게 여기라 이는 너희 믿음의 시련이 인내를 만들어 내는 줄 너희가 앎이라 인내를 온전히 이루라 이는 너희로 온전하고 구비하여 조금도 부족함이 없게 하려 함이라"(약 1:2-4).

베드로 사도는 갖가지 마귀의 시험을 통해 넘어지기도 하고 승리도 하면서 결국 믿음의 시련을 통해 온전하게 됨을 증언하고 있습니다.

"근신하라 깨어라 너희 대적 마귀가 우는 사자같이 두루 다니며 삼킬 자를 찾나니 너희는 믿음을 굳건하게 하여 그를 대적하라 이는 세상에 있는 너희 형제들도 동일한 고난을 당하는 줄을 앎이라 모든 은혜의 하나님 곧 그리스도 안에서 너희를 부르사 자기의 영원한 영광에 들어가게 하신 이가 잠깐 고난을 당한 너희를 친히 온전하게 하시며 굳건하게 하시며 강하게 하시며 터를 견고

하게 하시리라"(벧전 5:8-10).

사랑하는 여러분! 그렇습니다. 성도는 어떤 어려운 상황이 오더라도 믿음을 가지고 극복하여 이겨야 합니다. 물론 자기가 잘못했다면 철저히 회개해야 합니다.

주님은 공생애를 시작으로 성령에 이끌려 광야에서 마귀의 시험을 받으십니다.

"그때에 예수께서 성령에게 이끌리어 마귀에게 시험을 받으러 광야로 가사 사십 일을 밤낮으로 금식하신 후에 주리신지라"(마 4:1-2).

그러나 주님은 마귀의 시험을 이기셨습니다. 그래서 마귀는 떠나고 천사가 수종듭니다.

"이에 마귀는 예수를 떠나고 천사들이 나아와서 수종드니라"(마 4:11).

주님이 마귀의 시험을 이기신 구체적인 믿음에 대해 생각해 보겠습니다.

첫 번째, 주님은 금식으로 시험을 이기셨습니다

"그때에 예수께서 성령에게 이끌리어 마귀에게 시험을 받으러 광야로 가사 사십 일을 밤낮으로 금식하신 후에 주리신지라"(마 4:1-2).

금식기도는 능력이 있습니다. 그러나 단순하게 밥을 굶어서 하나님이 불쌍히 여겨 역사하신다는 것이 아닙니다. 하나님이 기뻐하시는 금식을 할 때 하나님의 놀라운 역사가 일어나게 됩니다.

"내가 기뻐하는 금식은 흉악의 결박을 풀어 주며 멍에의 줄을 끌러 주며 압제 당하는 자를 자유하게 하며 모든 멍에를 꺾는 것이 아니겠느냐"(사 58:6).

금식의 기본적 영적 진리는, 세상을 살아가는 삶의 원동력은 하나님이 주시는 영적인 은혜, 말씀, 성령의 역사로 이루어진다는 신앙고백입니다.

"예수께서 대답하여 이르시되 기록되었으되 사람이 떡으로만 살 것이 아니요 하나님의 입으로부터 나오는 모든 말씀으로 살 것이라 하였느니라 하시니"(마 4:4).

그래서 마귀는 인간이 하나님의 은혜로 산다는 고백을 가장 무서워합니다. 이것이 금식의 능력입니다.

열왕기상 17장에 사르밧 과부의 이야기가 나옵니다. 아합 왕은 바알을 섬기는 우상숭배의 극치를 이룹니다. 엘리야가 기도하니 3년 6개월 동안 비가 오지 않습니다. 그때 나라는 가뭄으로 많은 사람들이 어려움을 겪게 됩니다. 엘리야는 과부의 집으로 피신하여 사르밧 과부에게 자신을 위해 음식을 만들어 달라고 합니다. 사르밧 과부에게는 엄청난 시험이었지만 하나님의 종 엘리야의 말에 순종합니다. 과부의 신앙이 금식의 신앙입니다. 사르밧 과부는 육신의 문제를 넘어 믿음으로 순종합니다. 엘리야가 축복하니 가뭄이 끝날 때까지 기름과 가루 통이 채워지는 축복을 체험합니다. 비로소 마귀의 시험이 물러가고 하나님의 기적이 온 것입니다.

"그러므로 염려하여 이르기를 무엇을 먹을까 무엇을 마실까 무엇을 입을까 하지 말라 이는 다 이방인들이 구하는 것이라 너희 하늘 아버지께서 이 모든 것이 너희에게 있어야 할 줄을 아시느니라 그런즉 너희는 먼저 그의 나라와 그의 의를 구하라 그리하면 이 모든 것을 너희에게 더하시리라"(마 6:31-33).

두 번째, 예수님은 기록된 말씀으로 마귀의 시험을 이기셨습니다.

"시험하는 자가 예수께 나아와서 이르되 네가 만일 하나님의 아들이어든 명하여 이 돌들로 떡덩이가 되게 하라 예수께서 대답하여 이르시되 기록되었으되 사람이 떡으로만 살 것이 아니요 하나님의 입으로부터 나오는 모든 말씀으로 살 것이라 하였느니라 하시니"(마 4:3-4).

예수께서 40일 금식 후 사탄에게 '돌로 떡을 만들어 먹으라'는 시험을 받으십니다. 예수님은 얼마든지 그렇게 하실 수 있지만 기록된 하나님의 말씀으로 그 시험을 이기십니다. 이것은 신명기에 기록된 말씀입니다.

"너를 낮추시며 너를 주리게 하시며 또 너도 알지 못하며 네 조상들도 알지 못하던 만나를 네게 먹이신 것은 **사람이 떡으로만 사는 것이 아니요 여호와의 입에서 나오는 모든 말씀으로 사는 줄을 네가 알게 하려 하심이니라**"(신 8:3).

인간은 육신을 위해 떡을 먹지 않으면 살 수 없습니다. 그런데 이 떡은 육신의 생명을 유지해 주지만 인간이 존재하는 생명은 말씀인 하나님의 뜻에 있기에 이 땅에 존재하는 것입니다. 그래서 말씀이 생명으로 마귀의 시험을 이기게 합니다.

성전에서 뛰어내리라는 시험도 '기록되었으되' 하는 말씀으로 이기십니다.

"이르되 네가 만일 하나님의 아들이어든 뛰어내리라…예수께서 이르시되 또 **기록되었으되** 주 너의 하나님을 시험하지 말라 하였느니라 하시니"(마 4:6-7).

우리의 삶 속에 시험은 여러 가지로 올 수 있지만 육신의 정욕, 안목의 정욕, 이생의 자랑 모두 마귀가 우리에게 던지는 시험거리입니다. 그러나 이런 유혹은 기록된 말씀으로 물리칠 수 있습니다.

아프리카 선교사 리빙스턴이 글래스고우 대학에서 박사학위를 받을 때 기자들이 아프리카 선교에서 가장 힘들었던 것이 무엇인지 물었습니다. 리빙스턴은 '고독'이었다고 대답했습니다. 날마다 '너는 버려졌다. 너는 이 오지에 혼자 버려졌다'는 마귀의 속삭임이 있었다고 했습니다. 고독을 어떻게 이길 수 있었는지 묻자 리빙스턴은 "내가 너희에게 분부한 모든 것을 가르쳐 지키게 하라 볼지어다 내가 세상 끝 날까지 너희와 항상 함께 있으리라 하시니라"(마 28:20)는 말씀으로 고독을 이길 수 있었다고 대답했습니다.

그렇습니다. 사랑하는 여러분! "내가 세상 끝 날까지 너희와 함께 있으리라"는 기록된 하나님의 말씀이 사탄의 시험을 이기고 승리의 삶을 살게 한 것입니다.

세 번째, 예수님은 선포하는 말씀으로 마귀의 시험을 이기셨습니다

"이에 예수께서 말씀하시되 **사탄아 물러가라** 기록되었으되 주 너의 하나님께 경배하고 다만 그를 섬기라 하였느니라"(마 4:10).

기록된 말씀도 능력이 있지만 말씀을 믿음으로 선포할 때 마귀의 역사가 쫓겨나고 시험을 이길 수 있습니다.

하나님이 세상을 말씀으로 창조하실 때 그대로 된 것입니다.

"태초에 하나님이 천지를 창조하시니라 땅이 혼돈하고 공허하며 흑암이 깊음 위에 있고 하나님의 영은 수면 위에 운행하시니라 하나님이 이르시되 빛이 있으라 하시니 빛이 있었고 빛이 하나님이 보시기에 좋았더라 하나님이 빛과 어둠을 나누사 하나님이 빛을 낮이라 부르시고 어둠을 밤이라 부르시니라 저녁이 되고 아침이 되니 이는 첫째 날이니라"(창 1:1-5).

예수께서 갈릴리 바다에서 풍랑으로 제자들이 고난을 겪을 때 과감하게 말씀을 선포하여 풍랑을 꾸짖으시니 잔잔해집니다.

"예수께서 깨어 바람을 꾸짖으시며 바다더러 이르시되 잠잠하라 고요하라 하시니 바람이 그치고 아주 잔잔하여지더라"(막 4:39).

베드로는 성전 미문에서 날마다 구걸하는 앉은뱅이에게 믿음의 말씀을 선포합니다.

"베드로가 이르되 은과 금은 내게 없거니와 내게 있는 이것을 네게 주노니 나사렛 예수 그리스도의 이름으로 일어나 걸으라 하고"(행 3:6).

그 앉은뱅이가 발목에 힘을 얻고 걷기도 하고 뛰기도 합니다. 사도 바울은 빌립보 지방에서 점치는 귀신 들린 여인이 선교를 방해하자 말씀을 선포합니다.

"이같이 여러 날을 하는지라 바울이 심히 괴로워하여 돌이켜 그 귀신에게 이르되 예수 그리스도의 이름으로 내가 네게 명하노니 그에게서 나오라 하니 귀신이 즉시 나오니라"(행 16:18).

여러분의 불행, 어려움, 슬픔, 시험을 말씀으로 명령하여 물리쳐야 합니다. 과감하게 예수 이름으로 말씀을 선포하시기 바랍니다.

"예수 이름으로 명하노니 더러운 귀신아 물러가라, 예수 이름으로 명하노니 가난아 물러가라, 예수 이름으로 명하노니 슬픔은 물러가라, 예수 이름으로 명하노니 저주는 물러가라, 예수 이름으로 명하노니 질병아 물러가라!" 믿음으로 선포할 때 마귀의 시험이 떠나고 천사의 도움이 일어납니다.

시험은 어렵고 힘들지만 믿음으로 극복하면 우리를 강하게 하고 온전하게 합니다.

"내 형제들아 너희가 여러 가지 시험을 당하거든 온전히 기쁘게 여기라 이는 너희 믿음의 시련이 인내를 만들어 내는 줄 너희가 앎이라 인내를 온전히 이루라 이는 너희로 온전하고 구비하여 조금도 부족함이 없게 하려 함이라"(약 1:2-4).

운명을
바꾸는 만남
(눅 5:1-11)

  우리가 살아가는 인생을 정의한 여러 철학자들이 있습니다. 그들 중 20세기에 심대한 영향을 끼친 종교 철학자 마틴 부버가 있습니다. 그는 "모든 참된 삶은 만남에 있다"고 정의하고 있습니다. 좋은 사람을 만나면 좋은 인생이 열리고, 나쁜 사람을 만나면 인생이 나빠지고 어려워지는 것입니다. 이것이 만남의 복입니다.

  청춘남녀가 결혼을 합니다. 아름다운 드레스를 입은 신부와 늠름한 신랑, 보기에 참 아름다운 모습입니다. 이들이 잘살면 좋은데 얼마 안 되어 이혼을 하는 경우가 30%가 넘는다고 합니다. 만남이 쉽지 않다는 생각이 듭니다. 성경에서도 만남의 복을 받아 운명이 바뀐 사람이 있고, 사람을 잘못 만나 영원히 망한 사람도 있습니다.

  북이스라엘의 아합 왕은 참으로 똑똑한 사람인데 바알을 섬기는 시돈 왕의 딸 이세벨과 결혼하여 우상숭배자가 되어 나라도 망하고 자신도 비참한 죽음을 맞게 됩니다. 반면 룻은 이방여인으로 첫 남편과 사별한 비참한 여인이지만 믿음이 좋고 가문 좋은 보아스를 만나 다윗의 증조모로 메시아의 족보에 오르게 됩니다. 운명이 바뀐 것입니다.

"살몬은 보아스를 낳았고 보아스는 오벳을 낳았고 오벳은 이새를 낳고 이새는 다윗을 낳았더라"(룻 4:21-22).

우리의 인생은 만남에 의해 운명이 결정됩니다. 만남에 의해 망하기도 하고 축복의 길이 열리기도 합니다. 복된 만남이 있기를 축복합니다. 우리는 사람과의 만남도 중요하지만 성경이 말하는 운명을 바꾸는 만남이 있다고 말합니다. 그 만남은 주님과의 만남입니다.

"예수께서 이르시되 내가 곧 길이요 진리요 생명이니 나로 말미암지 않고는 아버지께로 올 자가 없느니라"(요 14:6).

본문은 베드로가 주님을 만나 운명이 바뀌는 장면입니다. 베드로가 밤새도록 그물을 던졌지만 고기를 한 마리도 잡지 못했습니다. 그의 생애에 큰 위기가 온 것입니다. 그때 주님이 베드로의 배에 접근하여 말씀을 주시고, 깊은 곳으로 그물을 던지라고 하십니다. 베드로가 순종하니 그물이 터지도록 고기가 잡힙니다. 베드로는 주님이 자신의 인생길을 알고 계신 분이라는 것을 직감합니다. 베드로는 주님이 자기 인생의 주인이심을 고백하고, 주님을 인격적으로 만나 그분을 영접하여 운명이 바뀌게 됩니다. 이제 그는 고기 잡는 어부가 아니라 사람을 낚는 어부가 된 것입니다. 주님을 만난 베드로의 인생은 운명이 바뀌게 됩니다. 진정한 구원이 일어난 것입니다.

"세베대의 아들로서 시몬의 동업자인 야고보와 요한도 놀랐음이라 예수께서 시몬에게 이르시되 무서워하지 말라 이제 후로는 네가 사람을 취하리라 하시니"(눅 5:10).

베드로의 운명이 바뀐 만남의 복에 대해 생각해 보겠습니다.

첫 번째, 베드로의 인생은 주님이 주인이십니다

"시몬 베드로가 이를 보고 예수의 무릎 아래에 엎드려 이르되 주여 나를 떠나소서 나는 죄인이로소이다 하니"(눅 5:8).

베드로의 가장 위기의 순간에 주님이 찾아오셨습니다. 이것이 은혜입니다. 만일 여러분 인생에 위기가 왔다면 주님이 당신 가까이 와 계신다는 사인입니다. 지금 주님을 영접하면 구원받고 여러분 인생의 주인이 바뀌는 역사가 일어나게 됩니다. 우리 인생이 어렵고 실패하는 이유는 무능한 우리가 주인으로 살고 있기 때문입니다. 전능하신 주님이 우리 인생의 주인이 되신다면 우리 인생은 축복입니다. 이제 베드로의 인생은 주님이 주인 되셨습니다. 이때부터 베드로의 인생은 주님이 통치하시는 기적이 일어나게 됩니다.

성전 미문에서 앉은뱅이가 구걸을 합니다. 베드로가 "은과 금은 없지만 내게 있는 것을 네게 주노니 나사렛 예수의 이름으로 걸어라" 하니 그가 뛰어갑니다.

"베드로가 이르되 은과 금은 내게 없거니와 내게 있는 이것을 네게 주노니 나사렛 예수 그리스도의 이름으로 일어나 걸으라 하고 오른손을 잡아 일으키니 발과 발목이 곧 힘을 얻고"(행 3:6-7).

베드로의 체험처럼 예수님을 주인으로 모시면 풍랑이 이는 바다 위로 걸어갈 수 있는 능력과 축복을 주십니다. 어떤 풍랑과 환난 속에서도 그것을 초월하고 걸어갈 수 있는 승리의 삶을 살게 됩니다.

사랑하는 여러분! 예수 믿고 주인이 바뀌어 영혼이 잘되는 축복을 누리시기를 주님의 이름으로 축원합니다.

"사랑하는 자여 네 영혼이 잘됨같이 네가 범사에 잘되고 강건하기를 내가 간구하노라"(요삼 1:2).

두 번째, 주님을 만나면 말씀이 지배하는 삶이 옵니다

"시몬이 대답하여 이르되 선생님 우리들이 밤이 새도록 수고하였으되 잡은 것이 없지마는 **말씀에 의지하여** 내가 그물을 내리리이다 하고"(눅 5:5).

밤새도록 고기를 잡던 베드로의 환경은 순종할 수 있는 상황이 아니었습니다. 그는 낙심하여 그물을 씻고 있는데 다시 깊은 곳으로 던지라고 하십니다. 베드로는 말씀에 의지하여 순종합니다. 이제 베드로는 보이는 환경이 아니라 말씀에 의해 살게 됩니다. 이때부터 하나님의 기적을 체험하게 됩니다.

아브라함과 롯은 서로 물질이 많아 같이 살 수 없어 헤어지게 되었습니다. 아브라함이 롯에게 선택권을 줍니다.

"네 앞에 온 땅이 있지 아니하냐 나를 떠나가라 네가 좌하면 나는 우하고 네가 우하면 나는 좌하리라"(창 13:9).

그때 롯은 보이는 환경인 소돔과 고모라를 선택합니다. 롯의 눈에 소돔과 고모라는 물이 흐르고 초목이 잘 자라 목축하기 좋은 곳이었습니다. 그러나 아브라함은 하나님이 지시하시는 곳으로 갑니다.

"롯이 아브람을 떠난 후에 여호와께서 아브람에게 이르시되 너는 눈을 들어 너 있는 곳에서 북쪽과 남쪽 그리고 동쪽과 서쪽을 바라보라"(창 13:14).

아브라함은 헤브론이란 높은 산골짜기로 올라갑니다. 그곳에서 축복을 받아 318명의 군대를 거느리는 왕 같은 삶을 살게 됩니다. 보이는 환경을 좇을 때 승리하는 것 같지만 보이는 것은 잠깐이고 말씀이 영원한 축복인 것입니다.

"믿음으로 모든 세계가 하나님의 말씀으로 지어진 줄을 우리가 아나니 보이는 것은 나타난 것으로 말미암아 된 것이 아니니라…믿음으로써 지금도 말하느니라"(히 11:3-4).

이 세상은 보이는 것으로 이루어지는 것이 아니라 영원하신 하나님의 말씀으로 이루어지고, 이 세상이 말씀으로 유지되는 것입니다.

세 번째, 주님을 만나면 과거나 미래에 붙들리지 않고 영원을 살게 됩니다

"세베대의 아들로서 시몬의 동업자인 야고보와 요한도 놀랐음이라 예수께서 시몬에게 이르시되 무서워하지 말라 이제 후로는 네가 사람을 취하리라 하시니 그들이 배들을 육지에 대고 모든 것을 버려두고 예수를 따르니라"(눅 5:10-11).

베드로는 주님을 만난 후 구원의 삶을 체험하게 됩니다. 몸은 이 땅에서 살고 있지만 시간적으로는 영원을 체험하며 살아갑니다. 크로노스의 시간에서 카이로스의 시간, 영원의 삶을 살고 있습니다. 인간의 삶이 실패하고 어려운 것은 과거에 붙들려 살거나 다가오지 않은 미래의 불안과 염려에 붙들려 살기 때문입니다. 그러나 주님을 만나면 세상의 시간 속에서 영원의 시간(하나님 나라) 속으로 들어가게 됩니다.

"하나님이 세상을 이처럼 사랑하사 독생자를 주셨으니 이는 그를 믿는 자마다 멸망하지 않고 영생을 얻게 하려 하심이라"(요 3:16).

베드로는 고기를 한 마리도 잡지 못해 삶의 위기를 만나 염려와 근심의 삶을 살았지만 주님을 만나 그분을 주님으로 영접한 후 배와 그물을 버려두고 주님을 좇는 삶을 살게 됩니다.

"말씀하시되 나를 따라오라 내가 너희를 사람을 낚는 어부가 되게 하리라 하시니 그들이 곧 그물을 버려두고 예수를 따르니라 거기서 더 가시다가 다른 두 형제 곧 세베대의 아들 야고보와 그의 형제 요한이 그의 아버지 세베대와 함께 배에서 그물 깁는 것을 보시고 부르시니 그들이 곧 배와 아버지를 버려두고 예수를 따르니라"(마 4:19-22).

이 사람들은 세상의 시간에서 벗어나 영원한 하나님 나라에 들어간 것입니다. 이때 세상의 보이는 환경에서 참 자유를 누리게 됩니다. 하나님 나라는 지금 여기에 와 있습니다.

"또 여기 있다 저기 있다고도 못하리니 하나님의 나라는 너희 안에 있느니라" (눅 17:21).

사랑하는 여러분! 주님을 만나면 여러분의 운명이 바뀌게 됩니다. 다른 사람은 다 못 만날지라도 예수님을 만나야 영생을 얻게 됩니다.

여러분 옆에 이런 사람이 있습니까?
삶이 너무나 고달파 모든 것을 포기하려 해도 딱 한 사람, 나를 의지하는 그 사람의 삶이 무너질 것 같아 일어나 내일을 향해 바로 섭니다.
속은 일이 하도 많아 이제는 모든 것을 의심하면서 살아야겠다고 다짐하지만 딱 한 사람, 나를 믿어 주는 그 사람의 얼굴이 떠올라 그동안 쌓인 의심을 걷어내고 다시 모두 믿기로 합니다.
아프고 슬픈 일이 너무 많아 눈물만 흘리면서 살아갈 것 같지만 딱 한 사람, 나를 향해 웃고 있는 그 사람의 해맑은 웃음이 떠올라 흐르는 눈물을 닦고 혼자 조용히 웃어 봅니다.
사람들의 멸시와 조롱 때문에 이제는 아무 일도 할 수 없을 것 같지만 딱 한 사람, 나를 인정해 주고 격려해 주는 그 사람의 목소리가 귓가에 맴돌아 다시 용기를 내어 새 일을 시작합니다.
세상을 향한 불평의 소리들이 높아 나도 같이 불평하면서 살고 싶지만 딱 한 사람, 늘 감사하면서 살아가는 그 사람의 평화가 그리워 모든 불평을 잠재우고 다시 감사의 목소리를 높입니다.

진실로 한 사람을 사랑하는 것은 온 세상을 사랑하는 것이요, 온 세상의 모든 사랑도 결국은 한 사람을 통해 찾아옵니다.

여러분 옆에 이런 사람이 있습니까? 만약 있다면, 여러분은 정말 행복한 사람입니다. 여기서 말하는 이런 딱 한 사람, 그분은 바로 우리 주 예수님이십니다. 이분을 만나십시오. 그러면 여러분의 운명이 바뀔 것입니다.

우리의 인생은 만남에 의해 운명이 결정됩니다. 만남에 의해 망하기도 하고 축복의 길이 열리기도 합니다. 복된 만남이 있기를 축복합니다. 우리는 사람과의 만남도 중요하지만 성경이 말하는 운명을 바꾸는 만남이 있다고 말합니다. 그 만남은 주님과의 만남입니다.

일상의 삶에서
기적을 체험하라
(요 2:1-11)

기독교는 기적의 종교입니다. 기적을 믿고, 기적으로 구원을 받는 종교입니다. 보이지 않는 하나님을 믿고 그분에게 기도를 하고, 그분으로부터 응답을 받아 축복 받고 그분께 감사를 드리며 찬양하는 종교입니다.

> "큰 소리 나는 제금으로 찬양하며 높은 소리 나는 제금으로 찬양할지어다 호흡이 있는 자마다 여호와를 찬양할지어다 할렐루야"(시 150:5-6).

우리가 사는 일상의 삶 자체가 다 하나님의 기적이요, 하나님의 은혜임을 깨닫고 고백하는 사람이 가장 복 받은 사람입니다. 그런데 문제는 우리가 다 죄로 말미암아 타락하여 마음이 어두워지고 교만하여 스스로 사는 것 같은 착각에 빠져 하나님의 은혜를 상실하고 있다는 것입니다. 이것이 가장 속은 삶입니다.

어느 인본주의적 사고를 가진 사람이 성경을 읽다가 "성경은 다

허구다"라고 외쳤습니다.

인간이 믿을 수 없는 허망하고 비논리적인 이야기로 채워져 있다고 하면서 하나님의 능력으로 된 기적의 사건을 다 가위로 오려냈습니다. 바다가 갈라진 모세의 기적, 죽었다 살아난 나사로 사건, 소경이 눈을 뜬 사건, 아브라함이 100세에 이삭을 낳은 사건, 주님이 바다를 잔잔하게 하신 사건, 오병이어의 기적 등을 오려내 보니 성경 전체가 난도질이 된 것입니다. 그런데 성경 한 구절이 눈에 크게 들어왔습니다. 그 말씀은 가룟 유다에게 하신 말씀이었습니다.

"...그 사람은 차라리 태어나지 아니하였더라면 제게 좋을 뻔하였느니라"
(마 26:24).

성경은 창조주 하나님의 능력으로 이루어진 하나님의 역사를 나타낸 책입니다. 그러므로 하나님의 피조물은 인간의 편에서 보면 하나님이 하신 일이 다 기적일 수밖에 없습니다. 일본 최고의 신학자 우치무라 간조는 "성경은 기적의 사건을 빼면 성경의 앞뒷면만 남을 것이다"라고 했습니다. 이 말은 우리 일상의 삶에서 우리가 할 일은 하지 않고 하나님이 다 알아서 해주실 것이라며 기적만 바라면서 허망한 삶을 살라는 것이 아닙니다. 우리가 어떤 일을 할 때 최선을 다해야 하지만 그 일의 결과는 하나님께서 주장하신다는 것입니다. 이것이 우리의 겸손이요, 복된 믿음입니다.

"사람이 마음으로 자기의 길을 계획할지라도 그의 걸음을 인도하시는 이는 여호와시니라"(잠 16:9).

복된 승리의 삶을 살기 위해 우리 일상에서 우리가 할 일은 최선을 다하는 것이지만 우리가 할 수 없는 부분은 하나님의 기적을 체험하여 날마다 구원을 이루는 삶을 살아가시기를 바랍니다.

기독교는 구원의 종교입니다. 구원은 기적을 전제로 이루어집니다. 어려운 일을 우리의 힘으로 할 수 있다면 기적도, 하나님도 필요 없을 것입니다. 실상 우리가 살아가는 일상의 삶은 우리가 할 수 있는 일보다 할 수 없는 일들이 더 많습니다. 일상의 삶이 재미가 없는 것은 하나님의 기적과 은혜를 믿지 못하기 때문입니다. 그래서 일상의 기적이 말라 버리면 우리의 삶은 병들고 실패하게 됩니다. 복된 믿음으로 일상에서 하나님의 기적을 체험해야 합니다. 기적을 체험할 때 믿음이 성장하게 됩니다. 죽었던 사람이 살아나는 것도 기적이지만 날마다 주님과 바른 관계를 통해 일상에서 기적을 누릴 때 능력과 축복을 누릴 수 있습니다.

본문은 하나님의 기적을 체험하는 길에 대해 이야기하고 있습니다. 가나 혼인 잔치에서 예수님의 공생애 첫 번째 기적을 일으키신 사건입니다. 가나는 나사렛 갈릴리 바다 방향 북동쪽으로 약 6.4킬로미터 지점에 위치한 케파르 카나(Kefar Kana) 지역으로 알려져 있습니다. 그곳은 1551년에 그리스 정교회가, 1881년에 프란시스칸 교회가 기념교회를 지었고, 지금도 지역에 가면 그 지하에 예수님 당시에 사용한 포도주를 만들었던 돌 항아리가 보관되어 있습니다.

일상에서 하나님의 기적을 체험하는 믿음에 대해 생각해 보겠습니다.

첫 번째, 삶의 현장에서 예수님을 주인으로 초청해야 합니다

"사흘째 되던 날 갈릴리 가나에 혼례가 있어 예수의 어머니도 거기 계시고 예수와 그 제자들도 혼례에 청함을 받았더니"(요 2:1-2).

예수를 믿게 되면 인격적인 주님을 만나게 됩니다. 그리고 그분을 주인으로 모시는 시간이 옵니다. 그런데 문제는 우리가 일상의 삶에서 주님이 주인이라고 말하면서 실제의 삶에서는 주님을 잊고 사는 날이 너무도 많다는 것입니다. 이것이 우리가 주님을 체험하지 못하고, 일상에서 주님의 기적을 체험하지 못하는 이유입니다. 그러나 우리가 사소한 일상에서도 주님을 주인으로 모시는 삶을 살 때 우리의 일상에서 하나님의 기적을 체험하게 되는 것입니다.

제자들이 주님과 함께 갈릴리 바닷가로 전도여행을 갑니다. 그 배에는 주님과 제자들이 함께 타고 있습니다. 그런데 갑자기 풍랑이 불자 제자들은 물을 퍼내느라 분주합니다. 풍랑이 점점 심해져 배가 깨지려고 합니다. 그런데 주님은 배의 고물에서 주무시고 계십니다. 제자들이 풍랑으로 인해 죽을 지경이 되자 주님을 깨웁니다. 그러자 주님은 제자들을 책망하십니다.

"이에 제자들에게 이르시되 어찌하여 이렇게 무서워하느냐 너희가 어찌 믿음이 없느냐 하시니"(막 4:40).

그렇습니다. 우리가 주님을 영접해도 그분을 삶의 자리에 주인으로 모시지 않으면 주님은 역사하시지 않습니다. 주님을 삶의 주인으로 모셔 주님을 깨우시기 바랍니다. 삶의 자리, 회사 가는 길, 운전하는 길, 거래처 사람 만나는 일, 아이들 학교 보내는 길 등 모든 일에서 다 주님을 주인으로 모실 때 일상에서 기적이 일어납니다.

두 번째, 주님이 역사하실 수 있는 믿음으로 기도해야 합니다

"포도주가 떨어진지라 예수의 어머니가 예수에게 이르되 저들에게 포도주가 없다 하니 예수께서 이르시되 여자여 나와 무슨 상관이 있나이까 내 때가 아직 이르지 아니하였나이다"(요 2:3-4).

기도한다는 것은 우리가 가지고 있는 믿음을 기초로 기도하는 것입니다. 믿음이 약하면 기도도 약합니다. 기도를 해도 일상에서 주님이 기적으로 역사하시지 않는 것은 믿음이 약하기 때문입니다. 그러므로 주님이 역사하실 수 있는 믿음으로 기도해야 합니다. 마리아는 동정녀로서 예수님을 잉태함으로 예수님이 하나님의 아들이심을 몸소 체험하고 확신하였습니다.

"그가 큰 자가 되고 지극히 높으신 이의 아들이라 일컬어질 것이요 주 하나님께서 그 조상 다윗의 왕위를 그에게 주시리니"(눅 1:32).

그러므로 마리아는 우리에게 기도의 모범을 보여주는 것입니다. 마리아는 주님은 반드시 이 문제를 해결하실 수 있다는 믿음으로 구하였습니다. 우리 입장에서 보면 아들에게 "여자여, 나와 무슨 상관이 있나이까" 이런 말을 들으면 좀 마음이 언짢았을 것입니다. 그러나 마리아의 믿음은 흔들리지 않습니다. 그 대답을 거절의 의미로 받아들이지 않고 오히려 확신을 가지고 말합니다.

"그의 어머니가 하인들에게 이르되 너희에게 무슨 말씀을 하시든지 그대로 하라 하니라"(요 2:5).

이것이 주님을 움직인 것입니다. 이처럼 확신을 가지고 하는 간구는 반드시 주님이 역사하십니다.

"예수께서 이르시되 할 수 있거든이 무슨 말이냐 믿는 자에게는 능히 하지 못할 일이 없느니라 하시니"(막 9:23).

"그러므로 내가 너희에게 말하노니 무엇이든지 기도하고 구하는 것은 받은 줄로 믿으라 그리하면 너희에게 그대로 되리라"(막 11:24).

사랑하는 여러분! 확신을 가지고 하는 기도와 확신이 없는 기도는 다릅니다. 주님을 믿고 구하면 반드시 기적이 일어납니다.

세 번째, 어떤 어려운 일도 순종으로 나아가야 기적이 일어납니다

"그의 어머니가 하인들에게 이르되 너희에게 무슨 말씀을 하시든지 그대로 하라 하니라 거기에 유대인의 정결 예식을 따라 두세 통 드는 돌 항아리 여섯이 놓였는지라 예수께서 그들에게 이르시되 항아리에 물을 채우라 하신즉 아귀까지 채우니"(요 2:5-7).

잔칫집에서 맹물이 포도주로 변한 것은 하인들의 순종이 있어서 가능한 것입니다. 마리아가 하인들에게 전한 말은 "무슨 말씀을 하시든지 그대로 하라"였습니다. 그러자 주님은 "결례 통 여섯 항아리에 물을 채우라"고 하십니다. 하인들은 이유를 묻지 않고 순종합니다. 말씀 그대로 순종한 것입니다.

"이제는 떠서 연회장에게 갖다 주라 하시매 갖다 주었더니"(요 2:8).

주님의 말씀에 순종하니 맹물 같은 인생이 맛있는 포도주 인생이 된 것입니다.

"연회장은 물로 된 포도주를 맛보고도 어디서 났는지 알지 못하되 물 떠온 하인들은 알더라"(요 2:9).

주님의 말씀에 순종한 사람만 일상에서 기적을 체험하게 됩니다. "물 떠온 하인들만 알더라." 주님의 말씀에 순종하는 자들에게 기적이 임하는 것입니다.

베드로는 밤새도록 그물을 던졌지만 고기를 한 마리도 잡지 못했습니다. 그러자 주님께서 베드로에게 "깊은 데로 그물을 던지라"고 말씀하십니다. 주님의 말씀에 순종하는 것이 쉬운 일은 아닙니다. 베드로의 경험에 깊은 곳에는 고기가 없고, 이미 던져 보았기 때문입니다. 그러나 베드로가 말씀에 순종하여 그물을 던지자 그물이 터지도록 잡히는 기적을 체험하게 됩니다.

"시몬이 대답하여 이르되 선생님 우리들이 밤이 새도록 수고하였으되 잡은 것이 없지마는 말씀에 의지하여 내가 그물을 내리리이다 하고 그렇게 하니 고기를 잡은 것이 심히 많아 그물이 찢어지는지라"(눅 5:5-6).

일상의 기적은 주님의 말씀에 순종할 때 체험하게 됩니다. 주님이 주시는 일상의 기적은 나중이 잘되게 하는 것입니다.

"말하되 사람마다 먼저 좋은 포도주를 내고 취한 후에 낮은 것을 내거늘 그대는 지금까지 좋은 포도주를 두었도다 하니라"(요 2:10).

사랑하는 여러분! 주님이 주시는 포도주는 나중 것이 더 맛이 있습니다. 주님이 주시는 일상의 기적을 체험하시기 바랍니다. 나중이 점점 잘됩니다.

기독교는 구원의 종교입니다. 구원은 기적을 전제로 이루어집니다. 어려운 일을 우리의 힘으로 할 수 있다면 기적도, 하나님도 필요 없을 것입니다. 실상 우리가 살아가는 일상의 삶은 우리가 할 수 있는 일보다 할 수 없는 일들이 더 많습니다. 일상의 삶이 재미가 없는 것은 하나님의 기적과 은혜를 믿지 못하기 때문입니다. 그래서 일상의 기적이 말라 버리면 우리의 삶은 병들고 실패하게 됩니다. 복된 믿음으로 일상에서 하나님의 기적을 체험해야 합니다. 기적을 체험할 때 믿음이 성장하게 됩니다. 죽었던 사람이 살아나는 것도 기적이지만 날마다 주님과 바른 관계를 통해 일상에서 기적을 누릴 때 능력과 축복을 누릴 수 있습니다.

진정한
행복의 원리
(마 5:1-12)

　유대인의 탈무드에 보면 이런 이야기가 있습니다. 어떤 사람이 행복을 찾아 평생을 열심히 일을 해서 돈도 벌고 일정한 사회적 지위도 얻었습니다. 그런데 그 사람이 정작 삶의 행복을 찾지 못하고 허무에 빠져 마음에 중병이 들어 몸져눕게 되었습니다. 자녀들이 아버지의 병을 고쳐 주려고 백방으로 노력을 해도 아무 효험이 없는 것입니다. 그래서 유명한 랍비를 찾아가 도움을 청하게 됩니다. 그러자 랍비는 한참 생각하더니 "이 세상에서 진정한 행복을 느끼고 사는 사람을 찾아서 그 사람의 외투를 빌려다 아버지께 덮어 드리라"고 했습니다. 자녀들은 자신이 행복하다고 생각하는 사람들을 찾아다녔지만 찾을 수 없었습니다.
　그러던 어느 날 저녁, 산중에서 수도원을 방문했다가 굴 속에서 기도하는 사람을 만나게 되었습니다. 그 사람은 "하나님, 참 감사합니다. 오늘도 행복한 하루를 주셔서 감사합니다. 난 정말 행복하고 만족합니다. 오늘도 쉴 수 있는 참 안식을 주시니 감사합니다"라고 말하는 것입니다. 그들은 너무 기뻐서 그를 찾아가 외투를 달라고 요구했습니다. 수도사가 난감하여 쳐다보며 "아, 미안합니다. 나는 외투가 없습니다. 이 산속 동굴에서 사는 내가 무슨 외투가 필요하겠습니까?" 하는 것입니다.

아들들이 깨달은 행복의 교훈은 분명합니다. 인간의 진정한 행복은 어떤 소유나 지위에 좌우되지 않는다는 것입니다.

그렇습니다. 이 땅의 모든 사람들은 다 행복을 추구하고, 행복을 목표로 살아가고 있습니다. 그런데 정작 자신에게 행복하냐고 물어보면 행복하다고 자신 있게 말하는 사람은 그리 많지 않습니다. 그리고 우리는 쉽게 축복하며 기도해 주고 행복을 빌며 복을 많이 받으라는 덕담을 자주 합니다. 그러나 행복이 무엇인지 어느 누구도 속 시원하게 대답하는 사람은 없다는 것입니다.

본문의 예수님은 제자들에게 인류를 위하여 행복에 대한 영원불변의 진리를 말씀하고 있습니다.

주님은 여덟 가지 행복에 대해 말씀하십니다. 우리는 이것을 예수님의 산상보훈이라고 합니다. 이 말씀을 하신 곳은 갈릴리 바닷가로, 가버나움에서 10킬로미터 떨어진 곳으로 팔복 산이라고 합니다. 주님이 말씀하신 곳을 기념하여 아름다운 팔각형으로 교회를 만들어 팔복교회라 부르고 있습니다. 이 교회당은 5세기경 비잔틴에 세워졌으나 무너지고 1937년 이탈리아 무솔리니에 의해 다시 건축된 팔각형 교회당으로, 천장은 둥글고 창에는 라틴어로 팔복이 기록되어 있습니다. 그리고 창 사이에는 갈릴리 바다의 그림이 보입니다. 그곳에서 주님은 인간의 진정한 복의 원리를 말씀하신 것입니다.

"심령이 가난한 자는 복이 있나니 천국이 그들의 것임이요"(마 5:3).

원어로 '마카리오스 호이 프로코이 토 프뉴마티 호티 아우톤 에스틴 헤 바실레이아 톤 우라논'으로 '복이 있도다, 그 영이 가난한 자는. 왜냐하면 하늘의 왕국이 그들의 것이기 때문이다'라는 의미입니다. 모든 팔복은 처음에 모두 "복이 있도다"(마카리오스)로 출발합니다. 그러므로 인간의 진정한 복의 원리를 제시하고 있는 것입니다. 팔복을 세세히 강의할 수는 없지만 전체적으로 주님이 가르치시는 행복의 원리는 분명합니다.

첫 번째, 진정한 행복은 환경이 아니라 존재(마음)에서 온다는 것입니다

"심령이 가난한 자는 복이 있나니 천국이 그들의 것임이요 애통하는 자는 복이 있나니 그들이 위로를 받을 것임이요 온유한 자는 복이 있나니 그들이 땅을 기업으로 받을 것임이요 의에 주리고 목마른 자는 복이 있나니 그들이 배부를 것임이요 긍휼히 여기는 자는 복이 있나니 그들이 긍휼히 여김을 받을 것임이요 마음이 청결한 자는 복이 있나니 그들이 하나님을 볼 것임이요"(마 5:3-8).

이 말씀은 인간의 진정한 행복의 원리는 '우리가 무엇을 가졌느냐?' 하는 '소유'(to have)에 있는 것이 아니라 '어떤 존재인가? 내가 누구인가?'(to be)에 달렸다는 것입니다. 왜냐하면 인간의 진정한 행복은 그 존재의 마음에서 나오기 때문입니다. 그래서 본문은 첫째 복도 마음이 가난한 자, 둘째 복도 애통하는 마음의 상태이고, 셋째 복도 온유한 마음의 상태이고, 넷째 복도 의에 주리고 목마른 마음의 상태이고, 다섯째도 마음이 청결한 상태를 말하고 있습니다.

인간의 행복은 외적인 상태인 환경적 요건에 의해 좌우되는 것이 아니라 어떤 존재에 의해 마음이 어떻게 다스려지는가에 달려 있다는 것입니다. 그런데 우리는 아직도 돈을 좀 더 벌고, 차를 큰 걸로 바꾸고, 큰 지위를 얻고, 명예를 더 얻으면 행복할 것이라고 생각하며 그것들을 얻기 위해 하루하루 살아가고 있습니다. 이것은 속은 것입니다. 환경은 잠시의 행복은 줄 수 있지만 시간이 지나면 또 다른 여건이나 다른 환경을 바라기 때문입니다.

그래서 성경은 교훈합니다.

"돈을 사랑하지 말고 있는 바를 족한 줄로 알라"(히 13:5).

더 나아가서 역설적으로 말씀합니다.

"심령이 가난한 자는 복이 있나니 천국이 그들의 것임이요"(마 5:3).

'가난하다'는 것은 '프토코스'로 절대 빈곤의 뜻을 가지고 있습니다. 이 세상에서 아무리 많이 가져도 내 것이 없고 내 소유가 없다는 것을 깨달을 때 심령이 가난한 자가 되어 천국이 그들의 것이 된다는 것입니다. 이런 마음을 소유할 때 진정한 행복의 사람이 되는 것입니다.

어느 케이블 TV의 프로그램 중 "나는 자연인이다"라는 인기 프로그램이 있습니다. 아주 깊은 산속에 오두막집을 짓고 약초를 캐고, 등산하고, 채소를 키우며 아주 소박하게 살아가는 사람들의 일상을 소개하는 프로입니다. 그 사람들 중에는 도시에서 큰일을 했거나 높은 지위에 있던 중 스트레스를 받아 중병에 걸려 모든 것을 버리고 산속에 들어가 자연에 순응하며 사는 사람들이 있습니다. 약초를 캐고, 산속에서 직접 지은 농산물, 산, 계곡, 물가에서 물고기를 잡아서 먹으며 의식주를 다 해결하고 있습니다. 그들 대부분이 행복하고 만족한 삶을 살고 있습니다. 그리고 세상에서 고치지 못한 병을 다 고친 것입니다. 그래서 새로운 인생을 살고 있다고 증언합니다. 인간의 행복은 소유나 환경에 있는 것이 아니라 그 마음에 행복과 불행이 있습니다. 아무리 환경이 좋고 소유가 많아도 마음이 불편하고 우울하고 허무하면 불행한 것입니다.

두 번째, 진정한 행복은 마음의 주인이 하나님의 아들 예수가 되어야 합니다

> "화평하게 하는 자는 복이 있나니 그들이 하나님의 아들이라 일컬음을 받을 것임이요"(마 5:9).

'복'은 '마카리오스'지만 영어로 '블레스드'(blessed)입니다. 진정한 복인 '마카리오스'는 우연한 기회로 오지 않는다는 것입니다. 그리고 '블레스드'의 어원은 '블리드'(bleed)로 '피 흘리다'란 말에서 나왔습니다. 우리의 진정한 행복은 십자가에서 피 흘려 죽으신 주님의 마음과 연결될 때 '마카리오스', '진정한 행복'이 이루어진다는 어원적인 뜻으로 해석됩니다.

우리의 진정한 복은 소유가 아니라 우리의 마음에 있습니다. 그 마음을 주님이 지배하실 때 마카리오스의 축복이 이루어집니다.

> "평안을 너희에게 끼치노니 곧 나의 평안을 너희에게 주노라 내가 너희에게 주는 것은 세상이 주는 것과 같지 아니하니라 너희는 마음에 근심하지도 말고 두려워하지도 말라"(요 14:27).

누가복음 19장은 우리가 잘 알고 있는 세리장 삭개오 이야기입니다. 그는 키가 작다는 콤플렉스가 있었지만 수단과 방법을 가리지 않고 돈을 벌어 권력을 갖게 됩니다. 세상 사람들은 그를 죄인이라고 무시하였고, 그의 마음은 행복하지 않았습니다. 그런데 그는 주님을 만나 죄 사함을 받고 구원받으니 참 행복과 평강을 얻게 되었습니다.

"예수께서 이르시되 오늘 구원이 이 집에 이르렀으니 이 사람도 아브라함의 자손임이로다"(눅 19:9).

"삭개오가 서서 주께 여짜오되 주여 보시옵소서 내 소유의 절반을 가난한 자들에게 주겠사오며 만일 누구의 것을 속여 빼앗은 일이 있으면 네 갑절이나 갚겠나이다"(눅 19:8).

삭개오의 마음에 주님이 찾아오셔서 구원받으니 모든 것에서 해방되었습니다.

베드로는 갈릴리 바다에서 고기를 잡아 하루하루 살아가는 어부였습니다. 고기가 잘 잡히면 좀 편하고, 고기를 잡지 못하면 마음이 초조하고 불안했습니다. 그런데 주님을 만나 말씀에 은혜를 받고, 그 말씀에 의지하여 그물을 내리니 고기가 넘치도록 잡힌 것입니다. 그는 고기가 많이 잡힌 것도 감사했지만 더 감사한 것은 자기 인생의 주인을 찾은 것입니다. 베드로는 주님을 마음의 주인으로 모시고 모든 것에서 해방 받아 사람을 낚는 어부가 된 것입니다.

"그들이 배들을 육지에 대고 모든 것을 버려두고 예수를 따르니라"(눅 5:11).

우리의 진정한 행복은 하나님의 아들 예수님이 우리 마음에 오셔서 창조의 원형인 하나님의 형상이 회복되어 참 행복의 사람이 되는 것입니다.

세 번째, 진정한 행복은 우리의 마음이 영원한 천국과 연결되어야 합니다

"심령이 가난한 자는 복이 있나니 천국이 그들의 것임이요"(마 5:3).

"의를 위하여 박해를 받은 자는 복이 있나니 천국이 그들의 것임이라"(마 5:10).

진정한 행복은 우리 마음을 천국과 연결시킵니다. 우리의 행복은 이 땅에서 이루어지는 것이 아니라 천국에서 온전해집니다. 즉 진정한 행복은 천국의 것이지 이 땅의 것이 아닙니다. 그래서 천국에 상급이 있다면 심령이 가난해도 좋고, 욕을 먹어도 좋고, 악한 말을 들어도 기뻐하라는 것입니다.

우리가 사는 이 땅의 삶에서 출세하고 행복하다고 자랑하지만 따지고 보면 그것은 다 지나가는 것입니다. 이 세상은 꿈같은 삶입니다. 우리에게 영원한 현실은 천국과 지옥뿐입니다. 그래서 이 땅에 살지만 그 삶이 천국에 연결된 사람이 진정 행복한 사람입니다.

부자와 나사로의 이야기입니다. 부자는 이 땅에 살면서 떵떵거리며 살았지만 죽어서 음부에 갔습니다. 이 세상의 삶은 다 꿈과 같습니다. 그의 영원한 실존이 지옥이니 그는 영원히 불행한 사람입니다. 그러나 나사로는 거지로 살았지만 그 삶도 꿈과 같습니다. 그의 마음은 영원한 천국과 연결되었기에 그의 현실은 아브라함의 집, 천국이 되니 영원한 행복의 사람입니다.

지금 여러분의 마음은 꿈같은 세상에 있습니까, 아니면 영원한 천국에 연결되어 있습니까? 스데반은 비록 돌에 맞아 죽어갔지만 그의 마음은 주님이 계신 천국에 연결되니 죽음이 두렵지 않고, 진정 행복하였습니다. 지금 예수를 구주로 믿어 여러분의 마음이 천국에 연결되어, 지금 여기에서 천국의 행복을 맛보는 진정 복된 자가 되기를 축복합니다.

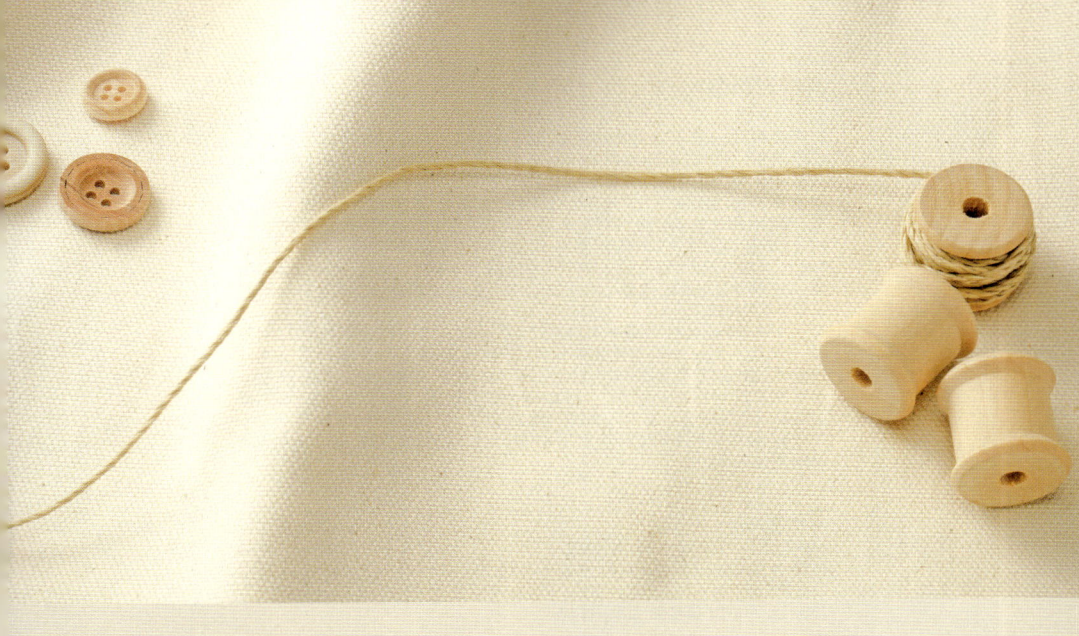

진정한 행복은 우리 마음을 천국과 연결시킵니다. 우리의 행복은 이 땅에서 이루어지는 것이 아니라 천국에서 온전해집니다. 즉 진정한 행복은 천국의 것이지 이 땅의 것이 아닙니다. 그래서 천국에 상급이 있다면 심령이 가난해도 좋고, 욕을 먹어도 좋고, 악한 말을 들어도 기뻐하라는 것입니다.

우리가 사는 이 땅의 삶에서 출세하고 행복하다고 자랑하지만 따지고 보면 그것은 다 지나가는 것입니다. 이 세상은 꿈같은 삶입니다. 우리에게 영원한 현실은 천국과 지옥뿐입니다. 그래서 이 땅에 살지만 그 삶이 천국에 연결된 사람이 진정 행복한 사람입니다.

진정한 행복의 원리 (마 5:1-12)

저자 **민경설**

민경설 목사는 한국 교회를 전도로 섬겨 부흥의 소망을 꽃피우고자 그가 창도한 '전도 동력(Evangelism Dynamic Power)'의 전파를 멈추지 않는 열정적인 전도자이다. 한국 교회가 인정하는, 전도의 이론과 실제를 겸비한 민경설 목사는 철학박사 및 목회학박사로서 신학교 강단에서 전도와 목회학을 가르쳐 왔으며, 대전신학대학교 총장을 역임한 신학자이자 행정가이기도 하다. 또한 대한예수교장로회 총회 산하 한국장로교복지재단 대표이사로서 1백여 개의 사회복지기관을 통하여 주님의 섬김을 실천하는 사회사업가이며, 대한예수교장로회 총회 전도학교 교장으로 개교회 평신도를 훈련시켜 전도자로 양성하고 있다.

지난 1984년 서울시 구로구 개봉동의 산자락에 광진교회를 개척하고, 시흥시 신도시에 지성전을 설립하여 재적 1만여 성도에 달하는 놀라운 성장을 거듭해오고 있다. 특별히 그는 침체되어 가는 한국 교회를 되살리고 영혼 구원의 역사를 나누기 위해 26년 전 미래목회연구원을 설립하고 전도 동력 세미나를 개최하여 놀라운 역사를 증거하고 있다. 지금까지 평신도와 목회자에게 전도 동력을 전수하였으며 현재 4천여 교회의 목회자들이 세미나 회원으로 동참하고 있다.

■ 최근 저서
《하나님의 주권과 전도의 역동성》,
《영혼을 살리는 전도영성》, 《전도동력의 다이나믹 파워》,
《신앙의 최고봉—주님과의 연합》, 《날마다 주님과 함께》,
《365일, 주님의 하루를 살라》(상, 하)

예수님과 함께 가는 열려진 길

1판 1쇄 인쇄 _ 2019년 2월 11일
1판 1쇄 발행 _ 2019년 2월 25일

지은이 _ 민경설
펴낸이 _ 이형규
펴낸곳 _ 쿰란출판사

주소 _ 서울특별시 종로구 이화장길6
편집부 _ 745-1007, 745-1301~2, 747-1212, 743-1300
영업부 _ 747-1004, FAX 745-8490
본사평생전화번호 _ 0502-756-1004
홈페이지 _ http://www.qumran.co.kr
E-mail _ qrbooks@gmail.com / qrbooks@daum.net
한글인터넷주소 _ 쿰란, 쿰란출판사
등록 _ 제1-670호(1988.2.27)
책임교열 _ 김유미·박은아

ⓒ 민경설 2019 ISBN 979-11-6143-234-2 93230

책값은 뒤표지에 있습니다.
이 출판물은 저작권법에 의해 보호를 받는 저작물이므로 무단 복제할 수 없습니다.
파본(破本)은 구입처에서 교환해 드립니다.